JN448400

그리스도로 보는

모세 오경

하루에 1장씩 묵상하며 그리스도 알아가기

그리스도로 보는

모세 오경

김평래 지음

The Five Books
of
Moses

예솔

머리말

"이에 모세와 모든 선지자의 글로 시작하여 모든 성경에 쓴 바 자기에 관한 것을 자세히 설명하시니라" (누가복음 24장 27절)

성경 공부방으로 들어서는 순간 내가 그렇게 무서워하고 싫어하는 피비린내가 진하게 나를 엄습해 왔다. 그리고 그것은 벽면에 펼쳐진 성막 안에서 죽어가는 제물의 피 냄새가 아니라 나를 구원하시기 위해 십자가에서 흘리신 예수님의 피 냄새라는 것이 깨달아졌다.

1997년 베이징에서 일어났던 일이다. 이 사건을 계기로 지독한 불신자였으며, 그리스도인이었던 아내를 무섭게 핍박했던 나는 그리스도를 영접하고 세례를 받고 그리스도인이 되었다. 그리고 알 수 없는 힘에 이끌려 회사를 그만두고 신학교에 진학했으며, 목사 안수까지 받게 되었다.

그러나 신앙생활을 하면서도 마음속 한구석에는 항상 과연 예수를 믿는다는 것이 무엇인가에 대한 회의와 의문이 남아 있었다. 과연 예수를 믿는 목적이 이 세상에서 형통하거나 내가 원하는 것을 얻기 위한 것이라면, 기독교가 다른 종교와 다른 것이 무엇인가? 그리고 만약 믿음의 목적이 세상에서의 만사형통을 구하는 것이라면 하나님의 본체이신 분께서 어린양으로 이 세상에 오셔서 십자가의 삶을 사시다가 십자가에 달려 죽으신 예수님의 삶은 무엇이며, 사도들과 수많은 믿음의 선진들이 당한 고난들은 무엇이란 말인가?

또한 성도들이 성경을 너무 읽지 않으며, 혹 읽더라도 성경이 말씀하고자 하는 원래의 뜻에는 관계없이 아전인수 격으로 자신에게 유리하게만 해석하고 이해하는 것을 보고는 매우 놀랐다.

그래서 그리스도 예수가 어떤 분이시며 그분이 하신 일이 무엇인지를 알려야 하겠다는 생각으로 매일 성경 한 장씩을 그리스도로 짧게 설명해 가까운 친지분들에게 보내고 SNS에 올리고 있다. 바라기는 요한계시록까지 계속하고자 한다.

주위 분들의 권유로 그동안 올렸던 내용을 먼저 『그리스도로 보는 모세 오경』이라는 책으로 발간하게 되었으며, 너무나 부족하지만 이 책이 성경을 올바로 이해하는 데 조금이나마 도움이 되었으면 좋겠다는 바람이다.

모든 것이 주님의 은혜임을 고백하며, 그동안 온갖 핍박 가운데서도 믿지 않는 나를 위해 오래 참아주고 기도해준 아내에게 이 책을 바친다. 아직 믿음이 없어 어렸을 때 믿음으로 키워주지 못한 딸과 아들에게 미안함을 느끼며, 숨이 끊어지는 순간까지 그들을 위해 기도할 것을 다짐해 본다.

> "예수께서 대답하여 이르시되 하나님께서 보내신 이를 믿는 것이 하나님의 일이니라 하시니" (요한복음 6장 29절)

저자 김 평 래

차례

창세기

GENESIS

창세기
1장

새 하늘과 새 땅

태초에 하나님이 천지를 창조하시니라(1:1)

하나님이 계시다. 그분은 완전하시며 전지전능하시고 영광 자체이신 분이시며, 홀로서도 부족한 것이 전혀 없는 분이시다. 그런데 그분이 인간을 포함한 천지를 만드시기로 결정하셨다. 그래서 우리가 이 세상에 태어나게 된 것이다.

한편 그분은 전지전능한 분이시기에, 그분이 무언가를 뜻하시면 그 즉시 완성이다. 그러기에 하나님이 계획하셨던 하나님 나라는 이미 완성되어 있다.

"천지와 만물이 다 이루어지니라" (2:1)

그렇다면 지금 눈에 보이는 이 세상은 무엇인가? 이 세상은 이미 완성된 그 하나님 나라가 어떻게 만들어졌는가를 설명하는 용도로 운행되고 있다. 그리고 하나님이 계획하신 마지막 성도가 모든 믿음의 과정을 마쳤을 때, 이 세상은 두루마리가 말리듯, 그렇게 사라질 것이다. 그리고 이미 묵시의 세계(시간과 공간을 초월한 세계)에 완성되어 있는 새 하늘과 새 땅이 하늘로부터 내려올 것이다(계 21:2).

그렇다. 하나님이 계획하셨던 나라는 이미 완성되어 있으며, 진짜 성도들도 당연히 그곳에서 이미 완성되어 살고 있다.

"… 뜻이 하늘에서 이루어진 것같이 땅에서도 이루어지이다" (마 6:10)

우리가 하찮은 개집 하나를 지을 때도 설계도가 있는 것처럼, 하나님은 되는대로 세상을 운행하시는 것이 아니라 완벽한 계획을 세우시고 또 지금 그렇게 운행해 가고 계시며, 묵시의 세계에서는 이미 뜻하신 대로 완성되어 있다는 것이다.

"종말이 구원(창조)을 앞선다."

게할더스 보스의 말이다. 시간 속에서는 창세기에서 계시록으로 흘러가지만, 하나님은 요한계시록을 전제로 창세기를 시작하셨으며, 목적하신 새 하늘과 새 땅(성도들을 포함)은 이미 완성되어 있다는 뜻이다. "저녁이 되며 아침이 되니" (1:5)라는 말이 바로 그 말이다. 하나님께서는 '저녁'이었던, 어둠과 흑암이었던, 그래서 도저히 가망이 없어 보이던 성도들을 이미 밝은 해가 빛나는 아침으로 만드셨으며, 지금 역사를 통해 그 일이 어떻게 이루어졌는지를 설명하고 계시다는 것이다.

그러므로 성도들은 본 건물이 세워지면 철거될 모델하우스와 같은 이 땅에서의 인생에 너무 연연하거나 일희일비하지 말아야 한다.

"… 너희 생명이 무엇이냐 너희는 잠깐 보이다가 없어지는 안개니라" (약 4:14)

그러나 우리 성도들은 이 땅에서 열심히 살아야 한다. 왜냐하면 인생은, 우리가 하나님 자녀가 되는데 필요한 과정으로서, 어떻게 하나님이 우리를 자녀 삼으셨는지를 삶으로 경험하고 오라고 허락하신 것이기 때문이다.
그러므로 어떤 상황에 처해 있든지 그것이 하나님께서 내게 꼭 필요하기에 허락한 것임을 인정하고, 그 자리에서 하나님께 감사하며 충성을 다 해야 한다. 그러면 신랑 되신 예수님께서 속히 오실 것이며, 우리는 그분과 함께 어둠이 없는 새 하늘과 새 땅에서 영원히 살게 될 것이다.

"아멘 주 예수여 오시옵소서" (계 22:20)

창세기
2장

안식

하나님이 그가 하시던 일을 일곱째 날에 마치시니 그가 하시던 모든 일을 그치고 일곱째 날에 안식하시니라(2:2)

하나님 나라는 하나님 홀로 일하시며, 홀로 이루시는 나라이다. 왜냐하면 유한한 피조물과는 달리 그분은 전지전능하신 분이기 때문이다. 그러므로 인간이 해야 할 일은, 그분의 선하심과 완전하심을 믿고 그분 안에서 안식하는 것이다.

그런데 인간은 처음부터 스스로 무언가를 해보겠다고 나섰는데, 그것이 바로 선악과 사건이요, 그것이 바로 죄다.

아무것도 할 수 없는 광야에서 이스라엘 백성들이 할 수 있는 일은, 그저 하늘만 바라보는 일이었다. 그때 하나님께서 하늘의 양식인 '만나'를 값없이 내려주셨다. 그런데 인간은 그 만나를 '영생의 양식'이 아닌 '세상의 음식'으로 알고 맛이 없다고 투덜거리며, 애굽(세상)의 고기와 부추를 요구했다. 그리고 그 결과, 그들은 모두 광야에서 엎드러져 죽었다. 하늘의 양식이 뭔지 모르는 것이 곧 죽음이라는 것을 알려주신 것이다.

하나님이 일곱 째 날에 안식하셨던 것처럼, 우리도 예수 그리스도 안에서 안식해야 한다. 구원은 처음부터 끝까지 그리스도께서 홀로 이루시는 것임을 인식하고, 그분 안에서 주님만 철저히 의지하는 자로 지어져 가야하는 것이다.

우리가 어떤 일을 할 때, 어린 자녀가 돕겠다고 나서면 도움이 되던가? 도움은커녕 오히려 방해만 될 뿐이다. 그러므로 우리는 하나님 앞에서 젖먹이 어린아이처럼 그렇게 무력한 자로 서야 한다. 하나님을 돕겠다고 나서면, 그만큼 방해만 되기 때문이다.

요즘도 안식일을 지키는 이단들이 있는데, 이들은 정신 나간 자들이다. 그리고 구약시대에는 안식일을 어기면 돌로 쳐 죽임을 당했는데, 돌로 쳐 죽이는 데 강조점이 있는 것이 아니라, 안식을 모르면 그것이 곧 죽음이라는 것을 알려주는 가르침인 것이다.

한편 오늘날 교회 안에도 하나님을 도와야 한다거나, 무언가를 하지 않으면(주일 성수, 헌금, 구제 등) 하나님께 벌을 받지 않을까 두려워서 억지로 하는 사람들이 있다. 이들이 하는 일은 결국 자기 공로나 자랑을 위해 하는 것이기에, 이런 사람들은 그리스도인이 아닐 가능성이 매우 높다. 먼저 이들은 하나님이 어떤 분인지를 모르기 때문이요, 행위(율법)로는 구원을 받을 자가 없는데, 이들은 속으로 그런 생각을 품고 있기 때문이다.

물론 우리 그리스도인은 하나님 말씀대로 열심히 살아야 한다. 그러나 스스로 무엇인가를 이루기 위한 것이 아니라, 하나님(JX)께서 홀로 다 이루시고 값없이 주신 것이 감사해서, 부모님의 은혜에 감사하여 효도를 다하는 자식처럼 그렇게 자발적으로 우러나오는 열심으로 해야 한다는 뜻이다.

그러므로 예수 그리스도 안에서 그분이 이루신 참 안식을 누리며, 그분께 감사하자. 그리고 나를 비우고(자기 부인(否認)), 말씀과 기도를 통해 그분의 뜻을 깨닫고, 두신 자리에서 내 뜻이 아니라 주님의 뜻대로 살도록 하자. 그것이 우리가 이 땅에서 해야 할 유일한 일이다.

> "그러므로 먹고 마시는 것과 절기나 초하루나 안식일을 이유로 누구든지 너희를 비판하지 못하게 하라 이것들은 장래 일의 그림자이나 몸(reality, 실체)은 그리스도의 것이니라" (골 2:16, 17)

창세기
3장

선악과

너희가 그것을 먹는 날에는 너희 눈이 밝아져 하나님과 같이 되어 선악을 알 줄 하나님이 아심이니라(3:5)

인간을 포함한 모든 피조물들은, 하나님 절대 의존적 존재(벌거벗은 상태)로 지음을 받았다. 왜냐하면 하나님은 선하고 완전하시기 때문에, 그렇게 살 때에만 가장 행복하게 살 수 있기 때문이다. 젖먹이 아이는 엄마가 해주는 대로 '무력하게, 벌거벗은 상태로' 가만히 있을 그때가 가장 행복한 상태인 것과 마찬가지다. 어머니가 아무런 부족함이 없이 알아서 다 채워주기 때문이다. 우리 인간이 그렇게 나를 비우고 영원히 하나님 절대 의존적으로 사는 그곳이 바로 천국이다.

그렇다면 '죄'가 무엇일까?
하나님과 관계없이 스스로 독립해서 살겠다는 것, 그것이 바로 죄이고, 그것이 행동으로 나타난 것이 바로 선악과를 따먹은 행위였다. 하나님과 같이 되어 스스로 선하다고 생각하는 것을 행하고, 악이라 생각하는 것을 하지 않는 바로 그것이 죄라는 것이다.

'하나님과 같이 되어' 선악을 스스로 판단하고 행동하는 그 자체가 '죄'이며, 우리가 흔히 죄라고 부르는 것들(살인, 강도, 도적질 등)은 그 죄에서 나오는 '죄의 증상'일 뿐이다.

선악과를 따 먹은 아담과 하와가 제일 먼저 한 행동은, 부끄러워 숨은 것과 무화과 나뭇잎으로 치마를 만들어 입은 것이다. 그러나 그 치마는 금방 말라 비틀어져, 곧 부끄러움이 드러난다. 우리 죄는 그렇게 스스로의 힘으로는 해결될 수 없는 것이기 때문이다.

그러자 하나님께서 가죽 옷을 만들어 입혀 주신다. 죄 없는 어린양을 잡아 그

가죽으로 옷을 만들어 입히신 것이다. 하나님의 어린양 예수(여자의 후손: 창 3:15)를 십자가에 못 박아 죽이시고, 우리에게 가죽 옷, 거룩한 세마포 옷(계 19:8), 의의 옷을 입혀주심으로 우리를 구원해 주신 것이다. 이것이 바로 구원이며, 성경은 죄인인 우리가 어떻게 구원 받았는가를 알려주는 책인 것이다.

그렇다. 이 세상에 선하신 분은 하나님 한 분뿐이다. 선악을 판단하실 분은 오직 하나님 한 분이라는 뜻이다. 그러기에 며느리 다말이 시아버지와 동침해서 후손을 낳아도, 기생 라합이 이스라엘 정탐꾼을 숨겨 나라를 팔아먹어도, 이스라엘이 가나안 족속을 하나도 남김없이 진멸시켜도 그것이 '선'이다. 왜냐하면 이들은 하나님 뜻에 따라 행한 것이기 때문이다.

그러므로 이것이 옳다 저것이 옳다 스스로 판단하지 말아야 한다. 남을 판단하지 말라. 모든 것을 선악 간에 판단하실 분은 오직 한 분 하나님뿐이시다.

여러분이 처한 상황을 또한 스스로 좋다 나쁘다 판단하지 말라. 하나님은 그리스도인을 위해 모든 것을 합력하여 선(구원)을 이루시는 분이시기 때문이다. 또한 하나님을 위해, 하나님 나라를 위해 무언가를 하겠다고 함부로 나서지도 말라. 그리고 먼저 열심히 예수님을, 그분의 은혜를 묵상하라. 그러면 주님이 무엇을 해야 할지 알려주실 것이다.

그러므로 우리가 행하기 전에 먼저 해야 하는 일은, 말씀과 기도를 통해 예수 그리스도와 그분의 십자가의 의미를 올바로 깨닫는 것이다.

> "예수께서 대답하여 이르시되 하나님께서 보내신 이를 믿는 것이 하나님의 일이니라 하시니" (요 6:29)

창세기
4장

아벨의 제사

아벨은 자기도 양의 첫 새끼와 그 기름으로 드렸더니 여호와께서 아벨과 그의 제물은 받으셨으나(4:4)

불행하게도 창세기 4장에는 인류 최초의 살인이 기록되어 있다. 형이 아우를 때려죽이는 사건!

왜 죽였는가? 선악과를 먹었기에, '하나님과 같이 되어' 왕 되신 하나님을 섬기는 자리에서 벗어나 스스로 왕이 되고자 했기 때문에 벌어진 일이다. 할 수만 있다면 하나님도 때려 죽였을 텐데, 하나님보다 힘이 부족하니 대신 동생 아벨을 죽인 것이다. 가인이 바로, 스스로 왕 되어 살고자 하는 오늘날 우리들의 적나라한 모습이다. 남을 섬기기보다 남들 위에 군림하여 다스리려 하고, 끊임없이 경쟁하는 약육강식의 생활방식은 서로가 서로를 죽이게 되어 있는 것이다.

아니다. 하나님 나라는 나를 위해 남을 짓밟고 빼앗고 죽이는 나라가 아니라, 예수님처럼 남을 위해 내가 죽는 나라다.

> "사람이 친구를 위하여 자기 목숨을 버리면 이보다 더 큰 사랑이 없나니" (요 15:13)

그런데 과연 우리가 친구를 위해 목숨을 버릴 수 있을까? 불가능하다. 그런데 예수님께서 죄인인 우리 친구가 되어 우리를 위해 목숨을 버려주셨다. 그러기에 그런 과분한 사랑을 받은 우리는 그렇게 살기 위해 노력해야 하며, 혹시 실패하더라도 십자가 앞에 나아가 우리의 연약함을 고하고 도우심을 구해야 한다. 그것이 아벨이 드린 제사가 아닐까?
하나님께서 아벨의 제사는 받으시고 가인의 제사는 받지 않으셨으며, 그것이 원인이 되어 가인이 아벨을 죽였다. 그렇다면 하나님은 왜 아벨의 제사만 받으셨을까? 제물이 좋아서가 아니라, '믿음으로' 드렸기 때문이다.

> "믿음으로 아벨은 가인보다 더 나은 제사를 하나님께 드림으로 의로운 자라 하시는 증거를 얻었으니 하나님이 그 예물에 대하여 증언하심이라 그가 죽었으나 그 믿음으로써 지금도 말하느니라" (히 11:4)

그런데 그 믿음이 어디서 온 것인가? 바로 하나님이 은혜로 아벨에게, 우리에게 주신 것이다.

> "너희는 그 은혜에 의하여 믿음으로 말미암아 구원을 받았으니 이것은 너희에게서 난 것이 아니요 하나님의 선물이라" (엡 2:8)

모든 그리스도인은 믿음으로 구원을 받는데, 그 믿음은 하나님이 은혜로 거저 주신 것이라는 말씀이다. 우리 모두는 이런 은혜를 입은 자들이다. 그런데 오늘도 그 하나님 앞에서 이것저것 세상적인 것만 달라고 떼를 쓰고 있겠는가?

아벨은 예수 그리스도의 예표다. 그는 형 가인에게 맞아죽었으나 '셋'으로 부활했다. 다음은 셋을 낳고 한 아담의 고백이다.

> "… 그의 이름을 셋이라 하였으니 이는 하나님이 내게 가인이 죽인 아벨 대신에 다른 씨를 주셨다 함이며" (4:25)

그렇다. 우리 그리스도인들은 이 땅에서 남을 짓밟고 죽이는 삶이 아니라, 아벨처럼 예수님처럼 맞아죽는 삶, 십자가의 삶을 살아야 한다. 그런 사람만이 '생명의 부활'로 다시 살아나, 주님과 함께 영원히 살게 될 것이다.

> "선한 일을 행한 자는 생명의 부활로, 악한 일을 행한 자는 심판의 부활로 나오리라" (요 5:29)

창세기
5장

하나님과의 동행

에녹이 하나님과 동행하더니 하나님이 그를 데려가시므로 세상에 있지 아니하였더라(5:24)

성경에는 죽음을 보지 않고 하늘로 옮겨진 두 사람이 나오는데, 바로 에녹과 엘리야이다. 그리고 지금도 많은 사람들이 이들처럼 죽음을 겪지 않고 하나님 나라로 가고 싶어 하는데, 그만큼 죽음이 무섭기 때문이다.

그런데 과연 에녹과 같은 삶을 살다가 가고 싶은가? 에녹이 살던 시대의 평균 수명은 900살이 넘었다. 아담 930, 셋 912, 므두셀라 969세. 그런데 에녹은 365세를 살았다. 지금으로 치면 남들은 다 90세 이상 장수하는데, 정작 본인은 30세를 살고 하늘로 갔다면, 이것을 과연 축복이라고 할 수 있겠는가?

에녹은 '므두셀라'라는 아들을 낳은 후 삼백 년을 하나님과 동행하다가 하늘로 옮겨짐을 받았다. 도대체 에녹에게 무슨 일이 있었던 것일까?

'므두셀라'라는 '창 던지는 자'라는 뜻인데, 당시 전투에서는 창 던지는 자가 항상 앞장서고, 그가 죽으면 전쟁에 져서 끝난 것을 의미했다. 다시 말해 에녹은 므두셀라를 낳았을 때 하나님으로부터, '이 아들이 죽으면, 세상이 멸망한다'는 계시(홍수 심판)를 받은 것이다. 그러기에 그는 므두셀라에게 무슨 일이 생길까 두려워 하루하루를 노심초사하며 살지 않을 수 없었던 것이다. 그는 하나님의 심판이 두려워 매일매일을 최후의 날처럼 경건하게 살았는데, 이는 그가 하나님의 약속의 말씀을 믿었기 때문이다. 그렇다고 에녹이 특별히 유난을 떨며 살았던 것은 아니다. 살기 위해 매일 일하며, 또 계속해서 자녀를 낳았다. 다른 사람들처럼 일상의 삶을 살았던 것이다.

흔히 영성이라고 하면, 기도원에 올라가거나 금식 기도 등 어떤 특별한 것을 생각하기 쉬운데, 영성이란 그런 것이 아니라 일상에서 형성되고 드러나는 것이다. 에녹처럼 말씀을 믿고, 두렵고 떨리는 마음으로 하나님 앞에서 사는 것이 바로 하나님과 동행하는 삶, 영성 있는 삶이며, 그것이 곧 성화(구원받은 자의 삶)이다.

> "… 지금 나 없을 때에도 항상 복종하여 두렵고 떨림으로 너희 구원을 이루라" (빌 2:12)

물론 구원은 하나님께서 은혜로 거저 주시는 선물이다. 그러나 그 선물이 얼마나 크고 귀한 것인지를 아는 성도는, 일상에서 하나님 뜻대로 거룩하게 살고자 하는 두렵고 떨리는 열심이 나오게 되어 있다.
어쨌든 므두셀라는 성경 인물 중 가장 장수한 사람이며, 그가 죽는 날 실제로 홍수 심판이 시작되었다.

한편 마지막 날에 있을 최후의 심판은 물이 아닌 불 심판이 될 것인데, 그날이 언제일지 아무도 모른다. 그러나 이 세상 최후의 날과 관계없이 개인의 종말인 죽음은 각자에게 갑자기 닥치게 된다. 하나님이 부르시면 우리는 그 즉시 갈 수밖에 없는 것이다.
그러므로 우리는 에녹처럼, 매일매일을 내 마지막 날로 알고, 하나님 앞에서 두렵고 떨리는 마음으로 살아야 한다. 그것이 바로 하나님과 동행하는 삶이요, 그런 사람은 죽음이 두렵지 않다. 왜냐하면 그런 사람은 이 땅에서 이미 에녹처럼 영생을 살고 있기 때문이다.

> "… 나는 부활이요 생명이니 나를 믿는 자는 죽어도 살겠고 무릇 살아서 나를 믿는 자는 영원히 죽지 아니하리니 … " (요 11:25, 26)

죽음을 두려워하지 말라. 그리스도인들은 이미 죽음을 이긴 사람들이기 때문이다. 오늘을 '믿음으로' 사는 사람은 이미 영생을 사는 사람이요, 하나님을 기쁘시게 하는 사람이며, 그 사람은 숨이 끊어지는 즉시 에녹처럼 하나님 나라로 옮겨짐을 받을 것이다.

창세기
6장

오직 은혜

그러나 노아는 여호와께 은혜를 입었더라(6:8)

드디어 하나님이 심판을 선언하신다. "그들의 날은 백이십 년이 되리라"(6:3). '120년 후에 므두셀라가 죽게 될 것이며, 그때 심판이 임할 것' 임을 선언하신 것이다.

성경은 그 심판의 이유를 다음과 같이 말씀하신다.

> "사람의 죄악이 세상에 가득함과 그의 마음으로 생각하는 모든 계획이 항상 악할 뿐임을 보시고"(6:5)

심판의 직접적인 원인은 바로 죄악이었다. 물론 하나님은 조물주이시기에, 언제라도 모든 만물을 다 쓸어버릴 수 있으시다. 그러나 공의의 하나님은 그렇게 하지 않으시며, 벌/심판을 내리실 때는 반드시 이유가 있다. 그래서 가나안 일곱 족속을 멸하실 때도, 그들의 죄악이 관영할 때까지 기다리셨던 것이다.
그렇다면 그들의 구체적인 죄악이 무엇일까? '모든 자들이 스스로 왕 되고자 했다' 는 것입니다.

> "하나님의 아들들이 사람의 딸들의 아름다움을 보고 … 아내로 삼는지라",
> "당시에 땅에는 네피림(거인족)이 있었고 … 사람의 딸들에게로 들어와 자식을 낳았으니 그들은 용사라"(2, 4절 일부)

사람들은 왕 되는 것, 곧 힘을 갖는 것을 좋아하고 그것을 얻고자 애쓴다. 여자도 마찬가지다. 여자에게 힘은 바로 아름다움인데, 이를 얻기 위해 요즘은 온몸에 수술 칼을 대기도 한다. 아름다움이라는 '힘' 을 얻기 위해 엄청난 비용과 고통을 감수하는 것이다.

그런데 피조물인 인간은 하나님 은혜로만 살아가도록 지음을 받았기에, 스스로의 힘으로 살고자하는 것, 스스로 용사/왕 되고자 하는 것 자체가 죄이며, 하나님은 이런 인간의 죄악을 절대로 용납하지 않으신다. 그래서 홍수 심판을 선언하시는 것이다.

노아 역시 이런 심판을 받지 않을 이유가 없었다. 이 땅에 사는 인간 중에 의인은 하나도 없기에(롬 3:10), 노아 역시 죄인이기 때문이다. 그런데 노아와 그 가족 7명은 여호와의 은혜를 입고 홍수 심판에서 살아남게 된다. 노아 역시 죽어야 마땅한 죄인이었는데, 하나님의 은혜가 그와 그의 가족을 살리신 것이다.
그러나 공의의 하나님께서 무조건 용서하실 수는 없기에 노아와 그 가족들의 죗값을 누군가가 지불해야 했는데, 바로 구원의 방주이신 예수님이 그 값을 치러주셨다. 예수님이 방주가 되셔서 저주의 홍수를 다 뒤집어쓰고 죽으심으로, 노아의 가족들이 살아남은 것이다.

오늘날 그리스도인이라는 우리들 역시 선악과를 입에 물고 태어난, 스스로 왕 되려 애쓰고 있는 죄인들이다. 그러기에 저주의 홍수에 빠져 죽어, 영원히 지옥에서 살아야 할 존재들이다. 그런데 그런 우리가 살아나서 주님과 함께 영원히 살게 될 주님의 자녀가 되었다. 예수님께서 저주의 십자가에 달려 죽으심으로 우리 죗값을 대신 치러주셨기 때문이다. 우리들 역시 노아처럼 은혜를 입은 것이다.

오늘도 우리는 죄인임을 고백하며, 하나님 없이는 한 시도 살 수 없는 무력한 존재임을 인정하고, 하나님 손에 들려 있는 그 무엇이 아니라 하나님 그분만을 구해야 한다. 그럴 때 하나님이 은혜를 물 붓듯이 부어주실 것이다.

> "그러나 노아는 여호와께 은혜를 입었더라" (6:8)

창세기
7장

구원의 방주 예수

지면의 모든 생물을 쓸어버리시니 곧 사람과 가축과 기는 것과 공중의 새까지라 이들은 땅에서 쓸어버림을 당하였으되 오직 노아와 그와 함께 방주에 있던 자들만 남았더라(7:23)

하나님으로부터 홍수 심판 예고와 방주를 지으라는 명령을 받은 노아는, 믿음으로 120년간 방주를 지었다. 행함으로 구원을 받는 것은 아니지만, 믿음에는 반드시 노아와 같은 행함(순종)이 나오게 되어 있기 때문이다.

한편 방주를 짓는 그 120년 동안 노아의 가족들은 사람들로부터 '왜 방주를 짓느냐'는 질문을 수없이 들었고, '이제 곧 대홍수가 임할 것이며, 방주를 짓지 않으면 멸망당할 것'이라 경고했을 것이다. 그렇지만 노아 가족들은 그들로부터 바보요 정신병자라는 소리를 들었을 것이다. 왜냐하면 하나님 음성을 듣지 못하는 사람들로서는 노아의 말과 행동을 이해할 수 없었기 때문인데, 그도 그럴 것이 그때까지 비가 땅에 내린 적이 없었으며, 그 어디에도 홍수 심판의 징조가 나타나지 않았기 때문이다.

그러나 하나님 말씀은 일점일획도 땅에 떨어지지 않고 하나님의 때에 반드시 다 이루어지게 되어 있다. 그러기에 온 땅을 뒤엎은 대 홍수는 므두셀라의 죽음과 함께 실제로 온 세상에 임했다. 드디어 두려운 심판의 날이 닥쳤고, 노아의 가족들과 및 하나님이 명하신 대로 방주에 태운 생물들을 제외한 모든 생물들이 홍수에 빠져 죽었다.

여기서 방주(테바)는 '선박'보다는 '상자'에 가까운데, 하나님이 이끄시는 대로 떠다녔던 것이다. 모세를 담아 나일 강에 띄웠던 갈대 상자가 바로 '테바'인데, 그 방주 덕분에 모세는 죽지 않고 살아남을 수 있었다. 모세 대신 방주(테바)가 물에 빠져 죽고 모세가 살아남은 것인데, 이 방주는 바로 구원의 방주이신 예수 그리스도의 예표다.

예수님은 표적을 계속 요구하는 바리새인들에게, "요나의 표적 밖에 보여줄 것이 없다" 말씀하셨는데(마 16:4), 이는 십자가 사건을 말씀하신 것이다. 험한 풍랑으로 인해 바다에 빠져 죽게 된 선원들이 요나를 바다에 던짐으로써 구원을 얻은 것처럼, 이제 예수님이 십자가에 달려 돌아가심으로 죽어야할 자들이 살아나게 될 것임을 알려주신 것이다. 예수님이 방주가 되셔서 홍수에 빠져 죽으시고, 노아의 가족으로 대표된 그리스도인들이 살아나게 된 것이다.

이 얼마나 감격스런 일인가? 하나님의 아들이 죄인인 우리를 살리기 위해 물(홍수)에 빠져 죽으셨다니! 이 사실을 진정으로 아는 사람은 십자가 앞에 엎드려 그 은혜에 감사의 눈물을 흘리지 않을 수 없고, 또 '그 하나님의 뜻대로 살아보리라' 결단하게 되는 것이다.

성경에 의하면 이제 곧 이 세상에 불 심판이 임할 것이며, 그날에 예수라는 방주에 탄 진짜 성도들만 살아남고, 나머지 모든 것들은 다 타 없어지고, 둘째 사망에 떨어지게 될 것이다(벧후 3:7).

그러므로 그리스도인들은 노아처럼 '이제 곧 최후의 심판이 온다. 예수라는 방주에 타야만 살 수 있다'고 소리를 높여 전해야 한다. 물론 오늘날 대부분 사람들도 노아 시대처럼 우리의 경고를 듣지 않을 것이다. 그럼에도 우리 경고를 듣고 하나님께 나오는 사람들은 분명히 있게 마련인데, 하나님께서 창세 전에 택한 사람들이 있기 때문이다.

인생은 죽음이라는 무서운 질병을 이기기 위한 백신으로써 지옥과 같은 고통을 조금씩 맛보며, 그 영원한 죽음에서 건져주신 은혜에 감사하며, 노아처럼 말씀을 준행하며 사는 것이 곧 영생을 얻는 길임을 배우는 과정이다. 그러므로 오늘도 우리는 주님이 이 목적을 위해 두신 각자의 자리에서, 주님의 십자가 은혜에 감사하며, 구원의 방주되신 예수님을 입으로, 삶으로 전하는 삶을 살아야 한다.

창세기
8장

정결한 제물 예수

노아가 여호와께 제단을 쌓고 모든 정결한 짐승과 모든 정결한 새 중에서 제물을 취하여 번제로 제단에 드렸더니(8:20)

하나님께서는 만물을 지으시고 모두 "보기에 좋다" 말씀하셨다. 그런데 나중에 이들을 정한 동물과 부정한 동물로 구분하신다. 그러기에 이는 무엇인가를 설명하기 위해 편의상 구분하신 것일 뿐이며, 지금은 정한 짐승, 부정한 짐승의 구분이 없음을 알아야 한다.

본문에는 정결한 짐승을 제물로 드리는 장면이 나오는데, 이는 죄 없으신 예수님이 부정한 우리를 위해 정결한 제물로 드려졌음을 보여주는 것이다. 왜냐하면 타락한 피조물 중에는 하나님이 기뻐 받으실 만하거나 요구하시는 거룩의 수준을 맞출 수 있는 제물이 없기 때문이다.

그런데 예수님의 이런 희생으로 말미암아 예수를 믿는 그리스도인들도 이제는 '믿음으로' 그리스도 안에서 정결한 존재(의로운 존재)로 여김을 받게 되었고, 하나님께 드릴 수 있는 제물이 되었다.

> "모든 사람이 죄를 범하였으매 하나님의 영광에 이르지 못하더니 그리스도 예수 안에 있는 속량으로 말미암아 하나님의 은혜로 값없이 의롭다 하심을 얻은 자 되었느니라" (롬 3:23, 24)

그러기에 오늘날 하나님은 우리에게 예수로 인해 의롭게 된 자의 그런 정결한 제사를 요구하신다.

> "그러므로 형제들아 내가 하나님의 모든 자비하심으로 너희를 권하노니 너희 몸을 하나님이 기뻐하시는 거룩한 산 제물로 드리라 이는 너희가 드릴 영적 예배니라" (롬 12:1)

그렇다. 예수를 믿는다는 것은 그분을 이용해 내 뜻이나 목적을 이루는 것이 아니라, 그분만으로 만족하며, 그분을 위해 삶의 전부를 드리는 것이다. 그리고 그것이 곧 우리가 드려야 할 영적 예배이다.

죽임을 당해 마땅한 부정한 존재인 우리는, 예수께서 정결한 제물이 되어 십자가에 달려 죽으심으로 말미암아 그리스도 안에서 정결한 자로 여김을 받아 산 자가 되었다. 그러므로 이제 우리 생명은 내 것이 아니라 주 예수의 것이며, 그러기에 우리 삶의 전부를 그분께 드려야 하는 것이다.

> "우리가 살아도 주를 위하여 살고 죽어도 주를 위하여 죽나니 그러므로 사나 죽으나 우리가 주의 것이로다" (롬 14:8)

> "그런즉 너희가 먹든지 마시든지 무엇을 하든지 다 하나님의 영광을 위하여 하라" (고전 10:31)

창세기
9장

덮어줌의 은혜

셈과 야벳이 옷을 가져다가 자기들의 어깨에 메고 뒷걸음쳐 들어가서 그들의 아버지의 하체를 덮었으며 그들이 얼굴을 돌이키고 그들의 아버지의 하체를 보지 아니하였더라(9:23)

홍수 심판 후 일어난 이해할 수 없는 두 사건은, 노아가 술에 취한 것과 함의 아들 가나안이 노아로부터 끔찍한 저주를 받은 것이다.

먼저 인간의 죄악으로 인해 그 무서운 심판을 받은 직후에 노아가 인사불성이 될 정도로 술을 마셨다는 것은, 노아 역시 죄인이었으며 인간 스스로의 힘으로는 죄에서 벗어날 수 없음을 보여준다. 또 노아가 심판에서 살아남은 이유는, 그가 의인이었기 때문이 아니라 하나님의 은혜였다는 것이다. 하나님이 그에게 믿음을 주시고 그 믿음을 의로 여기시고 심판을 면하게 해주셨다는 뜻인데, 그 은혜를 받은 노아가 바로 오늘날 그리스도인들이다.

그렇다면 가나안은 왜 느닷없이 그 무서운 저주를 받은 것인가? 당시에는 자식을 저주하는 것은 곧 그 부친을 저주하는 것이었기에, 가나안이 저주를 받은 것은 곧 가나안의 아비 '함'이 저주를 받은 것이다.

앞에서 본 바와 같이 모든 인간은 다 죄인이기에, 죄를 덮어주시는 하나님의 은혜가 아니면 살아남을 수가 없다. 그런데 그런 은혜를 받은 함이, 아비 노아의 죄를 덮지 않고 비난했다는 것이 문제의 핵심이다. 즉 함이 저주받은 사실을 성경에 기록한 이유는, 함처럼 그렇게 하나님 은혜를 알지 못하는 자들은 저주를 받은 자들이며, 결국 구원을 받지 못하게 될 것임을 성도들에게 말씀하고 있는 것이다.

그렇다. 죄인인 우리는 오직 '죄를 덮으시는 하나님의 은혜'로 구원을 받은 자들이다. 성경은 이를 자세히 설명한다.

먼저 하나님은 아담이 죄를 짓자마자 정결한 제물을 죽여 그 가죽으로 옷을 입혀주셨다(창 3:21).

그 후 출애굽기에서는 애굽의 장자가 다 죽임 당할 때, 어린양의 피를 바른 집들은 죽음의 사자가 그냥 넘어가는 것(유월, pass over)을 볼 수 있다. 어린양 예수의 피를 바른 자(덮은 자)들은 다 구원을 받은 것이다(출 12:23).

> "허물의 사함을 받고 자신의 죄가 가려진(덮여진) 자는 복이 있도다" (시 32:1, 롬 4:6~8)

이 덮으심의 은혜는 또 다시 법궤 위에 있는 속죄소(mercy seat)에 제물의 피를 뿌리는 의식으로 설명되는데, 이는 십자가에서 흘리신 예수의 피로 성도들이 죄로부터 정결하게 됨을 의미하는 것이다.

> "저녁 먹은 후에 잔도 그와 같이 하여 가라사대 이 잔은 내 피로 세우는 새 언약이니 곧 너희를 위하여 붓는 것이라" (눅 22:20)

> "그리스도께서 하나님 곧 우리 아버지의 뜻을 따라 이 악한 세대에서 우리를 건지시려고 우리 죄를 대속하기 위하여 자기 몸을 드리셨으니" (갈 1:4)

이렇게 덮으심의 은혜로 구원받은 사람들은 같은 원리로 다른 사람의 죄와 허물을 덮어주는 삶을 살 수밖에 없는데, 그것이 곧 이웃 사랑이다.

사랑 중에 최고의 사랑은 주님의 십자가 사랑이다. 그러기에 우리 그리스도인들은 오늘도 그 사랑의 예수님을 입술로, 삶으로 전하지 않을 수 없다.

> "새 계명을 너희에게 주노니 서로 사랑하라 내가 너희를 사랑한 것 같이 너희도 서로 사랑하라 너희가 서로 사랑하면 이로써 모든 사람이 너희가 내 제자인 줄 알리라" (요 13:34, 35)

창세기 10장

족보

함의 아들은 구스와 미스라임과 붓과 가나안이요(10:6)

우리 민족은 대대로 족보를 특별히 중시해 왔다. 내가 어디에서 왔는지, 그 뿌리와 정체성을 찾고 유지하는 것은 중요하기 때문이다. 성경에도 족보가 많이 나온다. 가인과 셋(아벨)의 족보가 나오고, 오늘 본문에도 노아의 세 아들 셈, 함, 야벳의 족보가 나오는데, 그중에 특히 눈에 띄는 족보는 노아에게 저주받은 함의 족보다.

함의 아들 중 구스는 지금의 에티오피아로 과거 엄청난 강대국이었으며, 미스라임은 애굽을 말하는데 역사 내내 초강대국으로 셈의 후손인 이스라엘을 괴롭혔다. 가나안 또한 생육하고 번성한 것은 말할 것도 없다. 함의 자손들은 분명히 노아로부터 저주를 받았는데, 강성하기만 하니 뭔가 이상하지 않은가?

특별히 구스의 자손 중에 니므롯이라는 영걸이 세상에 처음 나오는데, 영걸(mighty warrior)은 왕 같은 존재임과 동시에 뛰어난 사냥꾼이라는 뜻도 있다(9절). 니므롯은 당시에 왕 같은 존재로서 모든 백성 위에 군림했으며, 심지어 하나님께 대적하는 자가 된다. 왜냐하면 나중에 그의 후손들이 바벨탑을 쌓았던 것이다.

> "그(니므롯)의 나라는 시글 땅의 바벨과 에렉과 악갓과 갈레에서 시작되었으며" (10:10)

오늘날에도 많은 사람들이 니므롯처럼 용사와 영웅이 되려고 목숨을 건다. 그리고 심지어 교회 안에서도 '세상적으로 높은 고지에 올라가거나 출세를 해서 하나님께 영광을 돌리자'는 고지론이 힘을 얻고 있다. 과연 이것이 맞는 주장일까?

물론 그리스도인들도 각자 하나님 앞에서, 하나님이 기뻐하시는 방법으로 두신 자리에서 최선을 다해야 한다. 그러면 일반 은총에 따라 바라던 결과가 나오거나 높은 자리에 오를 수도 있다. 그러나 니므롯처럼 영걸이 되는 것 자체를 목표로 삼는 것은 잘못이며, 그 목표의 달성 여부와 관계없이 그 길은 멸망의 길이다. 왜냐하면 그 길은 분명 십자가의 길과는 다른 길이기 때문이다.

한편 이 세상의 용사는 오직 한 분 예수 그리스도이셔야 하며, 그분 한 분이면 족하다. 하나님 나라는 예수님의 통치에 전적으로 순종하는 사람들이 사는 곳이기 때문이다. 만약 모든 사람들이 다 용사나 왕이 되고자 한다면 그곳에는 싸움이 끊이지 않을 것이며, 그곳이 곧 지옥이다.
마태복음과 누가복음에도 족보가 나오는데, 그렇다면 과연 우리는 누구의 후손인가? 혈통적으로 보면 한민족이요, 가문의 족보에 나오는 조상의 후손이다. 그러나 하나님 나라의 족보는 혈통과는 전혀 관계가 없기에, 영적으로 우리는 아브라함의 자손이다. 동시에 우리는 예수님의 형제이기도 한데, 예수님은 성령으로 나신 첫 번째 분이시며(마 1:20), 우리 또한 성령으로 거듭났기(born again) 때문이다.

그런데 만왕의 왕이신 예수님이 이 땅에 오셔서 어떤 삶을 사셨는가? 가장 낮은 곳에 태어나 철저하게 낮아지는 삶, 자신을 죽여 남을 살리는 삶, 십자가의 삶을 사시고, 저주의 십자가에 달려 죽으셨다. 그렇다면 하나님의 자녀이며 그리스도 예수의 형제인 우리는, 이 땅에서 어떤 삶을 살게 될 것인가?
당연히 예수의 형제인 우리들에게서는 그분과 동일한 삶이 나올 수밖에 없다. 우리는 그분과 같은 족보를 가지고 태어났기 때문이다. 만약 그분과 다른 삶이 나오거나 다른 삶을 추구한다면, 우리는 '혹시 내가 그분과 다른 족보를 가진 것은 아닌가?' 두렵고 떨리는 마음으로 자신을 돌아봐야 한다.

> "그는 근본 하나님의 본체시나 … 오히려 자기를 비워 종의 형체를 가지사 사람들과 같이 되셨고 사람의 모양으로 나타나사 자기를 낮추시고 죽기까지 복종하셨으니 곧 십자가에 죽으심이라" (빌 2:6~8)

창세기
11장

바벨탑

또 말하되 자, 성읍과 탑을 건설하여 그 탑 꼭대기를 하늘에 닿게 하여 우리 이름을 내고 온 지면에 흩어짐을 면하자 하였더니(11:4)

선악과를 따먹고 난 후 아담이 가장 먼저 한 일은 무화과 나뭇잎으로 치마를 해 입은 것이며, 가인이 동생 아벨을 죽이고 한 일은 자신을 지키고자 에녹성을 쌓은 것이다(창 4:17). 이렇게 스스로의 힘으로 자신을 지키려 하는 것은 잘한 일이 아닌가?

아니다. 하나님 나라는 내 스스로 무엇을 하는 나라가 아니라, 전적으로 하나님만 의지하며 사는 나라다. 과연 하나님께서 그 모든 일들을 다 감당하실 수 있을까? 그렇다. 하나님은 전지전능하시기 때문이다.

그렇다면 홍수 심판 후의 인간들은 좀 달라졌을까? 전혀 달라지지 않았다. 홍수 심판을 통해 죄가 얼마나 무서운 결과를 초래하는가를 깨달았다면, 이제 그들은 하나님 말씀대로 살아야만 했다. 그런데 인간은 그렇게 하는 대신 스스로의 힘으로 또 다른 심판에 대비하고자 탑을 쌓았다. 하나님과 한판 붙어보자는 뜻이다.

오늘날의 사람들은 좀 나아졌을까? 아니다. 전혀 바뀐 것이 없다. 오히려 문명이라는 이름하에 신을 부정함은 물론(니체: 신은 죽었다), 심지어 어떤 분야(바이오)에서는 신의 영역으로 들어가 스스로 신이 되어가고 있다. 그러나 하나님께서는 이런 인간의 집요한 죄성을 절대로 용납하지 않으신다.

> "자, 우리가 내려가서 거기서 그들의 언어를 혼잡하게 하여 그들이 서로 알아듣지 못하게 하자 하시고" (11:7)

물론 하나님은 성도들에게 '서로 모이기를 힘쓰라' 말씀하신다. 그러나 여기서 모이기를 힘쓰는 것은 '성령 안에서'이다. 성령 안에서 그리스도 예수를 머리로 한 하나가 되어야지 인간끼리의 하나 됨은 죄악을 더 강화시킬 뿐인데, 야쿠자, 마피아 등 범죄 단체를 보면 잘 알 수 있다. 하나님은 이런 죄인들의 하나 됨을 언어를 혼잡케 하심(바벨)으로 흩어버리신다.

오늘도 세상 사람들은 자기 이름을 내려고 기를 쓰고 있다. 그러나 성도들은 자기 이름을 몰수당하고 예수의 이름을 가져야 한다. 죄인으로 태어나 살아 있는 동안 죄밖에 생산하지 못하는 인간 중에 자기 이름을 가지고 구원받을 수 있는 사람은 없기 때문이다.

> "또 내가 보니 보라 어린 양이 시온 산에 섰고 그와 함께 십사만 사천이 서 있는데 그들의 이마에는 어린 양의 이름과 그 아버지의 이름을 쓴 것이 있더라" (계 14:1)

그리스도인들은 자기 이름이 아니라 어린양, 즉 그리스도의 이름을 가져야만 천국에 들어갈 수 있는 것이다.

한편 바벨탑은 바벨론 제국을 거쳐 계시록의 바벨론(Babylon)으로 연결되는데, 하나님을 대적하는 세력을 대표하는 세력인 이 바벨론은 마침내 멸망당하고 만다.

> "힘찬 음성으로 외쳐 이르되 무너졌도다 무너졌도다 큰 성 바벨론이여 귀신의 처소와 각종 더러운 영이 모이는 곳과 각종 더럽고 가증한 새들이 모이는 곳이 되었도다" (계 18:2)

그러기에 우리는 하나님께 순종하며 그분과 함께 영생을 누릴 것인가, 아니면 스스로 왕이 되려 바벨탑을 쌓으며 하나님을 대적하다가 바벨론의 왕인 사탄과 함께 불못에서 영원히 고통당할 것인가를 결정해야 한다.

창세기
12장

복(福)의 근원 예수 그리스도

내가 너로 큰 민족을 이루고 네게 복을 주어 네 이름을 창대하게 하리니 너는 복이 될지라(12:2)

창세기 1~11장을 '원(原) 역사'라 한다면, 12장부터는 '구속사(history of redemption)'라 할 수 있다. 믿음이 뭔지를 보여주는 아브라함이 등장하기 때문인데, 그렇다고 해서 아브라함이 우리가 본받아야 할 사람이라는 뜻은 아니다. 그는 기근을 이유로 말씀을 어기고 애굽으로 내려가고, 거기서 약속의 그릇인 사라를 바로에게 팔았으며, 하나님 약속을 믿지 못하고 하갈에게서 이스마엘을 낳은 불신앙의 사람이기 때문이다.

그러므로 우리는 성경을 통해, 하나님께서 어떻게 갈대아 우르에서 우상을 만들어 팔며 섬기던 아브람을 모리아 산에서 독자 이삭을 번제를 드리는 믿음의 사람으로 만드셨는지를 보면서, 하나님께서 나같이 불가능한 사람도 틀림없이 믿음의 사람으로 만드시고 천국까지 인도해 가실 것임을 믿고 확신해야 하는 것이다.

그렇다면 과연 하나님께서 아브람에게 약속하신 복이란 무엇인가? 그 복은 흔히 생각하는 돈, 권세 등 세상적인 복이 아니다. 왜냐하면 하나님께서는 짐승들과 물고기, 새는 물론 안식일에게도 복을 주셨기 때문이다(창 1:22, 2:3). 한마디로 성경에서의 복(barakh)은 하나님이 부어주시는 생명력이다. 사람을 흙으로 지으셨는데, 하나님께서 생기(생명력)를 코에 불어넣으시니 비로소 생령이 되었던 것이다.

나아가 이 생명력은 예수께서 '나는 길이요 진리요 생명'(요 14:6)이라 말씀하신 것에서 알 수 있듯이 생명이신 예수 그리스도를 의미하는 것이다. 한 마디로 예수를 믿는 사람은 이미 복을 받은 그리고 생명을 가진 자이며, 예수를 믿지 않는 자들은 생명(예수)이 없기에 억만금을 소유하고 있어도 살아있는 자 같으나 이미 죽은 자인 것이다(요 3:18, 믿지 아니하는 자는 하나님의 독생자의 이름을 믿지 아니하므로 벌써 심판을 받은 것이니라).

그렇다. 예수 그리스도를 믿는 그리스도인은 이미 참된 복을 가진, 복음을 가진, 복이 된 사람들이다. 따라서 우리가 복음을 전할 때 그 복음을 받아들이고 예수를 믿는 사람은 복을 받은 사람들이 되는 것이요, 그 복음을 거절하는 사람은 복 자체이신 예수를 거절함으로 해서 이미 저주를 받은 것이다.

> "너를 축복하는 자에게는 내가 복을 내리고 너를 저주하는 자에게는 내가 저주하리니 땅의 모든 족속이 너로 말미암아 복을 얻을 것이라 …" (12:3)

그러므로 아브라함처럼 이미 '복이 된' 그리스도인들은, 각자 하나님이 두신 자리에서 성령을 힘입어 복 자체이신 예수를 전심을 다해 전해야 할 사명을 받은 사람들이다.

> "그러므로 너희는 가서 모든 민족을 제자로 삼아 아버지와 아들과 성령의 이름으로 세례를 베풀고 내가 너희에게 분부한 모든 것을 가르쳐 지키게 하라 …" (마 28:19, 20)

창세기
13장

땅과 자손에 대한 약속

네 앞에 온 땅이 있지 아니하냐 나를 떠나가라 네가 좌하면 나는 우하고 네가 우하면 나는 좌하리라(13:9)

아브람은 자신이 살기위해 부인 사래까지 바로에게 팔았던 이기적인 인간이었다. 그런데 하나님의 개입으로 전화위복을 경험한다. 당시 세계 최강이었던 애굽의 바로가 여호와 하나님께 무릎을 꿇는 것을 통해(사래를 돌려주고 큰 재물을 줌) 여호와가 바로보다 크신 분임을 알게 된 것이다. 당시에는 아직 성경이 없었던 시기였기에, 하나님께서 이런 사건을 통해 직접 자신을 나타내셨던 것이다.

이 사건을 경험한 아브람은 조금씩 변화되기 시작한다. 롯과의 사이에 가축을 키우기 위한 땅 문제가 발생하자 큰 아버지인 본인이 먼저 택할 수 있었지만 조카 롯에게 선택권을 준다. 그러자 롯은 먼저 여호와의 동산 같고 애굽 땅과 같은(13:10) 소돔과 고모라 땅을 택한다. 믿음이 없는 사람들은 당장 눈에 보기 좋은 것, 편한 것을 택하게 되어 있다. 그러나 롯의 결국에서 볼 수 있는 것처럼 정욕대로 택한 그 길은 곧 멸망의 길이다.

한편 황무지 같은 땅에 홀로 남겨진 아브람에게 여호와께서 찾아오셔서 땅과 자손을 주시겠다는 약속을 주신다.

> "보이는 땅을 내가 너와 네 자손에게 주리니 영원히 이르리라 내가 네 자손이 땅의 티끌 같게 하리니…" (13:15, 16)

아브람은 이 약속을 믿고 여호와를 위하여 단을 쌓는다(13:18). 그러나 아브람이 실제 자기 소유로 얻은 땅은 자신과 사라가 묻힌 막벨라 굴 밖에 없었으며, 자손이라고는 100세에 얻은 이삭 단 하나뿐이었다. 왜냐하면 하나님이 약속하신 땅은 이 세상의 땅이 아니라 영적 가나안 땅 곧 천국을 의미하기 때문이다.

그런데 산상수훈을 곡해해 '예수를 믿으면 이 세상에서 땅을 얻는다'고 생각하는 복부인 같은 사람들이 아직도 교회 안에 있다.

> "온유한 자는 복이 있나니 그들이 땅을 기업으로 받을 것임이요" (마 5:5)

과연 그럴까? 천만의 말씀이다. 우리 그리스도인이 궁극적으로 얻을 땅은 이 세상의 땅이 아니라 주님이 계신 천국이다.

또한 땅의 티끌같이 많은 자손은 우리 육신의 자녀가 아니라 이삭의 후손으로 오실 예수 그리스도로 말미암아 생겨나게 될 믿음의 자손들, 곧 믿는 자들의 모임인 교회를 의미한다. 그리고 이 약속대로 지금까지 수많은 그리스도인들이 태어났으며, 하나님이 계획하신 144000(= 12×12×1000 = 구약의 12지파 × 신약의 12사도 × 무한 숫자 1000)이 채워지면 그때 새 하늘과 새 땅이 하늘로부터 내려올 것이다(계 21:2).

그렇다. 그리스도들은 눈에 보이는 어떤 것이 아니라 보이지 않는 하나님의 약속을 '믿음으로' 보고, 주님이 인도하시는 대로 따라가는 자들이다. 그리고 이들은 마침내 약속의 땅 천국에 이르게 될 것이다.

> "우리가 주목하는 것은 보이는 것이 아니요 보이지 않는 것이니 보이는 것은 잠깐이요 보이지 않는 것은 영원함이라" (고후 4:18)

창세기
14장

그리스도인의 전쟁

아브람이 그의 조카가 사로잡혔음을 듣고 집에서 길리고 훈련된 자 삼백십팔 명을 거느리고 단까지 쫓아가서(14:14)

아브람이 몇 안 되는 사병들과 함께 엘람 연합군과 싸운 이 전쟁은 참으로 무모한 짓이었다. 이들 연합군은 지금의 이란인 엘람, 시날 땅의 바벨론 등 당시 최대 강대국들의 연합이었기에 때문이다. 마치 계란으로 바위를 치는 것과 같은 싸움이었던 것이다.

그런데 아브람은 어떻게 이 전쟁에서 승리하고 포로로 잡혀갔던 조카 롯을 찾아올 수 있었을까? 이 전쟁은 아브람 개인의 전쟁이 아니라 죄의 세력으로부터 자기 백성(롯)을 구하기 위한 여호와의 전쟁이었기 때문이다. 마치 기드온의 삼백 용사가 메뚜기 같이 많은 미디안 연합군과의 전쟁에서 승리한 것과 마찬가진데, 삼백 명이 일당백의 용사였기에 승리한 것이 아니라, 여호와께서 친히 싸우셨기에 승리했던 것이다.

그러나 그렇다고 해서 그리스도인들이 이 세상에서의 모든 싸움에서 무조건 승리한다는 뜻은 아니다. 예수 그리스도께서 어떻게 승리하셨는가? 이 세상에서는 실패한 모습으로, 십자가에 달려 돌아가심으로 승리하셨다.

그렇다면 그리스도인이라는 이름을 가진 우리는 어떤 모습으로 승리하게 될까? 예수님처럼 그렇게 연약한 모습으로, 남을 살리기 위해 자신을 희생하는 모습으로 승리하게 된다. 그리스도 인의 최후의 승리는 이 땅에서의 승리가 아니라 '영적 승리'를 뜻하기 때문이다. 그러기에 아브람은 연약함에도 불구하고 롯을 구하기 위해 희생을 무릅쓰고 출정했고, 주님이 함께 하심으로 승리할 수 있었던 것이다.

그렇다. 우리 그리스도인들은 이 땅에서는 연약한 자, 패배한 자처럼 보일 수 있다. 그러나 우리는 이미 그리스도 안에서 승리한 자들이며, 최후의 승리 또한 우리의 것이다.

한편 전쟁에서 승리한 아브람은 전리품을 하나도 취하지 않고 멜기세덱에게 십분의 일을 드리는데(14:20), 이는 이 전쟁은 자신이 아니라 하나님께서 친히 하신 것임을 인정한 것이다. 그리고 살렘 왕 멜기세덱(왕+의=의의 왕)으로부터 떡과 포도주를 받는데, 멜기세덱은 평강의 왕, 의의 왕으로서 예수 그리스도를 예표하는 인물이며, 떡은 예수님의 몸 그리고 포도주는 우릴 위해 흘리신 예수님의 보혈을 의미한다.

> "또 떡을 가져 감사 기도하시고 떼어 그들에게 주시며 이르시되 이것은 너희를 위하여 주는 내 몸이라 … 저녁 먹은 후에 잔도 그와 같이 하여 이르시되 이 잔은 내 피로 세우는 새 언약이니 곧 너희를 위해 붓는 것이라" (눅 22:19, 20)

그렇다면 궁극적으로 그리스도인의 전쟁은 무엇과의 전쟁인가? 바로 내 안팎에 있는 '죄와의 전쟁'이다. 물론 이 전쟁은 예수님의 십자가에서 이미 끝난 것이다. 그러나 우리는 실제 삶 속에서 이 죄와의 싸움을 싸워야 하는데, 우리의 거룩을 위해 하나님께서 허락하신 것이기 때문이다. 그리고 이 전쟁은 하나님께 속한 것이기에 우리는 반드시 승리할 것이며, 하나님께서는 반드시 우리를 거룩한 자로 완성해 내시고 말 것이다.

> "하나님의 뜻은 이것이니 너희의 거룩함이라 곧 음란을 버리고" (살전 4:3)

> "나는 너희의 하나님이 되려고 너희를 애굽 땅에서 인도하여 낸 여호와라 내가 거룩하니 너희도 거룩할지어다" (레 11:45)

창세기
15장

믿음의 조상 아브라함

아브람이 여호와를 믿으니 여호와께서 이를 그의 의로 여기시고(15:6)

아브람은 하나님의 영에 붙들려 엘람 연합군과 싸웠으며, 그 결과 승리해서 그들에게 붙잡혔던 조카 롯과 빼앗겼던 모든 재물을 되찾아왔다. 그런데 승리의 흥분이 가시자마자 그에게 두려움이 엄습하기 시작한다. 만약 연합군이 보복해 온다면 패배할 것이 명약관화하며, 그에게는 지금 티끌 같은 자손은커녕 노후를 책임져 줄 아들 하나 없었기 때문이다. 또 비록 재물이 많기는 하지만, 호기 있게 포기했던 그 많은 전리품들이 눈앞에 어른거렸기 때문이다.

그러자 하나님께서 이렇게 말씀하신다.

> "두려워하지 말라 나는 네 방패요 너의 지극히 큰 상급이니라" (15:1)

그렇다. 전지전능한 하나님이 우리의 방패가 되셔서 우릴 지켜주신다면 세상 그 무엇도 우리를 해칠 수 없다. 또한 주님의 손에 들려있는 그 무엇이 상급이 아니라, '그분 자체'가 우리의 상급이다. 아무리 많은 재물이 있어도 이 세상을 떠날 때는 다 두고 가야 하며, 아무리 건강한 사람도 나이를 어쩔 수는 없기 때문이다. 그러나 그 누구도 상급이신 하나님을 우리에게서 빼앗아갈 수 없으며, 그 하나님은 결코 우릴 떠나지 않고 영원히 함께하신다(임마누엘).

> "그리하면 여호와 그가 네 앞에서 가시며 너와 함께 하사 너를 떠나지 아니하시며 버리지 아니하시리니 너는 두려워하지 말라 놀라지 말라" (신 31:8)

하나님께서 이 말씀을 하시자 아브람은 조금은 안심했지만, 아직 자식을 주시지 않음에 대한 섭섭함을 드러낸다(3절). 그러자 하나님은 다시 한 번 뭇별과 같이 많은 자손을 약속하시고, 아브람은 그 말씀을 하신 여호와를 믿는

다. 그러자 하나님은 아브람의 그 믿음을 보시고, 그를 의롭다 여겨주신다(6절, 이신칭의).

하나님은 이렇게 믿음이 없던 우리에게 믿음을 주시고, 여러 환경을 통해 우리를 믿음의 사람으로 만들어 가신다. 그리고 그 길을 가장 먼저 간 사람이 아브람이기에 성경은 그를 '믿음의 조상'이라 부르고 있으며, 믿음의 사람들은 모두 아브람이 간 그 길을 반드시 가게 되어 있다.

> "너희는 그 은혜에 의하여 믿음으로 말미암아 구원을 받았으니 이것은 너희에게서 난 것이 아니요 하나님의 선물이라" (엡 2:8)

그렇다. 그리스도인들은 생명, 믿음, 구원 등 모든 것을 하나님으로부터 '선물로' 거저 받은 사람들이다. 그러기에 이 사실을 아는 성도들은 결코 교만할 수 없으며, 그들에게서는 하나님 사랑과 이웃 사랑이라는 착한 행위가 반드시 나오게 되어 있다.

> "네 마음을 다하고 목숨을 다하고 뜻을 다하고 힘을 다하여 주 너의 하나님을 사랑하라 하신 것이요 둘째는 이것이니 네 이웃을 네 자신과 같이 사랑하라 하신 것이라 이보다 더 큰 계명이 없느니라" (막 12:30, 31)

창세기
16장

믿음과 행위(사래와 하갈)

아브람의 아내 사래는 출산하지 못하였고 그에게 한 여종이 있으니 애굽 사람이요 이름은 하갈이라 … 하갈이 아브람의 아들을 낳으매(16:1, 15)

하나님 나라는 하나님이 홀로 약속하시고, 영적 세계에서는 이미 홀로 완성하셨으며, 역사 속에서 지금 이루어가고 계신 나라다. 우리는 이 사실을 말씀에서 알 수 있다.

> "해가 져서 어두울 때에 연기 나는 화로가 보이며 타는 횃불이 쪼갠 고기 사이로 지나더라" (창 15:17)

아브람 시대에는 어떤 약속이나 계약을 할 때, 약속을 어기는 쪽은 죽임을 당한다는 의미로 계약 당사자들이 쪼갠 제물 사이로 지나가는 것이 관습이었다. 그런데 위 본문에서는 아브람은 지나가지 않고, '타는 횃불'(하나님을 상징)만 지나가신다. 하나님께서 홀로 약속하시고, 홀로 그 약속을 이루어 가시겠다는 의미였는데, 그 약속은 바로 아브람에게 자손(쩨라=씨의 단수=예수 그리스도)을 주시겠다는 것이다.

그런데 이 약속을 믿었다는 아브람이 그만 약속을 기다리지 못하고, 하녀 하갈과의 사이에서 이스마엘을 낳아 버린다. 자기 행위(=율법)로 약속을 이루어 보겠다는 것이다. 그러나 하나님께서는 분명히 "네 몸에서 날 자(사래와의 사이에서 태어날 자)가 네 상속자가 되리라" 약속하셨다(15:4). 그렇다면 아브람은 시간이 얼마나 걸리든 무조건 기다려야 했는데, 기다리지 못하고 그만 이스마엘을 낳았던 것이다. 그리고 이 일로 말미암아 그의 가정에 풍파가 일어났으며, 그는 약속의 자녀 이삭을 얻기까지 또 다시 10여 년을 허비하게 된다. 지금까지 수천 년간 이스라엘(이삭의 후손)과 아랍권(이스마엘의 후손) 사이에 계속되고 있는 싸움은 논외로 하더라도 말이다.

한편 존 칼빈(칼뱅)은 '믿음의 또 다른 이름은 기다림'이라 말했다. 믿음은 하나님의 약속을 믿고 기다리는 것 이상도 이하도 아니라는 뜻이다. 그러므로 성도들은 오늘도 하나님의 약속에 대한 믿음과 하나님 나라에 대한 소망을 가지고, 서로 사랑하며 오래 참음으로 기다려야 하는 것이다.

타 종교는 내가 무엇인가를 해서 그 대가로 원하는 것을 얻겠다는 '자력' 종교이다. 그러나 기독교는 내가 아니라 하나님이 다 이루실 것을 '믿는' 타력 종교다. 그리스도인들은 그리스도 예수께서 다 이루셨음을 믿고 감사하며 하나님을 즐거워하면 되는 것이다(향유(享有)).

한편 이 모든 과정에서 전지전능하신 하나님은 우리 도움을 전혀 필요로 하지 않으신다. 그럼에도 감히 하나님을 돕길(?) 원한다면 우리는 하나님을 잘 믿고, 그분의 말씀에 순종하면 된다. 하나님께서 지금 하고 계시는 일은 우리를 하나님의 자녀로 만드시는 것이며, 성도가 해야 할 유일한 하나님의 일은 '하나님께서 보내신 이를 믿는 것'이기 때문이다.

> "하나님께서 보내신 이(예수 그리스도)를 믿는 것이 하나님의 일이니라" (요 6:29)

사도 바울은 사래와 하갈의 이야기를 비유라 말한다.

> "여종에게서는 육체를 따라 났고 자유있는 여자에게서는 약속으로 말미암았느니라 이것은 비유니 이 여자들은 두 언약이라 하나는 시내산으로부터 종을 낳은 자니 곧 하갈이라 … 오직 위에 있는 예루살렘은 자유자니 곧 우리 어머니라" (갈 4:23, 24, 26)

내 생각과 행위(율법)로 이스마엘을 낳을 것인가, 아니면 시간이 좀 걸릴지도 모르지만 하나님의 약속을 '믿음으로' 이삭(복음)을 낳을 것인가? 우리는 이 선택이 우리의 영생과 멸망을 결정짓는 것임을 명심해야 한다.

창세기
17장

할례, 내 옛 사람의 죽음

너희 중 남자는 다 할례를 받으라 이것이 나와 너희와 너희 후손 사이에 지킬 내 언약이니라(17:10)

언약을 믿지 못하고 이스마엘을 낳은 아브람에게 오랜 무관심으로 섭섭한 마음을 나타내신 하나님은, 13년 후 나타나셔서 다시 한번 언약을 선포하신다. 아직 아들이 없는 아브람의 이름을 '여러 민족의 아버지'라는 뜻의 아브라함으로 바꿔 주신 것이다. 한 번 하신 약속은 반드시 지키시겠다는 뜻이며, 이를 확인하는 의미에서 할례를 명령하신다.

할례는 남자 생식기 끝부분의 포피를 잘라내는 것으로, 당시 중동 지방에서 일반적으로 행하던 의식이었는데, 하나님이 그런 관습을 이용해 믿음이 무엇인지를 설명하시는 것이다. 즉 할례란 '생식기를 자른다, 내게는 전혀 생식능력이 없다'는 뜻으로, 자신이 죽는 것, 내 힘으로는 아무것도 할 수 없음을 선포하는 의미인 것이다. 하나님께서는 할례를 통해 '아브람아, 네 힘으로 약속의 자식을 낳겠다는 생각을 버리고, 내 언약을 믿으라' 명령하고 계신 것이다.

한편 성경은 '할례는 몸이 아니라 마음에 하는 것'이라 말씀하고 있다(렘 4:4, 너희는 스스로 할례를 행하여 너희 마음 가죽을 베고). 마음에 할례를 받은 자, 즉 나는 이미 죽은 자임을 인정하는 자만이 진정한 믿음의 사람이며, 할례를 받지 않은 자, 즉 내 힘으로 무언가를 할 수 있다고 생각하는 자를 불신자라 부르는데, 그들은 영원한 죽음에 떨어지게 될 것이다.

그러나 이런 하나님의 반복되는 언약에도 불구하고 아브라함은 계속해서 딴소리를 하며 연약함을 드러내는데, 이런 아브라함의 모습은 바로 오늘날 우리들의 모습이기도 하다.

> "아브라함이 이에 하나님께 아뢰되 이스마엘이나 하나님 앞에 살기를 원하나이다" (17:18)

그러나 그럼에도 불구하고 하나님은 언약에 신실하신 분이시기에, 우리는 구원을 확신할 수 있는 것이다.

그렇다. 우리 그리스도인들은 할례를 받은 자들이다. 예수님께서 우리를 살리려 십자가에서 돌아가실 때(할례 받으실 때), 우리는 그분과 함께 할례를 받은 자들인 것이다. 그러므로 우리는 나 자신의 삶을 사는 것이 아니라 피값으로 우리를 사시고 우리의 주인이 되신 예수 그리스도를 위해 살아야 한다(롬 14:8).

> "내가 그리스도와 함께 십자가에 못박혔나니 그런즉 이제는 내가 산 것이 아니요 오직 내 안에 그리스도께서 사시는 것이라" (갈 2:20)

> "우리가 살아도 주를 위하여 살고 죽어도 주를 위하여 죽나니 그러므로 사나 죽으나 우리가 주의 것이로다" (롬 14:8)

창세기
18장

할례 받은 자의 삶

아브라함이 또 이르되 주는 노하지 마옵소서 내가 이번만 더 아뢰리이다 거기서 십 명을 찾으시면 어찌 하려 하시나이까 이르시되 내가 십 명으로 말미암아 멸하지 아니하리라(18:32)

할례 받은 자란, 주인이 나에게서 하나님으로 바뀐 자, 믿음으로 구원받은 자, 성령 세례를 받은 자들을 말한다. 그렇다면 할례 받은 자들은 어떤 삶을 살아야 하는가? 우리는 그것을 아브라함의 삶을 통해 배울 수 있다.

먼저 아브라함은 지나가는 나그네를 정성을 다해 대접한다. 물론 광야에서는 사람이 귀하기에 나그네를 대접하는 것이 관례이기는 하지만, 섭씨 40도가 넘는 무더운 지방에서, 그것도 대낮에 지나가는 나그네를 뛰어다니면서까지 성심껏 대접한다는 것은 결코 흔한 일은 아니다. 이는 자신 또한 이 땅에서는 나그네임을 인식한 자에게서만 나올 수 있는 행동이었던 것이다.

그렇다. 믿음의 조상 아브라함뿐 아니라 우리 그리스도인들은 본향 가나안(천국)을 떠나 애굽(이 세상)에 와서 잠시 살다가 본향으로 돌아갈 나그네들이다. 그러기에 성경 곳곳에는 이스라엘 백성들(교회, 성도들)에게 과부와 고아와 '나그네'를 대접하라는 구절이 많이 나온다(신 10:19, 벧전 4:9).

> "손님 대접하기를 잊지 말라 이로써 부지중에 천사들을 대접한 이들이 있었느니라" (히 13:2)

하나님이신 예수님은 이 땅에 나그네로 오셔서 십자가까지 낮아지는 모습으로 우리를 섬겨주셨다. 그러므로 작은 예수인 성도들 역시 아브라함처럼 낮아져 이웃을 섬기는 삶(이웃 사랑)을 살아야 한다.

또한 아브라함은 소돔과 고모라를 멸하시겠다는 하나님의 말씀을 듣고, 그들을 위해 중보 기도를 한다. 물론 참된 중보자는 예수님 한 분뿐이다.

> "하나님은 한 분이시요 또 하나님과 사람 사이에 중보자도 한 분이시니 곧 사람이신 그리스도 예수라" (딤전 2:5)

그러나 그리스도의 예표인 아브라함이 멸망당할 소돔 성을 위해 중보 기도했던 것처럼, 우리도 멸망당할 이 세상을 위해 그리스도 안에서 중보 기도를 해야 한다. 왜냐하면 이 세상은 언젠가는 소돔과 고모라처럼 불로 멸망당할 것이기 때문이다.

> "이제 하늘과 땅은 그 동일한 말씀으로 불사르기 위하여 보호하신 바 되어 경건하지 아니한 사람들의 심판과 멸망의 날까지 보존하여 두신 것이니라" (벧후 3:7)

뿐만 아니라 롯처럼 우리들 역시 소돔 같은 이 죄악된 세상에서 정욕대로 살고 있기에 멸망당해야 마땅하지만, 예수 그리스도의 중보 기도와 십자가로 구원받은 자들이기 때문이다.

> "아버지 저들을 사하여 주옵소서 자기들이 하는 것을 알지 못함이니이다" (눅 23:34)

또한 아브라함에게 소돔의 멸망을 미리 알려주신 것처럼, 주님께서는 오늘날 우리에게 이 세상의 죄악과 멸망을 경고하고 계시다.

그러기에 오늘도 성도들은 십자가 은혜로 구원받은 자(할례 받은 자)로서 이웃을 사랑하고 섬기며, 그들을 위해 그리스도 예수 안에서 중보 기도를 해야 한다.

창세기
19장

소돔(세상)의 최후

롯이 나가서 그 딸들과 결혼할 사위들에게 말하여 이르기를 여호와께서 이 성을 멸하실 터이니 너희는 일어나 이 곳에서 떠나라 하되 그의 사위들은 농담으로 여겼더라(19:14)

할례 받은 자, 믿음의 조상 아브라함은 아무 대가를 바라지 않고 지나가는 나그네를 종의 자세로 정성껏 섬겼다.

그런데 소돔 사람들은 나그네들을 대접하기는커녕 오히려 착취하려 했는데, 그 나그네들을 자신의 동성애 파트너로 쓰겠다는 것이다. 이것이 바로 자기 이익에만 눈이 먼 자들, 할례 받지 않은 자들의 적나라한 모습이다. 이런 자들은 하나님의 경고도 농담으로 여기는데, 하나님께서 이들을 눈 먼 상태로 그냥 내버려 두시기 때문이다(롬 1:24). 그리고 이런 자들의 말로에 대한 본을 보이시려고, 하나님께서는 이들을 불로 진멸하신다.

> "여호와께서 하늘 곧 여호와께로부터 유황과 불을 소돔과 고모라에 비같이 내리사 그 성들과 온 들과 성에 거주하는 모든 백성과 땅에 난 것을 다 엎어 멸하셨더라" (19:24, 25)

우리 역시 육신의 정욕, 안목의 정욕, 이생의 자랑에 눈 먼 자들, 한마디로 죄악으로 눈먼 자들이며, 지금도 소돔 성과 같은 이 세상에 살고 있다. 그런데 그런 멸망 받을 자들이 예수 그리스도의 중보와 십자가 은혜로 말미암아 구원을 얻게 되었다. 그리고 주님은 오늘도 소돔 성과 바벨론 같은 세상에 살고 있는 우리에게, '속히 그곳에서 나오라!' 소리치고 계신다.

> "하늘로부터 다른 음성이 나서 이르되 내 백성아, 거기서 나와 그의 죄에 참여하지 말고 그가 받을 재앙을 받지 말라" (계 18:4)

그렇다고 우리더러 세상을 떠나거나 등지라는 뜻이 아니다. 비록 세상에 살지만 소돔(세상) 사람들처럼 이기적인 사고방식으로 살지 말고 원수를 사랑하는 마음으로, 또 그들을 불쌍히 여기며, 그들을 위해 중보 기도하며 살라는 뜻이다. 왜냐하면 세상에 물들어 살던 롯이 아브라함의 중보로 살아남았기 때문이다.

> "하나님이 그 지역의 성을 멸하실 때에 … 아브라함을 생각하사 롯을 그 엎으시는 중에서 내보내셨더라" (19:29)

그러므로 십자가 은혜로 구원받은 성도들은, 비록 죄악된 세상에 살고 있지만 세상에 물들지 말고, 하나님을 사랑하고, 멸망당할 자들을 불쌍히 여기며, 그들을 위해 중보하며 살아야 한다.

> "이 세상이나 세상에 있는 것들을 사랑하지 말라 누구든지 세상을 사랑하면 아버지의 사랑이 그 안에 있지 아니하니" (요일 2:15)

창세기 20장

아브라함의 불가능과 하나님의 신실하심

아브라함이 하나님께 기도하매 하나님이 아비멜렉과 그의 아내와 여종을 치료하사 출산하게 하셨으니(20:17)

아브람이 가나안 땅에 들어온 지 얼마 되지 않아 기근이 들었고, 그러자 그는 애굽으로 내려가 그곳에서 아내 사라를 바로에게 팔아넘긴다. 그때는 아브람이 아직 하나님을 잘 알지 못할 때니까 그럴 수 있겠다 생각할 수 있다.

그러나 우리는 오늘 본문에서, 아브라함이 하나님이 어떤 분인지를 여러 번 경험했고 또 이름까지 아브라함으로 바꿔주셨으며, 심지어 상속자가 될 씨가 사라의 뱃속에 있는데도 불구하고 똑같은 실수를 또 저지르는 모습을 볼 수 있다.

> "아브라함이 그의 아내 사라를 자기 누이라 하였으므로 그랄 왕 아비멜렉이 사람을 보내어 사라를 데려갔더니" (20:2)

이처럼 우리 인간은 전적으로 타락하였기에 전혀 가망이 없다. 그러기에 아브라함에게 하늘의 뭇별과 같이 많은 자손을 주시겠다는 약속은, 타락한 우리 인간의 힘으로는 도저히 이룰 수 없으며, 전능하고 신실하신 하나님께서 홀로 그 약속을 이루어 가실 것임을 선언하신 것이다.

한편 아브라함의 이런 연약한 모습에서 우리는 위로를 받을 수 있으며, 이런 아브라함을 끝내 믿음의 조상으로 만드시는 하나님의 고집과 신실하심에서 안도의 숨을 내쉬게 된다. 왜냐하면 언약에 신실하신 하나님께서 도저히 불가능한 우리들도 틀림없이 하나님의 자녀로 만들어 가실 것을 확신할 수 있기 때문이다.

> "하나님께서 천한 것들과 멸시받는 것들과 없는 것들을 택하사 있는 것들을

폐하려 하시나니 이는 아무 육체도 하나님 앞에서 자랑하지 못하게 하려 하심이라" (고전 1:28, 29)

그렇다. 아브라함을 포함한 모든 인간은 이렇게 불가능한 자들이다. 그럼에도 하나님은 그런 불가능한 아브라함을 선지자라 부르시고, 그가 기도하자 아비멜렉의 가정을 치료해 주신다(20:17). 아브라함에게 하신 '너를 축복하는 자에게는 내가 복을 내리고 너를 저주하는 자에게는 내가 저주하리니 땅의 모든 족속이 너를 인하여 복을 얻을 것'(창 12:3)이라는 약속의 말씀을 친히 지키고 계신 것이다.

아브라함의 자손인 우리 그리스도인들 모두 선지자요, 왕 같은 제사장들이다(벧전 2:9). 그러므로 우리 모두 자신의 무능함을 인정하고 오직 주님만을 의지하는 가운데 십자가의 삶을 살아감으로써, 오늘도 하나님을 이 땅에 나타내는 하나님의 대사로서의 사명을 감당해 나가야 한다.

창세기
21장

약속의 씨 이삭

아이가 자라매 젖을 떼고 이삭이 젖을 떼는 날에 아브라함이 큰 잔치를 베풀었더라 사라가 본즉 아브라함의 아들 애굽 여인 하갈의 아들이 이삭을 놀리는지라 (21:8, 9)

신실하신 하나님께서 드디어 죽은 자 같은, 그래서 도저히 자녀를 낳을 수 없는 아브라함과 사라에게 아들 이삭을 주신다. 인간들은 '경수가 끊어진 나이에 어떻게 자식을 낳으리오?' 비웃었지만(이삭: 웃음이라는 뜻), 전능하신 하나님께서 '홀로' 씨(자손)에 대한 약속을 이루시고 그들로 하여금 진정으로 웃게(이삭) 만드신 것이다.

> "사라가 이르되 하나님이 나를 웃게 하시니 듣는 자가 다 나와 함께 웃으리로다" (21:6)

하나님은 이렇게 불가능을 가능으로 만드시는 분이다. 그러나 그렇다고 해서 우리가 하는 모든 일을 무조건 우리 뜻대로 이루어 주신다는 뜻은 아니다. 만약 우리가 진짜 그리스도인이 맞다면 현재의 우리 모습이 아무리 부족하고 연약하다 하더라도 우리는 반드시 구원을 받게 된다는 뜻이다. 왜냐하면 우리는 창세 전에 택함 받은 약속의 자녀들이기 때문이다.

그런데 이상한 것은 어린 이삭이 서자 이스마엘에게 고통을 받더라는 것이다(21:9). 17살쯤 된 이스마엘이 이제 갓 젖을 뗀 3살쯤 된 이삭을 못살게 구는 것이다. 그 이스마엘은 큰 민족을 이루어 지금도 이삭의 후손들을 괴롭히고 있는데, 여기서 이삭은 믿는 자들을, 이스마엘은 믿지 않는 자들을 대표하고 있다.

이는 믿는 자들이 이 세상에서는 어린 이삭처럼 그렇게 무력한 모습으로 살아가게 된다는 뜻이기도 한데, 그렇게 사신 대표적인 분이 예수님이다. 그분은 만왕의 왕이심에도 불구하고 이 땅에서는 가장 낮은 자, 힘없는 자로 사셨고, 저주의 십자가에 달려 돌아가셨던 것이다. 그런데 성경은 그것이 참된 승리의 삶이었다 말씀하신다.

> "통치자들과 권세들을 무력화하여 드러내어 구경거리로 삼으시고 십자가로 그들을 이기셨느니라" (골 2:15)

한편 성경은 그런 이스마엘을 내어 쫓으라 명령한다. 이스마엘처럼 세상의 힘을 추구하는 삶을 살지 말라는 뜻이다(갈 4:30).

> "그가 아브라함에게 이르되 이 여종과 그 아들을 내쫓으라 이 종의 아들은 내 아들 이삭과 함께 기업을 얻지 못하리라 하므로" (21:10)

여종 하갈의 아들 이스마엘과 같은 삶을 사는 사람은 아브라함의 후손이 아니며, 그러기에 당연히 하나님의 유업을 받을 수 없다는 것이다.

그렇다. 그리스도인들은 모두 아브라함의 후손들이기에 이 땅에서는 이삭처럼 예수님처럼 그렇게 낮은 모습으로, 이웃에게 당하는 모습으로 살게 될 것이고, 또 그렇게 살아야만 한다.

그러나 비록 이 세상에서는 잠시 힘든 시간을 보낸다 할지라도 그리스도인들은 최후에 반드시 웃게 될 것이다. 이제 곧 천국에서 우리를 죽기까지 사랑하시는 예수님과 함께 영원한 복락을 누리며 살게 될 것이기 때문이다.

> "… 하나님이 그들과 함께 계시리니 그들은 하나님의 백성이 되고 하나님은 친히 그들과 함께 계셔서 모든 눈물을 그 눈에서 닦아 주시니 다시는 사망이 없고 …" (계 21:3, 4)

창세기
22장

여호와 이레

아브라함이 이르되 내 아들아 번제할 어린 양은 하나님이 자기를 위하여 친히 준비하시리라 하고 두 사람이 함께 나아가서(22:8)

하나님께서는 아브라함에게 100살에 얻은 이삭을 번제로 드리라 명령하신다. 이삭은 아브라함의 분신, 아니 자신보다 더 귀한 존재이기에, 네 자신을 완전히 비우라, 포기하라는 명령인 것이다. 당시는 자신의 부귀영화를 위해 자식을 우상에게 바치는 제사가 흔했던 시절이었는데, 하나님도 이런 제사를 원하시는 것인가?

아니다. 한 영혼을 천하보다 귀하게 여기시는 하나님께서 절대로 그런 명령을 하실 리가 없다. 성경은 아브라함을 시험(test)하기 위해서였다, 그의 믿음을 보시려 했다 말한다(22:1). 우리 마음속 깊은 곳까지 감찰하시는 하나님께서 그의 믿음을 아시지만, 그 믿음에 따른 실제 행함을 보시길 원하셨던 것이다.

그런데 아브라함은 아무런 망설임 없이 아들을 번제로 드린다. 그동안 하나님과 함께한 경험을 통해서, 이삭이 죽는다 하더라도 죽은 자 같았던 자신과 사라에게 이삭을 주신 하나님께서, 하늘의 뭇별처럼 많은 자손을 주시리라는 약속을 반드시 이루실 것을 믿는 믿음까지 자랐던 것이다. 그리고 실제로 하나님은 수양을 미리 준비해 이삭 대신 번제로 드리게 하셨는데, 아브라함은 그곳을 '여호와 이레'라 부른다.

많은 사람들이 '여호와 이레'라는 말을 매우 좋아한다. 내가 원하는 것을 '하나님께서 미리 준비해 주신다'는 뜻으로 이해하기 때문이다. 그러나 '여호와 이레'란 말은, 장차 예수께서 어린양으로 오셔서 제물로 바쳐질 것을 예표하는 목적으로만 쓰인 단어이며, 실제로 예수님은 모리아 산에 세워진 성전에서 제물로 드려졌고, 그 일로 말미암아 영원히 죽어야 할 죄인인 그리스도인들이 살아나는 놀라운 역사가 일어났다.

> "그러면 이제 우리가 그의 피로 말미암아 의롭다 하심을 받았으니 더욱 그로 말미암아 진노하심에서 구원을 받을 것이니" (롬 5:9)

이렇게 우리의 구원은 하나님께서 홀로 일하심으로 이루어지는 것이다. 그러나 그 십자가의 은혜를 깨달은 성도들에게서도 이삭을 번제로 드리는 것과 같은 행위가 반드시 나오게 되어 있다.

> "이와 같이 행함이 없는 믿음은 그 자체가 죽은 것이라" (약 2:17)

물론 행함으로 구원받는 것은 아니지만, 올바른 믿음을 가진 성도들에게서는 올바른 행위, 이삭(자기 자신)을 포기하는 행함이 반드시 나오게 되어 있다는 것이다.

그렇다. 예수 그리스도는 우리가 원하는 것을 미리 준비하는 종이 아니라 우리의 주인이시며, 우리가 그분의 종이다. 그러므로 종인 우리는, 오늘도 주인이신 그분의 말씀에 전적으로 순종하는 삶을 살아야 하는데, 그것이 우리가 행복하게 살 수 있는 유일한 길이다.

창세기
23장

나그네

나는 당신들 중에 나그네요 거류하는 자이니 당신들 중에서 내게 매장할 소유지를 주어 내가 나의 죽은 자를 내 앞에서 내어다가 장사하게 하시오(23:4)

'열국의 어미'라는 이름을 가진 사라는 이삭 하나만을 낳고는 127세에 죽는다. 그러나 하나님 나라는 계속 이어져 나가는데, 주님께서 이미 이삭의 아내가 될 리브가를 준비하셨기 때문이다(22:23).

하나님 나라는 이렇게 하나님께서 친히 준비해 나가시는 나라이며, 멀리 우주 저편에 떨어져 있는 나라가 아니라 바로 성도들 자신이다. 왜냐하면 하나님의 통치를 받고 있는 그곳이 하나님 나라인데, 지금 우리 안에는 그리스도의 영인 성령이 내주하시며 우리를 통치하고 계시기 때문이다. 지금 하나님께서는 아직은 불완전하지만 그 하나님 나라인 우리를 말씀에 전적으로 순종하는 자들로 만들어 가고 계시다.

한편 사라가 죽자 아브라함은 헷 족속으로부터 큰돈을 주고 매장지를 산다. 큰 부자였던 아브라함이 이 세상에서 소유했던 땅은 아내 사라와 자신, 그리고 후손이 묻힐 손바닥만 한 밭뙈기 하나와 굴뿐이었다. 하나님은 분명히 땅을 주신다고 하셨는데 이게 웬일인가? 왜냐하면 가나안 땅은 예표일 뿐 우리가 소유하고 영원히 거할 진짜 땅은 하나님 나라이기 때문이다.

> "그들이 나온 바 본향을 생각하였더라면 돌아갈 기회가 있었으려니와 그들이 더 나은 본향을 사모하니 곧 하늘에 있는 것이라" (히 11:15, 16)

믿음의 조상들은 이처럼 더 나은 본향을 사모했기에 이 땅에서는 달랑 자기가 묻힐 땅만을 소유한 채, 나그네로 살았던 것이다. 그러나 그 작은 땅 덩어리를 사기 위해 은 사백이라는 엄청난 값을 지불했다. 하나님 나라는 그만한 값을 지불할 만한 가치가 있었기 때문이며, 누구도 빼앗아가지 못하도록 내 것임을 분명히 하기 위해서였던 것이다.

우리는 지금 장차 가게 될 그 하늘의 본향을 얼마나 사모하고 있으며, 그 나라를 위해 얼마나 많은 값을 지불하고 있는가?

한편 이 땅에서 하나님 나라는 교회의 모습(지역 교회 안에 있는 진정한 universal church)으로 존재하고 있다. 그러기에 아직은 여러모로 부족한 모습이지만 성도들은 교회 안에서 서로 섬겨야 하며, 또한 다른 교회들과도 연합해야 한다. 이 세상에서는 여러 교회로 나뉘어 있지만, 그리스도가 머리가 되시는 진정한 교회는 '하나'이기 때문이다(엡 4:4, 5, 몸이 하나요 성령도 한 분이시니 … 주도 한 분이시요).

나아가 마치 이 땅에서 천년만년 살 것처럼 세상을 사랑하지 말고, 그 진정한 교회를 위해 아브라함처럼 비싼 값을 치루며 살아야 한다. 진짜 그리스도인에게서는 진짜 그리스도인다운 십자가의 삶이 반드시 나오게 되어 있기 때문이다.

> "또 천국은 마치 좋은 진주를 구하는 장사와 같으니 극히 값진 진주 하나를 발견하매 가서 자기의 소유를 다 팔아 그 진주를 사느니라" (마 13:45, 46)

창세기
24장

성도, 그리스도의 신부

하늘의 하나님 여호와께서 나를 내 아버지의 집과 내 고향 땅에서 떠나게 하시고 … 이 땅을 네 씨에게 주리라 하셨으니 그가 그 사자를 너보다 앞서 보내실지라 네가 거기서 내 아들을 위하여 아내를 택할지니라(24:7)

아브라함은 아들 이삭을 위해 아내를 택하려 그의 종을 보낸다. 아들이 아닌 아버지가 신부를 결정한다는 것은 당시 관습이라 볼 수 있으나, 동시에 우리는 여기서 우리 인생은 우리가 결정하는 것이 아니라 하나님 아버지 그분이 택하시고 이끌어 가시는 것임을 깨닫게 된다.

여기서 아브라함은 하나님 아버지를, 종은 성령 하나님을, 신부는 성도라 볼 수 있는데, 성부께서 성령을 보내 성자 예수의 신부인 성도들을 택하시는 것이다. 이런 면에서 리브가가 이삭의 아내가 된 일은 우연히 일어난 일이 아니라 창세 전에 하나님이 이미 택하셨기 때문이다. 그러므로 '우리 힘과 결심으로 예수 그리스도를 믿는다'는 말은 성립되지 않으며, 성도들은 전적인 '하나님의 은혜로' 성도(예수의 신부)가 되는 것이다.

아브라함은 며느리를 가나안 족속이 아닌 자신의 집안에서 택하게 한다. 그 이유는 이방신을 섬기던 족속과의 혼인을 피하려는 목적도 있으나, 하와가 아담의 갈비뼈로 만들어진 후 나중에 다시 한 몸이 되듯이, 이삭의 결혼도 한 핏줄과 연합되어야 하기 때문이다(창 2:24).

아브라함은 그동안의 경험을 통해 하나님께서 가나안 땅을 자기 후손에게 주시리라는 언약을 믿었으며, 그의 믿음대로 그의 종은 순적히 리브가를 만나게 된다. 우리에게도 이런 보이지 않는 약속을 믿는 믿음이 필요하다.

> "믿음은 바라는 것들의 실상이요 보이지 않는 것들의 증거니" (히 11:1)

한편 우리가 흔히 말하는 믿음과 관련하여, '신념'과 '신앙(참된 믿음)'은 다르다. 아무리 '믿~쉽니다, 잘 될 것을 믿~쉽니다' 반복해도 신념은 그 믿음(?)이 자기 자신에 근거한 것이기에, 바라는 것이 이루어질 확률은 반반이다. 그리고 혹시 바란 대로 이루어진다 해도 그 성취가 궁극적으로 선한 결과를 가져오는지는 알 수가 없다. 반면에 참된 믿음(신앙)은 신실하신 하나님과 그분의 말씀(언약)에 근거하기 때문에 반드시 이루어지며, 간혹 일시적으로 약속과는 다른 결과가 생긴 것처럼 보일 경우에도 마침내 '모든 것이 합력하여 선을 이루게' 된다(롬 8:28).

우리는 과연 올바른 믿음을 가지고 있는가? 혹시 '자신의 신념'을 '신앙'으로 착각하고 있지는 않는가? 한때 유행했던 '긍정의 힘'이나 '신념의 마력' 등 헛된 외침에 속으면 안 된다. 왜냐하면 그렇게 해서 혹시 내 목표가 달성되었다 하더라도 그 끝은 멸망이기 때문인데, 그런 결과는 약속의 말씀이 아니라 내 신념(=내 정욕)에 근거한 것이기 때문이다.

> "내가 이제도 눈물을 흘리며 말하노니 여러 사람들이 그리스도의 십자가의 원수로 행하느니라 그들의 마침은 멸망이요, 그들의 신(god)은 배(stomach)요 그 영광은 그들의 부끄러움에 있고 땅의 일을 생각하는 자라" (빌 3:18, 19)

우리 그리스도인들은 리브가처럼 창세 전에 택함 받은 예수 그리스도의 신부들이다. 그러므로 그리스도의 신부인 우리는 달콤한 세상 것으로 유혹하는 사탄 및 그 세력들과 간음하지 말고, 십자가에 죽기까지 우리를 사랑하신 신랑 되신 예수님의 음성에 전적으로 순종하는 신부로 살아가야 한다.

창세기
25장

더 나은 본향으로의 귀향

아브라함의 향년이 백칠십오 세라 그의 나이가 높고 늙어서 기운이 다하여 죽어 자기 열조에게로 돌아가매(25:7, 8)

믿음의 조상 아브라함이 죽어 더 나은 본향으로 돌아간다. 사람이나 동물에게는 귀소 본능이 있어, 죽을 때는 고향 땅으로 돌아가려 한다. 그러기에 아브라함은 그가 태어나 살았던 갈대아 우르로 돌아가야 했고, 또 충분히 그렇게 할 수도 있었다. 그러나 그는 그렇게 하지 않고 가나안 땅에 막벨라 굴을 사서 그곳에 묻혔는데, 성경은 그 이유를 아브라함이 '더 나은 본향'을 사모했기 때문이라 적고 있다.

> "그들이 나온 바 본향을 생각했더라면 돌아갈 기회가 있었으려니와 그들이 이제는 더 나은 본향을 사모하니 곧 하늘에 있는 것이라" (히 11:15, 16)

한편 모든 그리스도인들은 창세 전부터 택함을 받은 천국 백성이다. 그러므로 성도들이 세상으로 보내진 이유는, 고향인 천국을 떠나 어떻게 하나님 자녀가 되었는지 그리고 하나님의 어떤 희생(십자가)을 통해 구원받았는지를 배우고, 또한 나그네 삶을 통해서 하나님 말씀에 순종하는 것이 참 행복임을 깨닫게 하기 위함이다.

그렇다. 고향을 떠나 본 사람이 고향을 더 그리워하게 된다. 그러기에 하나님은 믿음의 조상들을 고향을 떠나 타국에서 살도록 그들의 삶을 이끌어 가셨다. 아브라함, 야곱, 모세, 다니엘, 느헤미야 등. 그 결과 그들은 먼 타국에서 고향을 바라보고 눈물을 흘리며, 그곳으로 돌아갈 날을 고대했다. 나아가 하나님은 고향을 더 그리워하도록 때때로 고난을 허락하기도 하신다.

> "자녀이면 또한 상속자 곧 하나님의 상속자요 그리스도와 함께 한 상속자니 우리가 그와 함께 영광을 받기 위하여 고난도 함께 받아야 할 것이니라 (그러

나) 생각하건대 현재의 고난은 장차 우리에게 나타날 영광과 비교할 수 없도다" (롬 8:17, 18)

과연 우리는 지금 그 본향을 그리워하며 소망하며 살아가고 있는가, 아니면 이 세상을 전부로 생각하고 우리를 위해 십자가 지신 그분에게 이 세상 것만을 구걸하고 있는가? 만약 누군가가 이 땅이 전부인 양 살고 있다면, 어쩌면 그 사람은 천국 백성이 아닐지도 모른다.

아브라함이 먼저 돌아갔고, 또 장차 우리가 돌아갈 본향은 이렇다.

"하나님이 그들과 함께 계시리니 … 모든 눈물을 그 눈에서 닦아 주시니 다시는 사망이 없고 애통하는 것이나 곡하는 것이나 아픈 것이 다시 있지 아니하리니 처음 것들이 다 지나갔음이러라" (계 21:3, 4)

그러므로 우리는 하나님을 이용해 세상 것을 얻으려 하지 말고, 하나님 그분만을 사랑해야 한다. 더 나아가 돌아갈 그 본향을 소망하며, 있는 자리에서 그분의 자녀답게 세상에 물들지 말고 거룩한 삶을 살아가야 한다. 그렇게 살다 보면, 더 좋은 본향으로 돌아갈 그날은 곧 다가올 것이다.

"아멘 주 예수여 오시옵소서" (계 22:20)

창세기
26장

성도들의 시험

아브라함 때에 첫 흉년이 들었더니 그 땅에 또 흉년이 들매 이삭이 그랄로 가서 블레셋 왕 아비멜렉에게 이르렀더니(26:1)

오늘 본문을 통해 우리는 이삭 역시 아버지 아브라함처럼 흉년을 겪는데, 그 또한 아브라함과 똑같이 실패하는 모습을 보게 된다. 그렇다면 하나님께서는 왜 성도들의 삶에 고난과 시험(test)을 허락하시는가? 전지전능하신 우리 아버지 하나님께서 좀 미리 미리 막아주시면 더 좋지 않을까?

학생 시절에 우리는 중간고사, 기말고사, 모의고사 등 많은 시험을 치렀으며, 그 시험을 준비하느라 힘든 시간을 보냈다. 그러나 나중에 철이 들고 나서 우리는 그 시험의 목적이 우리를 괴롭히는 데 있는 것이 아니라, 우리의 부족한 부분을 발견하고 실력을 갖추게 하기 위함이었음을 깨닫게 된다. 하나님께서 성도들에게 허락하시는 시험 또한 마찬가지다. 자신의 약함을 뼈저리게 경험하고, 나 자신이 아닌 하나님만을 전적으로 의지하는 자로 만드시기 위해 하나님께서는 성도들에게 시험과 고난을 허락하시는 것이다.
한편 각자에게 주시는 시험과 그에 대처하는 방법도 다 다르다. 아브람에게는 애굽에 내려가도록 허락하셨지만 이삭에게는 애굽으로 가기 전에 '내려가지 말라' 말씀하심으로 애굽 근처인 그랄 땅에 머물게 하신 것이다. 이렇게 시험은 각 사람마다 다른 개인 맞춤형이지만 그 결과는 모두 똑같은데 곧 '하나님의 백성이 되어가는 것'이다.
그렇다. 우리가 하나님의 자녀가 맞다면, 우리 삶에는 반드시 고난과 시험이 있을 수밖에 없으며, '만약 고난이 없다면 사생자'라고까지 말씀하시는데, 고난을 당하지 않는 사람은 성도가 아니라는 뜻이다.

> "하나님이 너희를 아들과 같이 대우하시나니 어찌 아버지가 징계하지 않는 아들이 있으리요 징계는 다 받는 것이거늘, 너희에게 없으면 사생자요 친아들이 아니니라"(히 12:7, 8)

그러기에 지금 고난 받고 있다면 오히려 기뻐해야 한다. 그 사람은 하나님의 아들일 가능성이 매우 높기 때문이다. 하나님의 독생자 예수께서도 이 땅에서는 엄청난 고난을 당하셨다.

> "그는 멸시를 받아 사람들에게 버림을 받았으며 간고를 많이 겪었으며 질고를 아는 자라 … 그는 실로 우리의 질고를 지고 우리의 슬픔을 당하였거늘 우리는 생각하기를 그는 징벌을 받아 하나님께 맞으며 고난을 당한다 하였노라" (사 53:3, 4)

그러나 우리가 고난을 당할 때 하나님은 우리와 함께하시는데, 이렇게 하나님이 함께하시는 것이 진짜 복이요 형통이다.

한편 하나님께서 이삭에게 '내 종 아브라함을 위하여 내가 너와 함께 있어 네게 복을 주어 네 자손이 번성하게 하리라'(26:24) 하시는데, 이 말씀은 이삭이 그랄에 머물 때 하신 것이다. 농사가 백 배나 잘 되게 하셨지만 그랄 사람들이 계속 그를 쫓아내게 내버려 두셨다가, 나중에 다시 찾아오셔서 그에게 참된 복이 무엇인지를 알려주시는 것이다.

그렇다. 이삭이 경험한 것처럼 수확이 백 배 늘어난 것이 복이 아니라, '하나님이 함께하시는 것' 이 진짜 복이다. 그것을 경험하게 하시기 위해 하나님은 때로 우리에게 시험과 고난을 허락하시는 것이다.

> "그리스도를 위하여 너희에게 은혜를 주신 것은 다만 그를 믿을 뿐 아니라 또한 그를 위하여 고난도 받게 하려 하심이라" (빌 1:29)

하나님께서는 오늘도 시험과 고난을 포함한 모든 것이 합력하여 성도들에게 선을 이루게 하신다(롬 8:28). 그러기에 우리는, 지금도 우리와 함께 하시며 우리를 반드시 하나님의 거룩한 자녀로 만들어 가실 하나님을 믿고, 각자 두신 자리에서 그분께 감사하며 충성을 다해야 한다.

창세기
27장

야곱의 축복

그가 가까이 가서 그에게 입맞추니 아버지가 그의 옷의 향취를 맡고 그에게 축복하여 이르되 내 아들의 향취는 여호와께서 복 주신 밭의 향취로다(27:27)

야곱이라는 이름의 뜻은 '속이는 자'이다. 그 이름처럼 야곱은 형 에서를 속여 팥죽 한 그릇에 장자권을 빼앗고, 아버지를 속여 형에게 줄 축복을 가로챘다. 그렇다면 과연 야곱은 그렇게 간절히 바라던 복을 받았는가?

먼저 세상적으로 보면 야곱은 그렇게 집착했던 복을 받지 못했다. 그는 형의 보복을 피해 먼 나라로 가서 20년간 온갖 고생을 다 했으며, 말년에는 기근으로 인해 완전히 몰락한 모습으로 애굽으로 내려가는 험악한 인생을 살았기 때문이다. 반면에 형 에서는 야곱보다 훨씬 큰 세력과 재물을 소유했다.

한편 영적으로 보면 야곱은 그 이름이 '이스라엘'로 바뀐 것에서 볼 수 있듯이, 하나님의 자녀로서의 축복을 받았다. 그러나 그 복은 야곱이 온갖 수단을 다해서 스스로 쟁취한 것이 아니라 원래 그에게 주어질 것이었다. 이런 면에서 보면 야곱은 어리석게도 하지 않아도 될 고생을 사서 했던 것이다.

> "그 자식들이 아직 나지도 아니하고 무슨 선이나 악을 행하지 아니한 때에 … 기록된바 내가 야곱은 사랑하고 에서는 미워하였다 하심과 같으니라"(롬 9:11, 13)

이렇게 참된 복은 우리가 노력해서 얻는 것이 아니라, 하나님께서 창세 전에 택한 자에게 은혜로 거저 부어주시는 것이다. 그러기에 야곱처럼 자기 힘으로 무엇인가를 이루어보겠다는 시도는, 선악과를 따먹은 인간이 저지르는 죄인 것이다.

어찌됐든 눈이 어두워진 이삭은, 에서의 옷을 입고 에서처럼 꾸민 야곱에게 속아 야곱을 축복한다(27절 이하). 에서의 옷에서 나는 에서의 향취를 맡고 그 옷을 입은 야곱을 에서로 착각해 축복했던 것이다.

그런데 하나님도 이삭처럼 독생자 예수만 보시고, 야곱과 같은 우리를 축복하신다. 그리스도인들은 원래 야곱처럼 자기 이익을 위해 다른 사람들을 속이고 해치고 빼앗던 죄인들인데도 말이다. 그런 존재들이 예수님의 십자가 은혜로 말미암아 예수라는 옷을 입고 하나님 앞에 나아가며, 더 나아가 하나님의 자녀가 되는 축복을 받은 것이다.

그렇다. 우리 그리스도인들은 창세 전에 이미 '신령한 복'을 받은 자들이다(엡 1:3). 그러므로 복을 받기 위해 수단과 방법을 가리지 않고 애쓸 것이 아니라 이미 복을 받은 하나님의 자녀로서, 각자의 삶의 현장에서 복의 근원되신 예수 그리스도를 전하는 삶을 살아야 한다.

> "너는 말씀을 전파하라 때를 얻든지 못 얻든지 항상 힘쓰라 범사에 오래 참음과 가르침으로 경책하며 경계하며 권하라" (딤후 4:2)

창세기
28장

벧엘, 하나님의 집

내가 너와 함께 있어 네가 어디로 가든지 너를 지키며 너를 이끌어 이 땅으로 돌아오게 할지라 내가 네게 허락한 것을 다 이루기까지 너를 떠나지 아니하리라 하신지라(28:15)

야곱은 그 이름의 뜻인 '속이는 자'의 삶을 산 결과, 결국 사랑하는 부모 형제 곁을 쫓겨나듯 떠나게 된다.

한편 그는 외갓집으로 가는 도중 한 곳에서 돌베개를 베고 자다가 꿈을 꾸게 된다. 그리고 그 꿈에 하늘에 닿아있는 사다리 위를 천사들이 오르락내리락 하는 것과 하나님이 그 위에 서신 것을 보고, 또 하나님의 약속의 말씀을 듣게 된다(28:15). 꿈에서 깬 후 야곱은 그곳을 '벧엘'이라 부르지만, 그의 후손들은 후에 벧엘이 아닌 모리아 산(예루살렘)에 성전을 짓는다.

그렇다면 과연 무엇이, 어느 곳이 벧엘(하나님의 집)인가?
먼저 소위 말하는 건물로서의 성전은 이제 더 이상 하나님의 집이 아니다. 어떻게 온 우주보다 크신 하나님께서 피조물인 인간의 손으로 지은 작은 성전에 거하실 수 있겠는가?

> "하나님이 참으로 땅에 거하시리이까 하늘과 하늘들의 하늘이라도 주를 용납하지 못하겠거든 하물며 내가(솔로몬) 건축한 이 성전이오리이까" (왕상 8:27)

그러므로 예레미야도 예루살렘 성전 앞에서 "이것은 하나님의 집이 아니다" 선포했으며(렘 7:4), 예수께서도 "너희가 이 성전을 헐라 내가 사흘 동안에 일으키리라" 말씀하심으로, 예수님 자신이 성전이심을 선포하셨다(요 2:19~21).
더 나아가 사도 바울은 하나님의 영이 거하시는 성도들을 성전이라 말한다.

"너희는 너희가 하나님의 성전인 것과 하나님의 성령이 너희 안에 계시는 것을 알지 못하느냐" (고전 3:16)

이런 면에서 오늘날 예배드리는 건물을 성전이라 부르며, 예배당 건축을 '성전 건축'이라 하는 것은 잘못된 표현이다. 신약 시대인 오늘날 올바른 의미에서의 성전 건축은, 성령이 거하시는 성전으로서의 성도의 몸을 거룩하게, 성령 충만케 하는 일인 것이다. 그러므로 참 그리스도인이라면, 세상적인 복을 받기 위해 건물로서의 성전을 건축하는 일이 아니라, 기도와 말씀을 통해 스스로 거룩하게 되는 일에 전력을 다해야 한다.

물론 그리스도의 몸인 교회를 유지하기 위해 예배당 건축도, 또 이를 위한 헌금도 필요하다. 그러나 무언가 내가 원하는 것을 얻기 위한 수단으로서의 헌금을 해서는 안 된다는 뜻이다.

그렇다. 임마누엘 하나님께서는 지금도 성도의 몸을 성전 삼아 성도들 안에 거하고 계신다. 그리고 야곱에게 약속하신 것처럼 그분의 뜻이 이루어지기까지, 즉 그리스도인들을 참다운 하나님의 자녀로 만드실 때까지 절대로 떠나지 않으신다.

그러므로 그리스도인들은 기쁠 때나 슬플 때나 어느 때를 막론하고 우리의 모든 삶이 벧엘의 하나님께서 우리와 함께하고 계신 결과라는 사실을 믿고, 항상 기뻐하며, 쉬지 말고 기도하고, 범사에 감사하는 삶을 살아야 한다.

"내가 네게 허락한 것을 다 이루기까지 너를 떠나지 아니하리라 하신지라" (창 28:15)

"내가 아버지께 구하겠으니 그가 또 다른 보혜사를 너희에게 주사 영원토록 너희와 함께 있게 하리니" (요 14:16)

창세기
29장

성도, 우물가의 신부들

야곱이 그의 외삼촌 라반의 딸 라헬과 그의 외삼촌의 양을 보고 나아가 우물 아귀에서 돌을 옮기고 외삼촌 라반의 양 떼에게 물을 먹이고(29:10)

예나 지금이나 물은 생명을 유지하는데 있어서, 그리고 농사를 비롯한 모든 산업에 필수적이다. 특히 물이 귀한 지역에서는 더 말할 필요가 없으며, 그래서 우물은 가장 중요한 재산 목록 1호였다. 한마디로 우물은 세상의 힘을 뜻하는 것이었다.

그런데 성경에 나오는 믿음의 사람들(예수님의 예표)은 우물가에서 신부를 만난다. 아브라함이 이삭의 신부를 구하기 위해 보낸 종도 우물가에서 리브가를 만났으며, 야곱은 물론이요 모세 역시 그의 아내 십보라를 우물가에서 만났다. 이들 신부들이 자신의 세상적인 목마름을 해소하기 위해 우물가로 나왔던 것이다.

신약에 나오는 대표적인 우물가 사건은 예수님이 사마리아 여인을 만난 것이다(요 4장). 예수님은 우연히 사마리아 땅으로 가신 것이 아니라 창세 전에 이미 택해진 신부를 찾아 그 뜨거운 대낮에 남편을 다섯 번이나 바꿨던 여인을 찾아가신 것이다.

그런데 그 우물 이름이 '야곱의 우물'이었다. 너희의 그 타는 듯한 목마름은 남편(=세상)이나 이 세상의 우물로서는 해결할 수 없으며, 오직 예수님만이 영원히 목마르지 않는 생수가 되신다는 것을 알려주시려는 것이다.

> "내가 주는 물을 마시는 자는 영원히 목마르지 아니하리니 내가 주는 물은 그 속에서 영생하도록 솟아나는 샘물이 되리라" (요 4:14)

그런데 요즘 소위 그리스도인이라는 사람들도 교회에 와서까지 참 생명수 되신 예수 그리스도는 구하지 않고, 마셔도 금방 다시 목마르게 되는 돈, 건강, 명예와 같은 세상적인 물만을 구하고 있다. 우리는 이런 사람들을 그리스도인(=그리스도만을 구하는 사람)이라 하지 않고 불신자, 그리스도의 신부가 아니라 세상과 간음한 음부라고 부른다.

이와 반대로 모든 그리스도인들은 예수 그리스도의 신부이다. 그런데 안타깝게도 아직도 세상에 목말라 하며 세상의 물을 긷고 있다. 예수님은 그런 우리를 찾아오셔서, "내가 바로 영원히 목마르지 않는 생수니, 나를 마셔라!" 말씀하신다.

그러기에 성도들은 오늘도 각자의 삶의 자리에서 오직 생명수 되신 주님만을 구하고 바라보며, 주님으로만 만족해하는 주님의 거룩한 신부로 살아가야 한다.

> "내가 하나님의 열심으로 너희를 위하여 열심을 내노니 내가 너희를 정결한 처녀로 한 남편인 그리스도께 드리려고 중매함이로다" (고후 11:2)

창세기
30장

세상에서 사랑받지 못한 여자들

라헬이 자기가 야곱에게서 아들을 낳지 못함을 보고 그의 언니를 시기하여 야곱에게 이르되 내게 자식을 낳게 하라 그렇지 아니하면 내가 죽겠노라(30:1)

성경에는 막장 드라마에나 나올 법한 이야기들이 많이 나온다. 30장 역시 그 하나로서, 레아와 라헬 두 자매간에 남편 야곱의 사랑을 차지하기 위한 치열한 싸움이 그려져 있다.

그런데 중요한 사실은, 이런 인간의 추악한 모습에도 불구하고 하나님께서는 이를 선용하셔서 구속사를 이루어 가신다는 것이다. 두 자매간의 치열한 애정 싸움으로 태어난 자식들이 바로 이스라엘의 12아들, 구약의 12지파의 시조들인 것이다.

야곱은 라헬이 매우 아리따웠기 때문에 그녀를 사랑했고, 그녀와 결혼하기 위해 7년을 하루같이 열심히 일했다. 그런데 외삼촌에게 속아 레아와 먼저 첫날밤을 치르게 되었으며, 라헬을 얻기 위해 또 다시 7년을 일해야 했다. 문제는 레아의 외모는 평범했기에 야곱의 사랑을 받지 못했다는 것이다. 그러나 하나님은 그런 레아에게 은혜를 베푸사 아들들을 낳게 하신다.

> "여호와께서 레아가 사랑 받지 못함을 보시고 그의 태를 여셨으나 라헬은 자녀가 없었더라" (창 29:31)

우리 그리스도인들도 레아처럼 별 볼 일 없던 자들이요 사랑받지 못한 여자들인데, 하나님의 은혜로 예수 그리스도의 신부가 되었다. 하나님의 은혜로 구원을 받고, 하나님의 자녀가 된 것이다.

한편 우리뿐만 아니라 예수님께서도 이 세상에 별 볼 일 없는 모습, 초라하고 멸시받는 모습으로 오셨다.

> "그는(예수) 주 앞에서 자라나기를 연한 순 같고 마른 땅에서 나온 뿌리 같아서 고운 모양도 없고 풍채도 없은즉 우리가 보기에 흠모할만한 아름다운 것이 없도다" (사 53:2)

흔히들 예수님의 외모를 영화에 나오는 잘생긴 남자 주인공의 모습일 것으로 생각하지만, 실제 그분의 모습은 전혀 그렇지 않았다는 것이다.
그렇다. 하나님 나라 백성들은 이 세상에서는 레아처럼, 예수님처럼 그렇게 별 볼 일 없어 보인다. 그러나 하나님은 자기 백성인 그 부족한 자들을 위해 지금도 역사를 움직여 가고 계신다.

예수님의 족보에도 당시 사람 취급을 받지 못했던 다섯 명의 여인이 나오는데, 이들은 하나같이 세상에서 버림받았던 여인들이었다. 우리 그리스도인들의 모습이 원래 그 모습이었다는 것이다. 먼저 다말은 시아버지 유다와 동침하는 불륜을 저지른 여인이며, 라합은 창녀였는데 나라를 팔아먹었고, 다윗의 할머니 룻은 남편까지 잃었던 박복한 이방 여인이었다. 그런데 구세주 예수는 이들을 통해, 즉 라헬이 아닌 레아의 후손(유다)으로 오셨던 것이다. 즉 세상적으로 이 여인들은 이렇게 연약하고 부족한 자들이었지만, 예수님과 관계가 있기에 실은 가장 복 받은 여인들이었던 것이다.

> "여자(교회)가 아들을 낳으니 이는 장차 철장으로 만국을 다스릴 남자(예수)라" (계 12:5)

이런 면에서 세상에서 아무리 잘 나가고 떵떵거리며 살아도 예수와 관계가 없는 자들은 저주 받은 자들이며, 비록 비천하게 살아도 예수와 관계가 있는 자들 곧 성도들은 이미 복을 받은 사람들이다. 그들은 예수 그리스도의 은혜로 구원을 받고, 영생을 얻은 자들이기 때문이다.

> "너희는 그 은혜에 의하여 믿음으로 말미암아 구원을 받았으니 이것은 너희에게서 난 것이 아니요 하나님의 선물이라" (엡 2:8)

창세기
31장

지성이면 감천?

그 때에 라반이 양털을 깎으러 갔으므로 라헬은 그의 아버지의 드라빔을 도둑질하고(31:19)

야곱은 어미의 뱃속에 있을 때부터, 아니 창세 전부터 복을 받은 자이며, 하나님은 이 사실을 끊임없이 말씀해 주신다. 성경을 통해 오늘날의 이스라엘 백성인 성도들에게 '너희는 이미 복 받은 자들' 임을 알려주고 계신 것이다.

우리는 흔히 '야곱은 수단과 방법을 가리지 않고 열심히 일을 해서 복을 받았다', 다시 말해서 '지성이면 감천' 이라고 생각한다. 그러나 실은 그 반대다. 그는 창세 전부터 복을 받은 자이기에 가만히 있어도 복을 받을 텐데, 자기 꾀에 속아 괜한 고생을 사서 했을 뿐이다.

아롱지거나 점이 있거나 검은 양들을 많이 얻게 된 것이 바로 야곱의 헛된 수고의 대표적인 사례다. 그는 장인이 자신의 소유로 인정하기로 한 이런 양들을 얻기 위해 나무껍질을 벗겨 양들 앞에 놓는 수고를 했으며, 결과적으로 큰 부자가 되었다.

그런데 과연 그것이 야곱의 수고의 대가였을까? 아니다. 유전학적으로 흰 양과 검은 양이 교배해서 얼룩진 양이 태어날 확률은 매우 낮다. 그런데도 야곱이 큰 부자가 될 수 있었던 이유는, 야곱의 수고가 아니라 하나님이 야곱에게 복을 주셨기 때문이었다(31:10~12). 야곱은 쓸데없이 헛고생을 한 것이며, 하나님의 뜻은 아랑곳하지 않고 그렇게 스스로 무엇인가를 쟁취하려는 것이 곧 죄다.

그러나 이런 그의 죄성은 쉽게 없어지지 않았는데, 장인 라반과 그 아들들에게서 적대감을 느낀 그는, 작별 인사도 없이 자기 가족들과 함께 몰래 떠난다. 게다가 아내 라헬이 아버지 라반의 '드라빔' 을 가지고 떠났는데, 당시 드라빔은 그 집안의 우상임과 동시에 재산권을 의미하는 물건이었다. 그러기에 남편과 일심동체인 아내 라헬이 드라빔을 훔쳤다는 것은 남편 야곱이 재산에 욕심이 많았고, 그래서 장인 것을 훔쳤다는 뜻이다.

그런데 문제는 야곱만 아니라 택함 받은 백성이라는 그리스도인의 마음속에도 재물로 대표되는 '세상의 힘에 대한 욕심'이 끝이 없다는 사실이다. 그러기에 입으로는 하나님을 의지한다고 하면서도 끊임없이 세상 것을 추구하며, 하나님을 이용해 이것들을 얻으려 한다.

그러나 이런 정욕으로 가득 찬 옛 사람이 죽지 않으면, 하나님을 바로 보거나 알 수 없고 또 경험할 수도 없다. 그러기에 하나님께서는 그런 야곱의 '옛 사람'을 얍복 강가에서 죽여 버리시는 것이다.

우리 그리스도인들은 창세 전에 이미 복을 받은 자들로서, 하나님의 도우심이 없이는 한 순간도 살 수 없는 자임을 경험하도록 이 땅에 잠시 보냄 받은 자들이다.

이런 목적으로 보냄을 받았는데, 세상의 힘이 많으면 과연 하나님만을 전적으로 의지할 수 있겠는가? 우리는 경험상 그것이 결코 쉽지 않다는 사실을 잘 아는데, 하나님을 의지하지 않는 상태가 곧 저주라는 것이 문제다. 사실이 이럴진대, 지금 우리는 과연 하나님만 바라보고 만족하며, 하나님 그분만을 구하고 있는가?

> "내가 산을 향하여 눈을 들리라 나의 도움이 어디서 올까 나의 도움은 천지를 지으신 여호와에게서로다" (시 121:1, 2)

창세기
32장

'야곱'에서 '이스라엘'로

야곱은 홀로 남았더니 어떤 사람이 날이 새도록 야곱과 씨름하다가 자기가 야곱을 이기지 못함을 보고 그가 야곱의 허벅지 관절을 치매 야곱의 허벅지 관절이 그 사람과 씨름할 때에 어긋났더라(32:24, 25)

영악한 야곱은 가족과 재물 모두 얍복강을 건너게 한 후 뒤에 홀로 남는다. 최악의 경우 자신만 살아남겠다는 심산이었던 것이다.

그러나 하나님은 야곱을 이런 상태로 약속의 땅 가나안에 들여보내실 수가 없었다. 그래서 어떤 사람 (천사 또는 예수 그리스도)을 보내 그와 씨름하게 하신다. 흔히들 야곱이 복을 달라고 씨름(기도?)을 시작했다 말하지만, 본문은 분명히 어떤 사람이 먼저 씨름을 시작했다고 기록하고 있다. 야곱을 변화시키기 위해 하나님이 먼저 씨름을 시작하신 것이다.

그런데 이 씨름은 얍복강가가 아니라 야곱이 태어나면서부터 시작된 것인데, 그것이 곧 믿음 생활이다. 자기 주먹만 믿고 살던 자에서 자신의 무능함을 인정하고 하나님만 전적으로 의지하는 자로의 변화, 그것이 믿음 생활의 목적이기 때문이다.

그러나 야곱(성도)의 죄성은 쉽게 제거되지 않기에 그 사람이 야곱의 환도뼈를 쳐서 위골시켰으며, 그 후 야곱은 평생 절뚝발이로 살아가게 된다. 허리 힘의 원천인 환도뼈가 잘못됐다는 뜻은 더 이상 자식을 낳을 수 없다는 뜻으로, 이는 곧 야곱의 죽음을 의미한다. 한편 하나님의 뜻은 야곱을 죽이는 것이 아니라 변화시키는 데 있었기에 야곱 대신 예수님이 죽으셨는데, 야곱은 예수님이 십자가에 달리셨을 때 '그 안에서' 죽은 것이다.

> "내가 그리스도와 함께 십자가에 못 박혔나니 그런즉 이제는 내가 사는 것이 아니요 오직 내 안에 그리스도께서 사시는 것이라" (갈 2:20)

환도뼈가 위골된 후 야곱은 '축복해 달라' 매달리고, 그 사람은 세상적인 복이 아니라 '이스라엘'이라는 이름을 주는데, 이는 야곱이 원했던 것이었다. 왜냐하면 야곱은 이미 자녀와 재산 등 세상적인 복을 많이 가지고 있었지만, 얍복강가에 홀로 남아 죽음의 공포가 엄습했을 때, 자신이 지금까지 추구했던 세상적인 복들이 아무 소용이 없음을 깨닫게 되었던 것이다.

그렇다. 모든 사람들은 반드시 하나님의 심판대 앞에 야곱처럼 '홀로' 서게 되는데, 그때 우리를 도울 수 있는 것은 자식, 재산, 명예도 아닌, 오직 예수 그리스도뿐이다. 그리고 야곱이 아닌 이스라엘이라는 이름을 가진 성도들만 그 심판에서 살아남을 수 있다.

야곱뿐만 아니라 모든 그리스도인의 또 다른 이름은 이스라엘 곧 '하나님과 및 사람들과 겨루어 이긴 자'이다. 그러나 이 세상에 하나님과 싸워 이길 수 있는 존재는 없으며, 다만 우리의 죄성이 그렇게 질기다는 것을 알려주시는 것이다.

한편 하나님은 인생을 통해 성도들의 이런 죄성을 가진 옛 사람을 반드시 죽이신다. 그러므로 우리 옛 사람은 하루라도 빨리 죽어야 한다. 죽지 않으려 할수록 괴로움이 더할 뿐이며, 옛 사람이 죽은 그 사람이 하나님과 싸워 이긴 자 곧 이스라엘이기 때문이다. 예수님이 그런 삶을 사셨고, 사도 바울 또한 그런 삶을 살았다. 그러므로 오늘도 우리는 주님 안에서 죽기 위해 살아야 한다.

> "누구든지 제 목숨을 구원하고자 하면 잃을 것이요 누구든지 나를 위하여 제 목숨을 잃으면 구원하리라" (눅 9:24)

창세기
33장

얍복강 이후

에서가 달려와서 그를 맞이하여 안고 목을 어긋맞추어 그와 입맞추고 서로 우니라(33:4)

이제 환도뼈가 위골된 야곱은 지팡이를 의지하지 않고는 걸을 수 없는 장애인이 되었다. 영적으로 보면 자신의 이름처럼 약삭빠르게 잔머리를 굴려가며 하나님의 말씀이 아닌 자신의 꾀로 살아가던 야곱이, 이제 하나님이라는 지팡이를 의지하지 않으면 안 되는 존재가 된 것이다. 겉으로 봐서는 불편해 보이지만, 실은 그 모습이 가장 복된 모습이요, 안전하고 편안한 인생길인 것이다.

그런데도 불구하고 야곱의 살아가는 모습은 별로 바뀌지 않았다. 여전히 원래의 이름인 야곱처럼, 자기가 가장 귀하게 여기는 라헬과 요셉을 가장 안전하도록 맨 뒤로 돌리고 있는 것이다(33:2).

그러나 얍복강가에서 야곱의 옛사람이 죽임을 당한 후 일어난 가장 큰 변화는, 에서에게 살해당할 수도 있는 절체절명의 위기가 저절로 해결되었다는 것이다. 야곱에게 복수하기 위해 400명의 사병을 이끌고 출정했던 에서의 마음이 바뀌어, 복수는커녕 오랜만에 동생을 만난 기쁨의 눈물을 흘리게 된 것인데, 이는 하나님께서 친히 일하신 결과였다.

> "사람의 행위가 여호와를 기쁘시게 하면 그 사람의 원수라도 그와 더불어 화목하게 하시느니라" (잠 16:7)

모든 것이 합력하여 선을 이루게 하시는 하나님께서(롬 8:28), 모든 상황을 동원하여 우리(야곱)를 변화시키시며, 그 목적을 달성하시기 위해 원수의 마음까지도 바꾸신다는 것이다.

지금 여러 가지 문제가 있는가? 그 문제는 하나님이 우리를 '야곱'에서 '이스라엘'로 변화시키기 위해 허락하신 기회요, 축복의 통로다. 그러기에 그 문제로 인해 하나님 앞에 엎드려 간절히 기도하다 보면, 자신이 얼마나 큰 죄인인가를 깨닫고 회개하게 된다. 그리고 그렇게 되면 하나님의 은혜가 임해 내 마음이 먼저 바뀌고, 그 결과 문제가 더 이상 문제가 되지 않게 되는데, 문제를 대하는 내 태도와 생각이 이미 바뀌었기 때문이다.

그러나 진짜 문제는 우리의 죄성이 주님이 다시 오실 때까지 결코 완전히 바뀌지 않는다는 것인데, 우리는 그 사실을 야곱이 하나님이 명령한 언약의 땅 벧엘로 곧장 올라가지 않고 세겜 땅에 머무르는 것에서 잘 알 수 있다(33:18, 19). 그러기에 주님은 지금도 끊임없이 우리와 씨름을 하실 수밖에 없는 것이다.

그러므로 우리는 항상 자신을 말씀에 비추어 보고, 나를 의지하던 '야곱'의 자리에서 떠나 전적으로 예수 그리스도를 의지하는 '이스라엘'의 자리로 나아가야 하며, 그런 가운데 두렵고 떨리는 마음으로 우리의 구원을 이루어 나가야 한다.

> "그러므로 나의 사랑하는 자들아 너희가 나 있을 때뿐 아니라 더욱 지금 나 없을 때에도 항상 복종하여 두렵고 떨림으로 너희 구원을 이루라" (빌 2:12)

> "그런즉 선 줄로 생각하는 자는 넘어질까 조심하라" (고전 10:12)

창세기
34장

끝나지 않는 씨름

히위 족속 중 하몰의 아들 그 땅의 추장 세겜이 그를 보고 끌어들여 강간하여 욕되게 하고(34:2)

하나님께서는 외삼촌 집에 있던 야곱에게 "벧엘로 돌아가라" 말씀하셨으며, 벧엘로 돌아오는 길에 하나님의 사자들을 보내 그를 보호해 주실 것임을 알려주셨다(32:1, 2, 마하나임). 그리고 실제로 에서의 살해 위협으로부터 그를 구해주셨다. 그런데도 약삭빠른 야곱은 벧엘로 바로 가지 않고, 자신의 판단에 따라 세겜에 자리를 잡는다. 잠시 머물려는 게 아니라 아예 그곳에 자리를 잡으려 했다는 사실은, 그곳에서 땅을 샀다는 사실에서 잘 알 수 있다(33:19).

그러나 우리의 목적지는 '벧엘'이다. 아무리 벧엘과 가깝다 하더라도 우리는 세겜에 머물러서는 안 되는데, 하나님 말씀은 결코 더하거나 뺄 수 없으며, 반드시 말씀하신 대로 지켜져야 하기 때문이다.

> "만일 누구든지 이 두루마리의 예언의 말씀에서 제하여 버리면 하나님이 이 두루마리에 기록된 생명나무와 및 거룩한 성에 참여함을 제하여 버리시리라" (계 22:19)

태어나기 전부터 '야곱'을 '이스라엘'로 변화시키기 위해 야곱(성도들)과 씨름을 시작하신 하나님은, 야곱이 세겜에 머물지 못하도록 계속해서 씨름을 하신다. 그 씨름 중에 하나가 눈에 넣어도 아프지 않을 딸 디나가 세겜에게 강간당하고, 이를 보복하기 위해 그의 아들 시므온과 레위가 무자비한 학살을 저지른 사건이었다. 그리고 이에 놀란 야곱은 어쩔 수 없이 황급히 세겜을 떠나 마침내 벧엘로 올라가게 된다. 맛보지 않아도 될 쓰라린 아픔만 경험하고, 끝내 벧엘로 올라가게 되는 것이다.

그렇다면 우리는 지금 어디에 머물고 있는가? 하나님은 반드시 우리를 약속의 장소, 언약의 장소인 벧엘로 올라가게 만드신다. 야곱과 같은, 아니 야곱보다 더 야곱 같은 우리를 반드시 '이스라엘'로 만들고야 마시는 것이다. 그러므로 잠시 머무는 만큼 손해요, 조금 옆길로 새는 만큼 돌아가는 것이며, 받지 않아도 될 고난을 사서 받는 꼴임을 명심해야 한다.

그러므로 우리는 오늘도 세상의 소리나 내 안에서 나오는 정욕의 소리가 아닌 주님의 말씀에 귀를 기울이며, 그 말씀 안에 거하며, 벧엘로 올라가는 데 전심을 다해야 한다.

> "주의 법을 사랑하는 자에게는 큰 평안이 있으니 그들에게 장애물이 없으리이다" (시 119:165)

창세기 35장

벧엘로 올라가자

우리가 일어나 벧엘로 올라가자 내 환난 날에 내게 응답하시며 내가 가는 길에서 나와 함께 하신 하나님께 내가 거기서 제단을 쌓으려 하노라 하매(35:3)

"벧엘로 올라가서 거기서 제단을 쌓으라" 이는 야곱이 더 이상 세겜 땅에 거하지 못할 상황이 되었을 때 하나님이 야곱에게 하신 말씀인데, 이제 야곱이 그 말씀에 순종하고 있는 것이다.

그렇다. 온 천하에 전능하신 하나님과 겨루어 이길 존재는 없기에, 그리스도인의 삶에는 우리 뜻이 아니라 하나님의 뜻이 반드시 이루어지게 된다. 하나님의 철장에 우리 옛 사람이 산산이 부서지고 우리는 끝내 하나님께 패배할 수밖에 없는데 그것이 곧 진정한 승리다. 그리고 이 땅에서 그런 삶을 경험하는 것이 곧 창세 전에 신령한 복을 받은 그리스도인들의 삶인데, 야곱의 삶이 이를 잘 보여주고 있다.

하나님의 명령을 받은 야곱은 먼저 가족들에게, "너희 중의 이방 신상을 버리라" 명하는데, 그 이방 신상 중에는 라헬이 훔쳐온 드라빔도 있었고, 당시 우상으로 달고 다니던 귀고리도 있었다(35:4).

그러나 그 무엇보다도 가장 큰 우상은 바로 우리 자신인데, 우상을 만드는 근본적인 이유는 바로 나를 위한 것 곧 내 이익을 위한 것이기 때문이다. 그리고 그 자아가 죽지 않고는 우상은 결코 없어질 수가 없기에, 하나님은 우리 옛 사람–하나님과 같이 되고, 스스로 주인이 되고자 하는 본성–을 죽이시려고 끊임없이 우리와 씨름을 하시는 것이다.

그러나 하나님의 목적은 우리를 죽이는 것이 아니라 변화시키는 데 있기에 우리 대신 예수님이 죽임을 당하셨다. 그리고 그때 우리는 예수님과 함께 십자가에 달려 죽은 것인데(갈 2:20), 하나님께서는 그런 우리에게 그 어린양 예수의 옷, 거룩한 세마포 옷을 입혀주셨다. “자신을 정결케 하고 의복을 바꾸라” (35:2)는 말씀이 바로 그 말씀인 것이다.

한편 “벧엘로 올라가라” 는 말씀은 팔레스타인 땅에 있는 벧엘로 가라는 뜻이 아니라, ‘언약의 장소’ 를 말한다(28:10~19). 이스라엘(=오늘날 그리스도인)을 향한 하나님의 언약은 “나는 너의 하나님이 되고 너희는 내 백성이 되리라” 인데(렘 24:7, 겔 37:23), 하나님은 우리를 그 손에서 절대로 놓지 않으시며, 반드시 그곳(벧엘)까지 이끌어 가신다는 것이다.

> “내가 그들에게 영생을 주노니 영원히 멸망하지 아니할 것이요 또 그들을 내 손에서 빼앗아 갈 자가 없느니라” (요 10:28)

그리고 야곱이 말씀에 순종하여 벧엘로 올라갈 때, 누구도 그 앞길을 방해하지 못했다. 야곱이 벧엘로 올라가기로 마음을 고쳐먹자, 벧엘의 하나님께서 대적들의 마음과 모든 주위 상황을 바꾸어 주셨던 것이다.

야곱처럼 그리스도인은 반드시 ‘벧엘’ 로 올라가게 되어 있다. 그렇다면 우리는 둘 중의 하나를 선택해야 한다. 매를 맞으며 질질 끌려갈 것인가, 아니면 어차피 갈 길이기에 기쁨과 감사함으로 주님과 동행할 것인가?

창세기
36장

축복 받은 에서?

에서에게서 나온 족장들의 이름은 그 종족과 거처와 이름을 따라 나누면 이러하니 딤나 족장, 알와 족장, 여뎃 족장,(36:40)

에서는 약삭빠른 야곱에게 장자권을 팔아먹었고 또 이삭의 축복도 빼앗겼다. 더 나아가 아버지 이삭에게서 축복은커녕 저주에 가까운 예언을 받는다.

"네 주소는 땅의 기름짐에서 멀고 내리는 하늘 이슬에서 멀 것이며" (창 27:39)

그런데 실제 에서의 삶은 세상적인 복으로 넘쳤다. 400명의 사병(아브라함은 318명)과 함께 야곱을 치러 왔고, 재물도 넘쳐흘렀으며, 오늘 본문처럼 그에게서 수많은 족장들과 왕들이 나왔다. 하늘의 별과 같이 많은 자손을 주리라는 약속이, 야곱이 아니라 에서에게서 이루어진 것처럼 보이는 것이다.

그러나 성경은 결코 에서를 복 받은 자라 부르지 않는다. 그에게 주어진 세상적인 복은 일반 은총으로 주어진 것일 뿐, 그에게는 '하나님의 자녀'라는 특별 은총이 주어지지 않았기 때문이다.

에서의 이런 홍왕한 모습에 비해, 야곱의 모습은 초라해 보이기까지 한다. 그의 아들들은 라헬이 죽으면서 출산했던 베냐민을 포함해 12명에 불과했고, 왕이 되기는커녕 기근을 피해 애굽으로 구걸하러 내려가 끝내 그들의 종이 되고 말았다.

야곱과 에서의 이야기뿐 아니라, 성경에는 복 받은 자와 그렇지 않은 자의 삶이 많이 비교되고 있는데, 아삽의 시가 그중의 하나다.

"이는 내가 악인의 형통함을 보고 오만한 자를 질투하였음이로다 그들은 죽

> 을 때에도 고통이 없고 그 힘이 강건하며 사람들이 당하는 고난이 그들에게 는 없고…" (시 73:3~5)

그러나 그리스도인들은 믿지 않는 자들(에서)의 형통을 부러워해서는 안 된다. 왜냐하면 "무릇 주를 멀리하는 자는 망하리니 음녀같이 주를 떠난 자를 주께서 다 멸하실 것" 이며(시 73:27), 악인들은 이 땅에서는 잠시 형통한 것 같아 보이지만, 장차 영원한 고통에 떨어질 것이기 때문이다.

또 그리스도인들은 이미 창세전에 신령한 복을 받고 이 땅에 내려온 자들로서 이미 지옥에서 건짐을 받았으며, 지옥에 가지않기 위해서 지금 '지옥의 백신'으로서의 고난을 당하고 있기 때문이기도 하다.

> "자녀이면 또한 상속자 곧 하나님의 상속자요 그리스도와 함께 한 상속자니 우리가 그와 함께 영광을 받기 위하여 고난도 함께 받아야 할 것이니라" (롬 8:17)

한편 라헬은 베냐민을 낳다가 죽고, 이로서 이스라엘의 열두 아들이 완성된다(35:18). 라헬은 곧 야곱의 옛 사람을 상징하는 바, 우리의 옛 사람이 고난을 통해 완전히 죽어야만 비로소 새 사람 이스라엘이 완성될 수 있다는 뜻이다.

그러기에 우리 그리스도인들은 에서(불신자)의 세상적인 형통을 부러워하지 말고, 주님이 두신 자리에서 오직 말씀의 인도를 받으며 하나님의 자녀가 되어가는 일에 최선을 다해야 한다.

> "누구든지 나를 따라오려거든 자기를 부인하고 자기 십자가를 지고 나를 따를 것이니라" (막 8:34)

창세기
37장

꿈은 반드시 이루어진다

자, 그를 죽여 한 구덩이에 던지고 우리가 말하기를 악한 짐승이 그를 잡아먹었다 하자 그의 꿈이 어떻게 되는지를 우리가 볼 것이니라 하는지라(37:20)

"꿈을 가지라"는 말은 청년들을 포함해 많은 사람들을 흥분시키는 캐치프레이즈이기에 그리스도인들이 가장 선호하는 이름이 요셉인 것 같다. 왜냐하면 요셉은 꿈 한번 잘 꾼 덕에(?), 가나안 촌놈에서 당시 세계 최강국 애굽의 총리가 된 입지전적인 인물이기 때문이다.

그러나 이 세상에 스스로 꿈을 꿀 수 있는 사람은 없다. 그러기에 요셉의 꿈은 스스로 꾼 꿈이 결코 아니며, 요셉 또한 그 꿈을 이루려 애쓴 적이 없다. 더 나아가 그 꿈을 꾼 후 요셉에게 몰아친 험악한 삶은, 그가 그 꿈을 붙잡고 살도록 내버려두지 않았다.

먼저 꿈 얘기를 하자마자 형들이 질투하여 그를 죽이려 웅덩이에 처박았으며, 천행으로(?) 죽지 않고 애굽에 종으로 팔려가 13년간 온갖 고난을 다 당했다. 그렇다면 나중에 총리가 되게 해준다는 조건 하에 13년간 요셉이 당한 고난을 받으라 한다면, 과연 선선히 나설 사람이 있을까?

더 나아가 요셉이 꿈을 잊고 살았다는 결정적인 증거가 있는데, 그가 총리가 되고 형제들이 양식을 구하러 애굽에 왔을 때 요셉은 비로소 그 옛날의 꿈을 다시 생각했기 때문이다.

> "요셉이 그들에게 대하여 꾼 꿈을 생각하고…" (창 42:9)

요셉은 그동안 꿈을 생각할 틈이 없이 바쁘게 살았는데, 형들을 만난 후에야 이전에 꿨던 꿈이 생각났다는 뜻이다. 다시 말해서 요셉이 꿈을 꾼 것이 아니라 하나님의 꿈이, 요셉을 그 자리까지 이끌어 온 것이다. 왜냐하면 만약 요셉이 애굽의 총리가 되지 않았다면 야곱의 가족들은 당시 온 세상을 덮친 무서운 기근 속에 굶어죽었을 것이고, 그러면 아브라함과 야곱에게 하신 "하늘의 별보다 많은 자손을 주리라"는 하나님의 언약은 이루어질 수가 없었을 것이기 때문이다.

그리고 또 한 가지 우리가 간과하기 쉬운 사실은 '꿈은 그냥 꾸게 되는 것'이지, 결코 꾸고 싶다고 꾸게 되는 것이 아니라는 사실이다.

결론적으로 요셉은 장차 오실 예수 그리스도의 예표다. 왜냐하면 요셉이 애굽의 종으로 팔려가 온갖 고난을 당한 끝에 총리가 되어 자기를 죽이려했던 형제들과 그 가족들을 죽음에서 살린 것처럼, 예수님께서도 이 땅(애굽)에 종으로 내려오셔서 온갖 수난을 당하시고 또 십자가에 달려죽으심으로써, 죽어야 할 죄인인 우리를 살려내셨기 때문이다. 한 마디로 요셉의 이야기는 장차 오실 구세주 예수 그리스도의 이야기인 것이다.

> "오히려 자기를 비워 종의 형체를 가지사 사람들과 같이 되셨고 … 하늘에 있는 자들과 땅에 있는 자들과 땅 아래에 있는 자들로 모든 무릎을 예수의 이름에 꿇게 하시고" (빌 2:7, 10)

그렇다. 꿈은 반드시 이루어진다. 그러나 우리 꿈이 이루어지는 것이 아니라 우리를 향한 하나님의 꿈이 이루어진다. 다시 말해서 하나님처럼 높아지려는 우리 꿈이 박살이 나고, 우리를 하나님 말씀에 철저히 순종하는 자로 만드시려는 하나님의 꿈은 반드시 이루어질 것이다. 그리고 그렇게 우리 꿈이 아니라 하나님의 꿈이 우리 안에서 이루어지는 그것이 바로 진정한 축복이다.

창세기
38장

시아버지와 며느리의 스캔들

유다가 그것들을 알아보고 이르되 그는 나보다 옳도다 내가 그를 내 아들 셀라에게 주지 아니하였음이로다 하고 다시는 그를 가까이 하지 아니하였더라(38:26)

고대에는 형이 아들 없이 죽었을 경우 동생이 형수와 결혼하여 아들을 낳음으로 대를 잇게 해주는 "계대 결혼"이라는 관습이 있었다. 또 성경에서는 자식을 낳지 못하는 것을 하나님의 저주로 여겼는데, 그 이유는 구세주 예수께서 여자의 후손으로 반드시 오셔야 하는데, 자식이 없다는 것은 곧 이를 훼방/대적하는 일로 여겼기 때문이다.

그런 면에서 유다가 셋째 아들 셀라에게 며느리 다말을 주지 않은 것은 불의한 일이었으며, 다말이 유다의 대를 잇기 위해 시아버지와 동침해서 아들 베레스를 낳은 일은 '의로운' 일이었던 것이다.

> "홀이 유다를 떠나지 아니하며 그 치리자의 지팡이가 그 발 사이에서 떠나지 아니하시기를 실로(메시아)가 오시기까지 미치리니" (창 49:10)

그러나 그런 과정 속에서 의로운 다말은 창녀로 낙인이 찍혔기에 인격적으로는 이미 살인을 당했다. 반면 다말이 이렇게 수치를 감수한 채 '대를 이으라'는 하나님의 명령을 지켰기에, 이방 여인과의 결혼은 물론 간음까지 했기에 죽임당해 마땅한 유다가 살아날 수 있었다.

여기서 죽어 마땅한 유다는 말씀을 어기고 제 정욕대로 죄짓고 살아가는 성도들을, 다말은 이런 우리를 살리기 위해 이 땅에 창녀의 모습으로 오신 예수님을 의미한다. 왜냐하면 하나님이신 예수님이 죽어야 할 우리를 살리기 위해 인간의 모습으로 이 땅에 오신 것은, 사실 창녀보다 더 낮아진 모습이기 때문이다.

"오히려 자기를 비워 종의 형체를 가지사 사람들과 같이 되셨고 사람의 모양으로 나타나사 자기를 낮추시고 죽기까지 복종하셨으니 곧 십자가에 죽으심이라" (빌 2:7, 8)

한편 모든 그리스도인들은 반드시 다말과 같은 희생의 길/십자가의 길을 가게 되어 있다. 다말과 같은 그리스도인의 희생을 통해 유다와 같은 죄인들이 구원을 받게 되는 것이 하나님 나라의 확장 방법이기 때문이다.

그렇다. 십자가는 죄인인 우리의 구원의 근거일 뿐 아니라, 구원받은 그리스도인들의 삶의 원리다. 그러기에 모든 그리스도인들은 요셉처럼 자신이 죽어 자신을 죽이려던 형제들을 살리는 삶, 다말처럼 자신은 인격적 살인을 당하면서 하나님의 언약을 이루는 도구가 되는 삶을 반드시 살게 되어 있다.

그러므로 우리는 이런 일을 당할 때 불평하지 말고 '믿음으로' 잘 감내해야 하는데, 우리 안에 함께 계신 주님께서 이 모든 일들을 넉넉히 감당할 힘과 위로를 주실 것이다.

"기록된 바 우리가 종일 주를 위하여 죽임을 당하게 되며 도살당할 양 같이 여김을 받았나이다 함과 같으니라 그러나 이 모든 일에 우리를 사랑하시는 이로 말미암아 우리가 넉넉히 이기느니라" (롬 8:36, 37)

창세기
39장

만사형통

여호와께서 요셉과 함께 하시므로 그가 형통한 자가 되어 그의 주인 애굽 사람의 집에 있으니(39:2)

만사형통의 세상적 뜻은 모든 일이 마음먹은 대로 척척 이루어지는 것을 의미하며, 그리스도인들 중에도 이런 형통을 바라는 사람들이 있다. 그런데 과연 모든 일이 자기 뜻대로 척척 이루어지는 것이 형통일까?

성경은 "의인은 없나니 하나도 없다" 선언하고 있다(롬 3:10). 모든 인간은 전적으로 타락한 죄인이기에 그들의 뜻 역시 철저히 타락했으며, 그런 인간이 올바른 뜻을 구한다는 것은 참으로 어려운 일이다. 그런데 과연 그 타락한 인간의 뜻이 이루어지는 것이 진짜 형통이겠는가 말이다.

전혀 아니다. 그러기에 만약 누군가가 세상적으로 만사형통한 삶을 살고 있다면, 그는 마치 죽음이라는 낭떠러지를 향해 고속도로를 전속력으로 달리고 있는 자동차와 같다. 그런 사람은 모든 일이 자기 뜻대로 되고 있기에 자신을 돌아보거나 하나님을 찾을 이유가 없고, 그 결과 회개할 기회가 없는데, 그런 인생의 끝은 영원한 멸망이기 때문이다.

한편 성경에도 형통이란 말이 나온다. 그러나 성경이 말하는 형통은 세상적인 성공이 아니라, 하나님께서 함께하시는 삶, 즉 내 삶속에 내 뜻이 아닌 하나님의 뜻이 이루어지는 삶을 말한다. 이런 면에서 고난을 포함한 모든 그리스도인의 삶은 만사형통한 삶이다.

요셉의 삶이 그랬다. 먼저 요셉을 죽이려 했던 형들은 멀쩡하게 잘 살고 있는데, 요셉은 이 사건으로 말미암아 애굽에 종으로 팔려간다. 또 그는 보디발의 아내가 동침하자고 끈질기게 유혹했을 때, 그 유혹을 물리쳤다. 그런데 보디발의 아내가 천벌을 받는 것이 아니라, 무고한 요셉이 끔찍한 왕의 감옥에 보내진다. 한편 성경은 이 두 사건을 모두 '형통'이라 말하고 있는데(39:2, 23), 그 이유는 '하나님께서 요셉과 함께 하셨기' 때문이다.

> "간수장은 그의 손에 맡긴 것을 무엇이든지 살펴보지 아니하였으니 이는 여호와께서 요셉과 함께 하심이라 여호와께서 그를 범사에 형통하게 하셨더라" (창 39:23)

물론 요셉이 억울하다고 생각했을 수도 있다. 그러나 가장 억울한 일을 당하신 분은 예수 그리스도이시다. 요셉 역시 죄 많은 한 인간이기에 고난당할 수 있겠지만, 죄 없으신 예수님은 전적으로 우리의 죄 때문에 고난을 당하시고 끝내 저주의 십자가에 달려 돌아가셨기 때문이다.

그렇다. 그리스도인들의 삶은, 하나님의 은혜를 경험하며 그분의 자녀가 되어가는 과정이다. 그러기에 그 과정에서 주어지는 모든 것, 심지어 고난까지도 형통이다. 모든 것이 합력하여 선(구원)을 이루어 가시는 하나님이 허락하신 삶이기 때문이다.

요셉의 삶에서 볼 수 있듯이 만사형통이란 내 뜻대로 모든 것이 이루어지는 삶이 아니라, 하나님께 붙들려 내 꿈은 산산이 깨어지고 하나님의 꿈이 내 안에서 이루어지는 삶을 말한다. 그렇게 하나님께 이끌려 하루하루 말씀에 순종하는 삶을 살면, 주님을 뵐 날이 속히 다가올 것이다.

> "이것들을 증언하신 이가 이르시되 내가 진실로 속히 오리라 하시거늘 아멘 주 예수여 오시옵소서" (계 22:20)

창세기
40장

그리스도인의 꿈

… 요셉이 그들에게 이르되 해석은 하나님께 있지 아니하니이까 청하건대 내게 이르소서(40:8)

많은 사람들이 좋은(?) 꿈을 꿔서 일확천금하기를 원하고, 또 큰 꿈(이상, 포부 등)을 꾸고 그 꿈을 이루기 위해 전력투구하는 삶을 살기도 한다.

과연 꿈이란 무엇일까? 꿈의 사전적 의미는 1) 잠자는 동안에 깨어있을 때와 마찬가지로 여러 가지를 보고 듣는 정신 현상 2) 실현하고 싶은 희망이나 이상 등이다. 좀 더 엄밀히 말하면 과거의 경험이나 미래의 일들이 잡동사니로 섞여서 잠자는 동안 나타나는 현상이다.

그렇다면 성경에서 꿈은 어떤 의미가 있을까? 구원의 완전한 계시로서의 성경 66권이 아직 완성되지 않았을 때, 하나님께서는 꿈을 통해 말씀하거나 계시하시기도 하셨다. 선지자에게 직접 꿈을 주시거나, 다른 사람에게 꿈을 꾸게 하신 후 선지자로 하여금 그 꿈을 해석하게 하신 것이다(요셉, 다니엘).

그러나 성경 66권이 완성된 후 하나님께서는 더 이상 꿈을 통해 말씀하시지 않는다. 만약 아직도 그리스도인의 구원을 위해 꿈이 주어진다면, 성경은 아직도 완성이 안 된 불완전한 책에 불과할 것이기 때문이다.

한편 보디발의 아내의 일로 감옥에 갇히게 된 요셉은 그곳에서 바로의 관원을 만나 꿈을 해석해 주는데, 모든 일이 요셉이 해준 해석대로 이루어진다. 하나님께서 요셉의 미래, 더 나아가 이스라엘 민족의 미래를 준비하기 위해 꿈을 사용하신 것이다. 그러나 꿈을 올바로 해석했음에도 요셉은 감옥에 만 2년을 더 갇혀 지내게 되는데, 아직 하나님의 때가 되지 않았기 때문이다.

물론 오늘날 꿈을 꾸기도 하고, 꿈이 필요하기도 하다. 그러나 우리가 꿔야 하는 꿈은 이 땅에서 내 미래가 어떻게 될 것인가를 알려주는 꿈이 아니라, 우리가 하루빨리 하나님 말씀에 전적으로 순종하는 새로운 피조물이 되는 꿈이어야 한다.

그리고 이 꿈이야말로 하나님의 꿈인 동시에 하나님이 모든 그리스도인에게 주신 꿈이기에, 이 꿈은 반드시 이루어진다. 그런데 그 꿈을 이루는 데 사용되는 것이 요셉이 당한 것과 같은 고난들이다.

> "시험(환난, trial)을 참는 자는 복이 있나니 이는 시련을 견디어 낸 자가 주께서 자기를 사랑하는 자들에게 약속하신 생명의 면류관을 얻을 것이기 때문이라" (약 1:12)

그러기에 광야 같은 인생을 사는 동안 우리는 환난 가운데서도 주님이 주시는 최종적인 구원의 꿈을 꾸며, 구원의 주님을 찬양해야 한다.

> "그 후에 내가 내 영을 만민에게 부어 주리니 너희 자녀들이 장래 일을 말할 것이며 너희 늙은이는 꿈을 꾸며 너희 젊은이는 이상을 볼 것이며" (욜 2:28)

창세기
41장

역사의 주관자 하나님

각국 백성도 양식을 사려고 애굽으로 들어와 요셉에게 이르렀으니 기근이 온 세상에 심함이었더라(41:57)

요셉은 바로가 꾼 꿈을 해석하고 또 어떻게 대처할 것인가까지 기막힌 의견을 제시했으며, 그로 인해 애굽의 총리가 된다. 그런데 이 모든 일들은 역사의 주관자이신 하나님께서 미리 계획하신 일이었다.

하나님은 바로에게 꿈을 주시지 않거나 요셉에게 해석시키지 않으실 수도 있었고, 온 세상을 덮은 기근을 주지 않으실 수도 있었다. 그럼에도 그렇게 하신 이유는, 아브라함에게 하신 언약을 이루시기 위한 것이었다.

> "네 자손이 이방(애굽)에서 객이 되어 그들을 섬기겠고 그들은 사백 년 동안 네 자손을 괴롭게 하리니" (창 15:13)

하나님은 아브라함의 후손인 야곱 족속을 애굽으로 내려가게 하고 또 그곳에서 종살이를 시키셨는데, 이는 야곱 족속은 물론 참 이스라엘인 그리스도인들에게 알려주실 것이 있으셨기 때문이다. 이런 면에서 우리는 하나님께서 지금도 그리스도인들을 위해 역사를 운행하고 계심을 알아야 한다.

한편 성경에서 애굽은 '이 세상'을 의미한다. 하나님은 창세 전에 택함 받은 자기 백성들을 애굽(세상)에 보내 종으로 살게 하심으로 '이 세상은 살만한 곳이 못 된다'는 것을 깨닫고 탄식하며 하나님께 부르짖게 만드시는 것이다.

> "여러 해 후에 애굽 왕은 죽었고 이스라엘 자손은 고된 노동으로 말미암아 탄식하며 부르짖으니 그 고된 노동으로 말미암아 부르짖는 소리가 하나님께 상달된지라" (출 2:23)

그렇다. 하나님께서 하나님 나라 백성을 이 세상에 보내신 목적은 단순히 행복한 삶을 누리며 살라는 것이 아니다. 오히려 애굽(세상)에서의 고된 종노릇으로 인해 하나님께 부르짖고 또 집을 나간 탕자처럼 '아버지 집에 종으로라도 돌아가야겠다'고 고백하도록 보내신 것이며, 이런 면에서 고난도 은사인 것이다.

> "고난 당한 것이 내게 유익이라 이로 말미암아 내가 주의 율례들을 배우게 되었나이다" (시 119:71)

물론 고난을 좋아하거나 자녀의 고난을 즐거워하는 사람은 없다. 그러나 그럼에도 아버지 하나님은 우리를 자녀로 만들기 위해 기근이라는 매를 사용하시거나 애굽의 종으로 보내기도 하신다. 왜냐하면 고난을 통해 하나님을 찾게 되고 또 더 알아가기 때문이다.

한편 대부분의 고난은 죄 때문에 당하는 것이기에, 우리는 매순간 우리 안팎에 있는 죄와 피 흘리기까지 싸워야 한다. 또 아버지 하나님이 자녀를 훈육하기 위해 주시는 고난도 있기에, 그럴 때 우리는 결코 좌절하거나 낙심하지 말고, 나를 하나님 아들로 대우하시며 아들로 만들어 가시는 하나님께 감사와 찬양을 올려드려야 한다.

> "여호와께 감사하라 그는 선하시며 그 인자하심이 영원함이로다" (시 107:1)

창세기
42장

고난이 닥칠 때

그들이 서로 말하되 우리가 아우의 일로 말미암아 범죄하였도다 그가 우리에게 애걸할 때에 그 마음의 괴로움을 보고도 듣지 아니하였으므로 이 괴로움이 우리에게 임하도다(42:21)

온 세상을 뒤덮은 기근으로 말미암아 가나안에 있던 야곱의 집에도 양식이 떨어졌고, 하는 수 없이 베냐민을 뺀 아들들이 양식을 구하려 애굽으로 내려가게 된다. 요셉은 이들을 바로 알아봤지만 형들은 요셉을 알아보지 못했는데, 동생 요셉이 살아서 애굽의 총리가 되었으리라고는 상상도 할 수 없었기 때문이다.

형제들을 본 요셉은 먼저 아버지가 살아 계신지, 막내 동생 베냐민은 잘 지내고 있는지 묻는다. 베냐민을 찾은 이유는, 그가 보이지 않았기 때문이기도 했지만, 어머니 라헬에게서 자신과 함께 태어난 유일한 핏줄이었기 때문이다. 그리고 그들을 적국의 첩자로 몰아 두려움을 느끼게 한다. 정상적인 사람이라면 좋지 않은 일이 생기거나 고난이 닥칠 때, 혹시 잘못한 것은 없는지 자신을 돌아보게 마련이기 때문이다. 요셉의 형들은 그의 기대대로 양심의 가책을 느끼고, 자신들이 동생 요셉을 해친 것에 대해 후회하게 된다. 하나님께서 요셉을 통해 이들의 회개를 이끌어내신 것이다.

그렇다. 자신을 돌아보고 회개할 수 있다는 것은 큰 은혜다. 그러기에 예수님께서 공생애를 시작하면서 제일 먼저, "회개하라. 천국이 가까이 왔다" 말씀하셨던 것이다(막 1:15). '천국 자체인 나 예수가 이미 여기 왔으니, 너희 자신의 죄인 됨을 인정하고 내 앞에 나오라'는 말씀인 것이다.
그때 예수님 앞에 나왔던 사람들은, 자타가 공인하는 죄인이었던 세리와 창녀 등이었다. 그리고 이렇게 스스로 죄인임을 인정하고 주님 앞에 나왔던 이들은 구원을 받았다. 이 세상에 예수님 외에는 의지할 것이 전혀 없었고, 그래서 예수님께 나왔으며 그 결과 구원을 받았던 것이다.

이와 반대로 스스로 의인이라 여겼던 바리새인들과 서기관들은 예수님께 나오지 않았다. 그리고 그 결과 이들은 예수님에게 '독사의 자식들'이라는 지독한 질책을 들었으며, 지금은 영원한 지옥 불못에서 고통당하고 있다. 이들은 예수님을 믿고 의지하는 대신, 자신들의 의로운(?) 행위를 의지했기 때문이다.
오늘날 우리에게 성경과 성령을 주신 목적도 똑같다. 스스로 죄인임을 인정하고 구세주 예수 그리스도 앞에 나와, 그 주님을 믿고 죄 사함을 받으라는 것이다.

그렇다. 성경이나 성령은 결코 우리가 이 땅에서 잘 먹고 잘 살도록 도와주는 수단이 아니다. 말씀은 곧 예수님이시고, 성령 역시 인격을 가지신 하나님이시기 때문이다.

> "그가(성령) 와서 죄에 대하여, 의에 대하여, 심판에 대하여 세상을 책망하시리라" (요 16:8)

물론 성령 하나님은 믿지 않은 죄악 된 세상도 책망하신다. 그러나 하나님의 주된 관심은 그분의 자녀인 그리스도인들에게 있기에, 무엇보다도 그리스도인들 안에 남아 있는 세상, 즉 죄를 책망하신다는 뜻이다. 그러므로 요셉의 형제들이 고난을 받는 가운데 자신들의 죄를 생각했던 것처럼, 우리 그리스도인들 역시 고난이 닥칠 때 먼저 자신을 돌아보고 회개해야 한다.

그러나 고난 받기 전에 먼저, 매일 주시는 하나님 말씀 앞에서 성경에 나오는 인물들의 죄가 바로 내 죄임을 깨닫고, 또 남들이 죄를 지을 때 내가 똑같은 죄를 짓고 있는 죄인임을 인정하고 즉시 회개해야 한다. 그럴 때 하나님께서 넘치는 은혜를 부어주실 것이다.

> "우리는 그리스도 안에서 그의 은혜의 풍성함을 따라 그의 피로 말미암아 속량 곧 죄 사함을 받았느니라" (엡 1:7)

창세기
43장

베냐민을 보내라

전능하신 하나님께서 그 사람 앞에서 너희에게 은혜를 베푸사 … 베냐민을 돌려 보내게 하시기를 원하노라 내가 자식을 잃게 되면 잃으리로다(43:14)

자식은 곧 자기 자신의 연장이요 분신이다. 야곱도 예외가 아니었는데, 끔찍하게 사랑하던 라헬이 낳은 아들 중 형 요셉이 오래전에 짐승에게 찢겨죽었는데, 이제 하나 남은 베냐민을 내어놓으라니 도저히 그렇게 할 수가 없었다.

그러나 유다가 '당장 애굽으로 내려가 양식을 구하지 않으면 모든 가족이 굶어죽을 수밖에 없으며, 만약 베냐민을 데리고 돌아오지 못하면 내가 죽겠다'는 맹세를 하자, 목숨보다 더 소중한 베냐민을 애굽으로 보내기로 결단을 내린다. 그리고 그 결과 그들은 요셉을 다시 만나게 될 뿐 아니라, 장차 고센 땅으로 내려가 큰 민족을 이루게 된다.

야곱뿐 아니라 누구에게나 자기 자신만큼이나 아끼는 것들 - 돈, 자식, 인기, 건강 등 - 이 있는데, 때론 그것들에 목숨을 걸기도 한다. 그러기에 그것들을 잃었을 때, 실제로 목숨을 끊는 사람들도 있다. 그러나 이런 것들로는 결코 하나님이 떠난 그 큰 빈자리를 메울 수 없으며, 또 이런 것들은 우리와 영원히 함께할 수도 없다.

그러므로 야곱처럼 우리는 자기 목숨보다 더 소중하게 여기는 것들을 지금 당장 내려놓아야 한다. 양손에 무언가를 꽉 틀어쥐고는 정말 좋은 것, 귀한 것을 붙잡을 수 없기 때문이다.

이런 의미에서 예수님이 "사람의 원수가 집안 식구리라"(마 10:36)하신 말씀은 식구들을 미워하라는 뜻이 아니다. "원수를 사랑하라" 명령하신 주님께서 설마 "가족을 미워하라"고 하시겠는가? 가족들도 중요하지만 더 중요한 것이 영생이며, 그 영생을 주시는 분이 예수 그리스도이시기에 "주님을 더 사랑하라" 는 뜻이다. 한 마디로 우선순위의 문제인 것이다.

그렇다. 아브라함이 모리아 산에서 독자 이삭을 포기했을 때 그를 되돌려 받았으며, 야곱이 베냐민을 애굽으로 보냈을 때 그의 온 가족이 극심한 기근에서 살아남을 수 있었으며, 그렇게 그리던 아들 요셉을 다시 만나게 되고, 마침내 큰 민족을 이루게 되었던 것이다.

지금 우리에게 있는 베냐민은 무엇인가? 돈인가 자식인가, 아니면 명예인가? 지금 당장 내려놓아야 한다. 하나님은 절대로 포기하지 않으시며 또 질투하는 분이시기에, 자기 자녀가 하나님 외에 다른 것들을 사랑하는 것을 결코 용납하지 않으신다.

> "누구든지 나를 따라오려거든 자기를 부인하고 자기 십자가를 지고 나를 따를 것이니라" (막 8:34)

여기서 자기를 부인하라는 뜻은, 자기 자신은 물론이요 자기 분신처럼 여기는 모든 것들을 다 내려놓으라는 말씀이다.

그리고 야곱이 베냐민을 보낸 것처럼 그동안 내 목숨처럼 귀하게 여기며 붙잡고 있던 것을 내려놓을 때, 하나님께서는 우리에게 가장 귀중한 구원과 영생으로 갚아주시고, 이 세상에서도 편안함이 아닌 진정한 평안을 주신다.

> "평안을 너희에게 끼치노니 곧 나의 평안을 너희에게 주노라 내가 너희에게 주는 것은 세상이 주는 것과 같지 아니하니라" (요 14:27)

창세기
44장

성도의 낮아짐

이제 주의 종으로 그 아이를 대신하여 머물러 있어 내 주의 종이 되게 하시고 그 아이는 그의 형제들과 함께 올려 보내소서(44:33)

사촌이 땅을 사면 배가 아프다는 속담이 있다. 왜 축하는 못할망정 배가 아플까? 사촌이 나보다 높아졌기 때문이다. 더 나아가 요즘 세상을 무한경쟁 시대라고 한다. 무조건 남보다 높아지려는 세상, 심지어 '너 죽고 나 살자'는 세상이 된 것이다. 물론 경쟁을 통해 발전(?)을 이룰 수 있기에 경쟁이 무조건 나쁜 것만은 아닐 것이다. 그러나 타인에 대한 맹목적 높아짐과 승리가 목적이 될 때, 그 사회는 결국은 공멸할 수밖에 없다.

이런 이 세상과 전혀 다른 세상이 있으니, 그곳이 바로 천국이다. 천국은 환경적으로도 우리 상상을 초월할 만큼 좋은 곳일 것이다. 그러나 천국이 천국인 진짜 이유는, 모든 성도들이 하나님 말씀에 전적으로 순종하며, 철저히 낮아져서 남들을 섬기는 곳이기 때문이다. 그곳은 누구나 종이 되어 섬기는 곳, 달리 말하면 모두가 그런 섬김을 받아 왕으로 사는 곳인 것이다.

> "이 첫째 부활에 참여하는 자들은 복이 있고 거룩하도다 … 그들이 하나님과 그리스도의 제사장이 되어 천 년 동안 그리스도와 더불어 왕 노릇 하리라" (계 20:6)

그러기에 하나님은 이 땅에서 성도들에게 끊임없이 낮아지는 훈련을 시키신다. 세상적으로 낮추시기도 하고, 세상적으로는 높고 부유한 자리에 있지만 마음을 가난하게 하여 낮추실 수도 있다.

오늘 본문이 바로 그 내용이다. 요셉의 형들은 요셉을 질투해 그를 죽이려 했고, 결과적으로 애굽에 보내 죽음과 같은 종살이를 하게 만들었다. 그랬던 이들이 이제 거듭된 고난을 통해 변화되어, '자신들을 종으로 삼고 아버지가 애지중지하는 베냐민을 아버지께 보내달라'고 나서는데, 그 대표가 바로 유다였다. 자기 아들 셀라를 아끼려고 '계대 결혼'이라는 율법까지 어기면서 며느리 다말을 과부로 살게 했던 유다에게 많은 변화가 생긴 것이다. 유다가 대표로 나선 이유는, 그의 후손으로 우리를 살리기 위해 가장 낮아져 돌아가신 예수 그리스도가 오셔야 했기 때문이다.

> "그(예수)는 근본 하나님의 본체시나 … 오히려 자기를 비워 종의 형체를 가지사 사람들과 같이 되셨고 사람의 모양으로 나타나사 자기를 낮추시고 죽기까지 복종하셨으니 곧 십자가에 죽으심이라" (빌 2:6~8)

한편 우리 구세주요 만형 되신 예수께서 먼저 가신 길이기에, 모든 그리스도인들은 반드시 그분이 가신 그 십자가의 길을 가야만 한다. 하나님께서 우리를 이 세상에 보내신 목적은 오직 하나, 그 길을 실제로 경험하게 하기 위한 것이기 때문이다.

> "네 하나님 여호와께서 이 사십 년 동안에 광야(인생) 길을 걷게 하신 것을 기억하라 이는 너를 낮추시며 시험하사 네 마음이 어떠한지 그 명령을 지키는지 지키지 않는지 알려 하심이라" (신 8:2)

십자가의 길은 낮아지는 길이지만, 그 길만이 유일한 진짜 승리의 길이다. 십자가의 죽음 같은 고난의 길, 낮아짐의 광야 길을 걷지 않고는 절대로 가나안 땅(천국)에 들어갈 수가 없기 때문이다.

그러기에 십자가의 길을 부정하거나 피할 수 있다는 달콤한 거짓말에 절대로 속지 말아야 한다. 그런 말을 하는 자들은 거짓 선지자들로서, 양들을 잡아먹는 늑대요 이리임에 틀림이 없다.

창세기
45장

하나님의 작정

하나님이 큰 구원으로 당신들의 생명을 보존하고 당신들의 후손을 세상에 두시려고 나를 당신들보다 먼저 보내셨나니(45:7)

이 세상, 아니 온 우주 만물은 오직 하나님의 뜻과 작정에 따라 움직이고 있다. 인간도 마찬가지다. 인간은 하나님을 위해 창조된 피조물일 뿐이지, 하나님이 인간을 위해 존재하시는 것이 아니다. 당신은 사랑받기 위해 태어난 사람? 아니다. 우리는 하나님을 위해, 하나님께만 영광을 돌리도록 지어져 이 세상에 보내졌다. 그러기에 개개인의 삶을 포함한 모든 역사는 history=His+story, 하나님 홀로 그분의 목적과 계획에 따라 주관해 가시는 것이다.

문제는 인간은 하나님이 하시는 일을 쉽게 이해할 수 없다는 것이다. 피조물인 인간이 어찌 우릴 지으신 창조주 하나님을, 하나님께서 하시는 일을 이해한단 말인가? 우리는 그저 하나님께서 구원에 필요해서 계시해 주시는 것만큼만, 똑바로 이해하고 순종하면 되는 것이다.
인간이 하나님을 알지 못하는 것은, 마치 이제 막 바둑을 시작한 초보가 프로 9단이 두는 수를 이해할 수 없는 것과 비슷할 것이다. 우리뿐만 아니라 하나님을 모시고 있는 천사들까지도 잘 모르는데, 그 대표적인 사건이 '십자가'였다. 십자가는 세상의 눈으로 보면 실패요 패배인데, 그것이 곧 하나님께서 사탄의 머리를 박살내고 자기 백성을 구원한 진정한 승리였던 것이다.

요셉도 하나님이 하시는 일, 자기에게 벌어지는 일들을 잘 이해하지 못했다. 그러나 오랜 고난을 통해 자신이 애굽에 끌려와 그렇게 죽음과 같은 삶을 살아야 했던 이유를 깨닫게 되었는데, 그 이유는 바로 모든 것이 합력하여 선을 이루게 하시는 하나님의 일하심이었다는 것이다.

> "우리가 알거니와 하나님을 사랑하는 자 곧 그 뜻대로 부르심을 받은 들에게는 모든 것이 합력하여 선을 이루느니라" (롬 8:28)

모든 것, 심지어 그동안 당했던 죽음과 같은 고난도 선(구원, 영생)을 이루는 데 쓰임을 받더라는 것이다. 그리고 그 사실을 깨닫고는 자기를 죽이려 했던 형제들을 용서했을 뿐 아니라, 그들의 자녀들까지 책임지겠다고 약속한다.

> "요셉이 그들에게 이르되 두려워 마소서 내가 하나님을 대신하리이까 … 내가 당신들과 당신들의 자녀를 기르리이다" (창 50:19~21)

요셉이 총리가 되었다는 것은 요셉이 하나님의 은혜를 받아 모든 것을 용서하는 수준의 믿음이 되었다는 표지이지, 결코 총리가 된 것 그 자체에 중요한 의미가 있는 것이 아니다. 애굽의 총리가 되는 것이 목표였다면, 왜 요셉이 자기 해골을 애굽 땅이 아닌 가나안 땅에 묻어 달라고 부탁했겠는가?(50:25)

지금 무슨 꿈과 비전을 가지고 있는가? 새 하늘과 새 땅에 대한 꿈을 꾸고 그 꿈을 홀로 이루어 가시는 분은 하나님이시다. 우리는 사탄의 종에서 '하나님의 종'(롬 1:1)이 된 자들인데, 꿈이 왜 필요하겠는가? 종은 그저 주인이 하라는 대로 충실히 일하면 되는데, 그럴 때 우리는 참 행복을 맛보게 된다. 이 세상에 있는 주인은 우릴 착취하고 끝내 죽이지만, 우리 주인(=주님, Lord)은 선하고 완전하실 뿐만 아니라, 종 된 우리를 사랑하사 자기 목숨을 버리신 분이시기 때문이다.

> "이제 내가 육체 가운데 사는 것은 나를 사랑하사 나를 위하여 자기 자신을 버리신 하나님의 아들을 믿는 믿음 안에서 사는 것이라" (갈 2:20)

지금 고난 가운데 있는가? 그 고난은 저주가 아니라 하나님께서 우리를 하나님 자녀로 만들고 계시는 증거이며, 그런 면에서 축복이다(롬 8:17). 그러기에 우리는 항상 기뻐할 수 있으며, 그분께 항상 감사하며 그분을 찬양해야 한다.

> "항상 기뻐하라 쉬지 말고 기도하라 범사에 감사하라 이것이 그리스도 예수 안에서 너희를 향하신 하나님의 뜻이니라" (살전 5:16~18)

창세기
46장

고센, 구별된 땅

하나님이 이르시되 나는 하나님이라 네 아버지의 하나님이니 애굽으로 내려가기를 두려워하지 말라 내가 거기서 너로 큰 민족을 이루게 하리라(46:3)

야곱은 애굽에 내려갔던 아들들로부터 죽은 줄 알았던 요셉이 살아있음은 물론 최강국 애굽의 총리가 되어 있더라는 소식을 듣고 도저히 믿을 수 없었지만 요셉의 부탁 말씀과 자기를 위해 보내진 수레를 보고 그 말이 사실임을 믿게 된다. 그러나 야곱은 애굽으로 곧바로 내려가지 않고 브엘세바까지 가서 하나님께 제사를 드리고, '애굽으로 내려가도 되는지' 하나님의 뜻을 묻는다. 이전의 야곱이었다면 틀림없이 '그러면 그렇지. 요셉이 어떤 아들인데!' 하며 삼현육각을 울리며 즉시 애굽으로 달려갔을 것이다. 수단과 방법을 가리지 않고 남을 이기고 남들보다 더 가지려 애를 쓰던 사람이었기 때문이다. 그런데 그동안의 경험을 통해 인생은 내 맘대로 되는 것이 아니며, 약삭빠르게 달려가는 것이 반드시 지름길인 것만은 아님을 깨달았던 것이다.

그동안 야곱은 '속이는 자'라는 본인의 이름처럼 형과 아버지를 속이고 장자권과 축복을 가로챘지만, 장인 라반에게 열 번 이상 속임을 당했다. 또 얍복강가에서는 천사와 씨름을 하다가 환도뼈가 부러져, 이제는 약삭빠르게 뛰기는커녕 지팡이를 의지하지 않고는 걷지도 못하는 신세가 되고 말았다. 하나님이 야곱을 그렇게 만드신 것이다. 또 "벧엘로 올라가라"는 하나님의 말씀을 흘려듣고 세겜 땅에 머물다가, 외동딸 디나가 이방인에게 강간을 당하는 험악한 꼴을 당하기도 했다. 어디 그뿐인가? 라헬이 낳은 아들 요셉만을 편애하다가 그 아들을 잃고는, 22년간 자식을 먼저 보낸 아픔에 시달려야 했다. 이런 수많은 고난을 통해, 야곱은 하나님이 자신에게 원하시는 것이 뭔지, 진정한 복이 무엇인지를 배웠으며, 그 결과 죽은 줄 알았던 요셉이 살아 있으며, 나는 새도 떨어뜨릴 수 있는 애굽의 총리가 되었다는 소식을 듣고도 먼저 '하나님의 뜻'을 묻고 있는 것이다.

그렇다. 태어나기 전부터 하나님의 택함을 받았던 야곱은 '험악한 삶'을 통해 비로소 믿음의 삶이란 무엇인가를 배웠다. 이와 마찬가지로 창세 전에 택함 받은 그리스도인들이 이 땅에 보내진 이유는 단 하나, 하나님을 떠난 이 땅에서의 삶은 고난 그 자체이며, 그래서 하늘에 있는 본향으로 속히 돌아가야겠다는 고백을 하게 하는 것이다. 그러기에 이 땅에서 나그네의 삶을 살았던 아브라함은 하나님 나라를 상징하는 가나안 땅에 있는 막벨라 굴을 은 400이라는 큰돈을 주고 사서 그곳에 묻혔으며, 야곱과 요셉도 죽기 전에 애굽 땅이 아닌 '가나안 땅에 장사를 지내달라'고 유언을 했던 것이다(49:29).

"애굽에 내려가기를 두려워 말라"는 하나님의 음성을 들은 야곱은, 드디어 온 가족 70명과 함께 애굽의 고센 땅에 도착해서 요셉을 만나고, 그곳에 정착하게 된다. 그리고 목축을 싫어하던 애굽 사람들과 떨어져 살기 위해 목축이 주 산업이라는 명분을 가지고, 애굽 사람들과 섞이지 않고 고센 땅에서 큰 민족을 이루며 살게 된다. 오늘날 출애굽한 그리스도인들 역시 아직 몸은 애굽(세상)에 살고 있지만, 구별된 땅 고센에 살아야 한다. 믿음을 지키기 위해 수도원 생활을 하라는 뜻이 아니라, 세상에 살지만 세상 사람들과는 다른 사고방식과 생활방식을 가지고 구별된 삶을 살아야 한다는 뜻이다(롬 12:2, 너희는 이 세대를 본받지 말고 오직 마음을 새롭게 함으로 변화를 받아).

그런데 그렇게 고센 땅에서 구별된 삶을 사는 것이 마치 우리 몸 전체를 각을 떠서 제물로 드리는 것만큼이나 힘들다(거룩한 산 제물, 롬 12:1). 그리스도인들은 비록 이 세상에 살고 있지만 하늘의 시민권을 가진 자들이며, 그렇게 구별된 삶을 살아가고자 결단하고 애쓸 때, 우리와 함께 계신 하나님께서 넉넉히 이길 힘을 주실 것이다.

> "기록된 바 우리가 종일 주를 위하여 죽임을 당하게 되며 도살 당할 양 같이 여김을 받았나이다 함과 같으니라 그러나 이 모든 일에 우리를 사랑하시는 이로 말미암아 우리가 넉넉히 이기느니라" (롬 8:36, 37)

창세기
47장

야곱(성도)의 인생 = 험악한 세월

야곱이 바로에게 아뢰되 내 나그네 길의 세월이 백삼십 년이니이다 … 험악한 세월을 보내었나이다 하고(47:9)

야곱이 드디어 애굽에 도착하고, 바로를 만나자마자 그를 축복한다. 아니 누가 누구를 축복해야 하는가? 극심한 기근으로 굶어죽지 않기 위해 애굽에 온 야곱이 바로를 축복하는 것이 맞는가, 아니면 당시 최강국의 왕이었던 바로가 야곱을 축복해야 되는가? 세상적으로 보면 당연히 바로가 야곱을 축복해야 맞는다.

그러나 그동안 '험악한 인생'을 살아온 야곱은 '하나님께 붙들린 사람이 복 받은 사람'임을 깨달은 후, 바로를 당당히 축복하고 있는 것이다. 이런 사실은 나름대로 많은 재물을 모았던 그가 얍복 강가에서 하나님의 사람을 만나 "복을 달라"고 하는 장면에서 알 수 있는데, 야곱은 세상적인 풍요가 진정한 복이 아니라는 것을 깨달았던 것이다.

한편 야곱의 이름은 '이스라엘'로 바뀌었으며, 이스라엘은 곧 '그리스도인'을 의미한다. 그러므로 야곱(이스라엘)이 험악한 삶을 살았다는 것은, 모든 그리스도인들 역시 험악한 삶을 살아야 한다는 뜻이다.

그렇다. 야곱뿐만이 아니라 그리스도인(=이스라엘)이 믿는 예수께서도 이 땅에 오셔서 그야말로 험악한 삶, 십자가의 삶을 살다가 가셨다. 그러나 여기서 험악한 삶이란, 반드시 세상에서 온갖 환난을 다 당해야 한다는 뜻은 아니다. 어떤 자리에서 어떤 모습으로 살더라도 마치 이 세상에서 영원히 살 것처럼 살지 않고 하늘에 있는 본향을 소망하며 나그네 같은 삶을 사는 것을 험악한 삶이라 하는 것이다. 또한 그리스도인의 삶이란 원래 험악한 삶이기에, 실제로 험악한 일이 닥치더라도 그리스도인은 결코 낙심하거나 포기하지 않을 수 있다.

야곱은 애굽에서 17년을 더 살다가 죽게 되는데, 죽기 전에 요셉을 불러 자신을 애굽에 장사하지 말도록 맹세를 시킨다. 죽어서라도 천국을 상징하는 가나안 땅으로 돌아가겠다는 뜻인데, 자신은 반드시 하나님이 주신 약속의 땅, 장차 그의 후손으로 구세주 예수께서 오실 그 가나안 땅으로 돌아가겠다는 것이다.

그렇다. 우리 그리스도인들도 가나안 땅(하나님 나라)에서 잠시 애굽(이 세상)에 보내진 사람들이다. 그러기에 비록 이 세상(애굽)에 살고 있지만 항상 가나안 백성(하나님 나라의 백성)임을 잊지 말고 그 땅으로 돌아갈 날을 소망하며, 그날을 준비하는 삶을 살아야 한다.

> "그들이 나온 바 본향을 생각하였더라면 돌아갈 기회가 있었으려니와 그들이 이제는 더 나은 본향을 사모하니 곧 하늘에 있는 것이라 이러므로 하나님이 그들의 하나님이라 일컬음 받으심을 부끄러워하지 아니하시고 그들을 위하여 한 성을 예비하셨느니라" (히 11:15, 16)

창세기 48장

구원, 하나님의 일방적인 선택과 은혜

… 이스라엘이 너로 말미암아 축복하기를 하나님이 네게 에브라임 같고 므낫세 같게 하시리라 하며 에브라임을 므낫세보다 앞세웠더라(48:20)

금수저, 흙수저라는 말이 있다. 각자의 능력이 아니라 타고난 환경이 그 사람의 인생을 결정한다는 뜻인 것 같다. 그런 측면에서 보면 예수를 믿지 않는 집안에 태어난 후 하나님 은혜로 예수 그리스도를 믿게 된 사람들은 흙수저에서 금수저가 된 사람들이다.

한편 세상에서는 흙수저, 금수저가 인생 전체를 결정짓는지 모르지만, 하나님 나라는 오히려 정반대일 가능성이 높다. 낮은 자가 높아지고 높은 자가 낮아질 가능성(?)이 더 많은 것이 하나님 나라의 원리이기 때문인데(막 10:31 먼저 된 자로서 나중 되고), 바로 오늘 본문이 그 얘기다.

아버지 야곱의 죽음이 멀지 않았음을 안 요셉은, 아비의 축복을 받게 하기 위해 두 아들을 데리고 아버지를 찾아간다. 그리고 세상 관례대로 '장자' 므낫세에게 아버지의 오른손이 얹어지도록 므낫세와 에브라임을 아비 앞에 앉힌다. 그런데 야곱은 굳이 손을 어긋나면서까지 에브라임 머리 위에 오른손을 얹고 축복을 한다. 야곱은 그의 험악한 인생살이를 통해 진정한 복은, 인간의 서열이나 공로에 의해 주어지는 것이 아니라 오히려 사회적인 약자인 둘째 아들이나 연약한 자들에게 '하나님의 주권에 의해' 일방적으로 주어지는 것임을 깨달았던 것이다.

가인이 아니라 아벨이, 에서가 아니라 야곱이 하나님께 선택받았다. 세상적으로 보면 에서가 야곱보다 훨씬 뛰어난 사람이었지만, 에서가 아닌 야곱이 선택을 받은 것이다. 이후에도 마찬가진데 장자인 아론이 아니라 모세가, 큰형 엘리압이 아닌 막내아들 다윗이, 맏형 암논이 아닌 막내 솔로몬이 택함을 받았던 것이다.

그러므로 그리스도인들은 인생을 살아가면서 높아지려고 애를 써서는 안 되며, 하나님이 두신 자리에서 '충성'을 다하면 된다. 그리고 그 결과 하나님께서 친히 높은 자리에 두시거나 부유하게 하시는 것은 감사할 일이다. 그러나 스스로 높아지거나 부유하게 되려 하다가는 수단과 방법을 가리지 않게 되고, 그러다 보면 패망의 길로 들어서기 십상이다.

하나님 나라는 하나님께서 홀로 이루어 가시며, 누가 천국에 갈 것인가도 이미 창세 전에 '생명책'에 쓰여 있다. 천국은 인간의 공로나 사회적 지위로 가는 곳이 아닌 것이다.

> "너희는 그 은혜에 의하여 믿음으로 말미암아 구원을 받았으니 이것은 너희에게서 난 것이 아니요 하나님의 선물이라" (엡 2:8)

그렇다. 우리는 이 세상에서 이런 '하나님의 주권'을 배우며, '예수 그리스도가 아니었다면 과연 나는 어떻게 되었을까?'를 뼈저리게 경험하며, 예수님을 꼭 붙잡는 훈련을 하다가 가면 된다.

나아가 지옥에 보내도 할 말이 없는 우리들을 창세 전에 하나님 자녀로 택하시고 오늘도 이끌어 주시는 하나님을 찬양하며, 두신 자리에서 그분께 충성을 다하며 살아가면 되는 것이다.

> "내 영혼아 여호와를 송축하라 여호와 나의 하나님이여 주는 심히 위대하시며 존귀와 권위로 옷 입으셨나이다" (시 104:1)

창세기
49장

인생의 졸업식 = 본향에서의 입학식

야곱이 아들에게 명하기를 마치고 그 발을 침상에 모으고 숨을 거두니 그의 백성에게로 돌아갔더라(49:33)

이 땅에 태어난 사람의 육신은 반드시 죽게 되어 있다. 흔히 인생을 '산다' 고 말하지만 실은 태어나는 순간부터 우리는 '죽어가는 것' 이다. 인간은 모르지만 하나님만 아시는 졸업(죽음)의 순간이 이미 정해져 있으며, 우리는 지금도 그 종착역을 향해 달려가고 있다.

이제 야곱은 이 땅에서 하나님 자녀가 되기에 필요한 모든 과정을 마치고 조용히 숨을 거둔다. 비록 스스로 '험악한 세월이었다' 표현했지만, 야곱에게 꼭 필요하기에 하나님께서 허락하신 모든 과정을 빠짐없이 마친 것이다.

> "그 발을 침상에 모으고 숨을 거두니" (창 49:33)

일어나 앉아서 자식들에게 할 말을 다하고, 다시 침상에 올라가 누워서 다리를 모으고 마지막 숨을 거두었다는 것이다. 얼마나 아름다운 장면인가? 우리 모두 이렇게 인생을 아름답게 마감할 수 있기를 소망하며 살아야 한다.
사도 바울도 똑같은 고백을 했다.

> "나는 선한 싸움을 싸우고 나의 달려갈 길을 마치고 믿음을 지켰으니 이제 후로는 나를 위하여 의의 면류관이 예비되었으므로 주 곧 의로우신 재판장이 그 날에 내게 주실 것이며 …" (딤후 4:7, 8)

그런데 이런 미래는 야곱과 사도 바울에게만 아니라, 하나님께 택함 받은 모든 그리스도인들에게도 이미 확정되어있다. 택함 받은 백성들은 이 땅에서 험악한 세월을 보냈든지 좀 편안한 세월을 거쳤든지 간에, 반드시 '그 목적지' 로 가게 되어 있는 것이다. 할렐루야!

그러기에 내 힘으로 잘 해보려고 너무 애를 쓰거나, 혹시 잘 했다고 해서 뻐기지 말아야 한다. 아무리 훌륭한 일을 많이 했더라도, 그 모든 것을 하신 분은 우리가 아니라 우리 안에 계신 예수 그리스도이시기 때문이다. 그리고 좀 힘든 삶을 살았거나 지금 힘든 삶을 살고 있다고 해서 억울해 하거나 좌절할 필요도 없다. 아버지 하나님께서 그분의 자녀인 우리에게 그런 과정이 필요해서 그런 역할을 맡기신 것인데, 왜 불평하겠는가?

이 땅에서의 우리 역할은 잠시 맡은 것일 뿐 그리스도인들은 이 땅에서 아무리 못난 거지 역할을 맡았어도 천국에 가면 누구나 왕자며 공주다. 반대로 이 땅에서 아무리 금수저를 입에 물고 태어나 왕자와 공주로 살아도, 하나님께 택함 받지 못해 예수를 믿지 못하는 사람들은, 장차 지옥에 떨어져 영원히 고통 받게 될 것이다. 그 지옥에서 당할 영원한 고통을 면하게 해주시려고 이 땅에서 잠시 고통을 허락하고 계신데, 그까짓 것 참지 못할 게 뭐 있겠는가?(롬 8:18, 현재의 고난은 장차 우리게 나타날 영광과 비교할 수 없도다)

한편 성경은 야곱의 죽음을 "그의 백성에게로 돌아갔다(was gathered to his people)" 고 말씀하고 있다. 야곱은 죽은 것이 아니라 하나님께서 그의 백성, 즉 아브라함과 이삭 및 아벨과 노아 등 믿음의 사람들이 미리 가 있는 곳으로 불러 가셨다는 것이다. 그곳이 원래 집이었는데, 이 세상에 잠시 훈련을 위해 왔다가 모든 과정을 훌륭히 마치고 '돌아간 것' 이다. 그러기에 그리스도인인 우리는 이 땅만 바라본 채 아등바등 살 것이 아니라, 아버지 하나님과 맏형이신 예수님과 성령님, 그리고 우리 형제 야곱과 수많은 성도들이 살고 있는 저 높은 본향을 바라보며, 이 땅에서 믿음으로 살다가 승전가를 힘차게 부르며 그 본향으로 돌아가야 한다.

> "형제들아 나는 아직 내가 잡은 줄로 여기지 아니하고 오직 한 일 즉 앞에 있는 것을 잡으려고 푯대를 향하여 그리스도 예수 안에서 하나님이 위에서 부르신 부름의 상을 위하여 달려가노라" (빌 3:13, 14)

창세기
50장

오직 은혜

당신들은 나를 해하려 하였으나 하나님은 그것을 선으로 바꾸사 오늘과 같이 많은 백성의 생명을 구원하게 하시려 하셨나니(50:20)

드디어 창세기가 끝났다. 창세기는 성경의 서론일 뿐 아니라 결론이기도 하다. 창세기로도 충분하지만, 타락한 인간이 창세기를 잘 이해하지 못하고 또 믿질 못하기에 출애굽기로 다시 설명하고, 다시 레위기로, 민수기로 그리고 신약으로 계속 설명하신 것이다.

"태초에 하나님이 천지를 창조하시니라" (창 1:1)

'나 하나님이 세상을 완벽하게 창조했으니 너희는 자신을 믿지 말고(부인하고, 피조물임을 인정하고), 내 말에 순종하라. 그것이 너희가 진정한 행복을 누리며 살 수 있는 유일한 방법이다.' 하나님은 이 말씀을 하고 싶으신 것이다.

그러나 아담(사람)은 그 말씀을 어기고 선악과를 따먹었으며(스스로 하나님처럼 되고자 함), 그 결과 영원한 죽음에 처해져야 했다. 그럼에도 불구하고 하나님은 독생자 예수를 이 땅에 보내 십자가 위에 못 박으심으로 성도들의 죄 값을 치러주시고 구원해 주셨다. 그렇게 구원받은 대표적인 죄인들이 바로 아브라함과 이삭과 야곱이다.

먼저 우상을 만들어 팔며 섬기던 '아브람'은 하나님의 일방적인 은혜로 믿음의 조상 '아브라함'이 되었다. 또 '웃음'이라는 뜻의 '이삭'은 어린양(예수)의 죽음으로 말미암아 부활하고 모든 자들에게 진정한 기쁨(이삭)을 주시는 분인 예수님의 조상이 되었다. 그리고 '속이는 자 야곱'은 얍복강가에서 죽고(예수님이 대신 돌아가심으로), 그리스도인을 상징하는 '이스라엘'이 되었다. 도저히 자격이 없는 이들이 하나님의 값없는 은혜로 구원을 받아 하나님의 자녀가 된 것이다. 그러므로 죄 많은 우리들도 하나님의 일방적인 선택과 은혜로 구원받을 수 있음을 우리는 믿을 수 있는 것이다.

그러나 구약 성도들과 신약 성도들 간에는 다른 점이 있다. 이들 구약의 믿음의 선조들은 아직 약속(예수 그리스도)을 실체로 받지 못한 가운데 그저 멀리서 보고 환영했지만, 신약 시대를 살고 있는 우리는 약속의 실체인 예수 그리스도를 이미 보고 믿는 복 받은 사람들인 것이다.

> "이 사람들은 다 믿음을 따라 죽었으며 약속을 받지 못하였으되 그것들을 멀리서 보고 환영하며 또 땅에서는 외국인과 나그네임을 증언하였으니" (히 11:13)

자신의 모습을 볼 때 우리는, '과연 이런 내가 구원받을 자격이 있는가?' 하는 생각을 할 때가 많다. 심지어 사도 바울조차도 "오호라 나는 곤고한 사람이로다. 이 사망의 몸에서 누가 나를 건져내랴" 소리쳤던 것이다. 그러나 구원은 우리의 올바른 행위나 공로가 아닌 '오직 하나님의 은혜로 인한 믿음으로' 받는 것이기에, 우리는 결코 의심하거나 걱정할 필요가 없다.

> "너희는 그 은혜에 의하여 믿음으로 말미암아 구원을 받았으니 이것은 너희에게서 난 것이 아니요 하나님의 선물이라" (엡 2:8)

그렇다. 그리스도인인 우리는 아브라함, 이삭, 야곱처럼 '은혜에 의한 믿음으로' 이미 구원을 받았다. 그리고 장차 영화롭게 될 것이며, '새 하늘과 새 땅'에서 영생을 누리며 살게 될 것이다(계 21:1~4).

한편 우리가 고대하는 '새 하늘과 새 땅'은, 묵시의 세계에서는 이미 완성이 되어 있다. 그러나 이 세상에서는 예수 그리스도의 재림 때 비로소 이루어질 것이기에 우리는"아멘 주 예수여 오시옵소서" (계 22:20)라고 소리칠 수밖에 없다.

그리고 이 진리를 믿기에 우리는, 우리를 훈련시키기 위해 하나님께서 허락하신 삶의 자리에서 항상 기뻐하며, 쉬지 않고 기도하며, 범사에 감사하며 힘차게 살아가야 한다. 그러다 보면 사랑하는 그 주님을 만날 날이 속히 올 것이다.

출애굽기
EXODUS

출애굽기
1장

애굽(이 세상)에 보내신 이유

요셉을 알지 못하는 새 왕이 일어나 애굽을 다스리더니(1:8)

역사는 전적으로 하나님의 계획에 따라, 그분에 의해, 택한 백성인 그리스도인을 훈련시키기 위한 목적으로 움직여지고 있다. 하나님은 아브라함에게 "너희 후손이 애굽으로 내려가 그곳에서 그들을 섬기게 될 것이며, 사백 년 후에 큰 민족을 이루어 나오게 되리라" 약속하셨다(창 15:13 이하). 그리고 약속에 신실하신 하나님은 이 약속대로 이스라엘 민족이 중다하게 하셨으며, 때가 되자 요셉을 알지 못하는 새 왕을 보내 그들을 압제하게 하신다. 삶이 괴로워서 하나님께 부르짖지 않고는 배길 수 없게 만드신 것이다.

하나님께서 이스라엘 민족을 애굽에 보내신 목적은, 그곳에서 잘 먹고 잘 살도록 보내신 것이 아니다. 비록 은혜로 말미암아 큰 민족이 되었지만, 애굽은 그들이 영원히 살 곳이 아니었던 것이다. 그들이 영원히 살 곳은 먹을 것이 풍부한 애굽이 아니라, 젖과 꿀이 흐르는 땅 가나안인 것이다. 그러기에 때가 이르자 하나님은 이스라엘 백성들이 '애굽 땅은 살 곳이 아니라는 것'을 깨닫게 하시기 위해 애굽에 새 왕을 보내, 참을 수 없는 고통을 경험하게 하시는 것이다.

그렇다. 우리 그리스도인이 영원히 살 곳은 애굽으로 상징되는 이 세상이 아니다. 우리를 이 세상(애굽)에 보내신 목적은 오직 하나, '공중 권세 잡은 자(사탄)가 다스리는 이 세상은 도저히 살 곳이 못 되니, 속히 하나님이 계시는 천국(가나안)으로 가야겠구나'를 깨닫고, 그곳을 소망하며 살도록 '잠시' 허락하신 것이다.

물론 애굽(이 세상)은 우리 죄악 된 본성에 딱 맞는 곳이다. 이곳에는 먹을 것이 풍부함은 물론 우리 정욕을 부추기는 고기, 부추, 마늘이 풍부한 곳이기도 하다. 그러기에 출애굽한 이스라엘 백성들이 광야(우리 인생)에서 애굽을 그리워하며, "종으로 살아도 좋으니 애굽으로 돌아가자" 외쳤던 것이다(14:12).

그러나 애굽(이 세상)은 영원히 살 곳이 아니다. 물론 사탄은 이 세상에서 먹여주고 입혀주기도 하며, 때론 싸구려 쾌락도 맛보게 해준다. 그러나 사탄이 마지막에 우리에게 지불하는 품삯은 영원한 죽음이다(롬 6:23, 죄의 삯은 사망이요). 하나님 은혜로 출애굽하지 못한 사람들은 이 세상에서 땅만 바라보며 그곳이 전부인줄 알고 살다가 결국 영원한 죽음(지옥)으로 끝나게 되는 것이다.

출애굽기의 내용은 역사적 사건들이다. 그러나 핵심은 이런 사건들을 통해 하나님께서 우리에게 하시고자 하는 말씀이 무엇인가를 깨닫는 것이다. 하나님은 역사의 주관자로서, 지금도 우리 택함 받은 그리스도인들에게 무언가를 가르치기 위해 역사를 운행해 가시고 있기 때문이다. 성도들을 가르치기 위해 요셉을 모르는 함 족 바로(왕)을 세우시고, 그로 하여금 요셉 때부터 잘 살고 있던 이스라엘 백성들을 못살게 굴도록 허락하시는 것이다.

그리스도인들은 하나님께 붙들린 자들이며, 영적으로 보면 이미 가나안 땅에 들어가 사는 사람들이다. 그러므로 출애굽기를 통해 우리는 내가 누구며 어떤 사람인가, 그리고 가나안(새 하늘과 새 땅)까지 가는 광야 길에서 어떤 일이 벌어질 것인가를 잘 배워야 한다. 이스라엘 백성들의 약점과 실패가 곧 우리 모두의 것이기 때문이다.

> "네 하나님 여호와께서 이 사십 년 동안에 네게 광야 길을 걷게 하신 것을 기억하라 이는 너를 낮추시며 너를 시험하사 네 마음이 어떠한지 그 명령을 지키는지 지키지 않는지 알려 하심이라" (신 8:2)

출애굽기
2장

하나님의 때

하나님이 그들의 고통 소리를 들으시고 하나님이 아브라함과 이삭과 야곱에게 세운 그의 언약을 기억하사(2:24)

하나님은 영이시기에 졸지도 주무시지도 않으신다. 또 그분은 전지전능한 분으로 완전한 계획을 가지고 일하시기에 그분의 계획은 곧 완성이다. 그러기에 역사는 그 완성이 어떻게 이루어졌는가를 그리스도인들에게 설명하기 위한 교보재일 뿐이다.

그러므로 그리스도인들은 미래에 대해 전혀 근심하거나 걱정할 필요가 없다. 우리는 이미 묵시 속에서 하나님과 영생을 누리고 있는 존재이기 때문이다. 그럼에도 우리는 이 땅에서 최선의 삶을 살아야 하는데, 하나님의 자녀가 되는 데 필요하기에 허락하신 삶이기 때문이다.

한편 정하신 때가 이르자 하나님은 모세를 이 땅에 보내신다. 뛰어난 사람을 찾으시는 것이 아니라, 하나님이 계획하신 일에 필요한 사람을 이 땅에 보내 훈련시켜서 쓰시는 것이다. 그리고 홍해를 가른 모세보다 지금 출애굽기를 읽고 묵상하는 우리가 더 중요한 사람들인데, 모세는 우리에게 구원이 무엇인가를 설명하기 위해 3500년 전에 험악한 삶을 살다가 간 사람이기 때문이다. 그러기에 우리는 모세가 아니라 모세를 움직이시는 하나님을 보아야 한다. 모세가 자기 역할을 담당한 배우라면, 하나님은 우리의 구원을 위해 모든 것을 지휘하는 총감독이시기 때문이다.

한편 나일 강에 던져진 모세는 갈대 상자(방주) 덕분에 살아남는다. 노아와 그 가족이 방주로 인해 대홍수에서 구원받은 것과 마찬가진데, 저주의 물에 빠져 죽어야 할 모세가, 방주로 상징되는 예수님이 대신 죽으심으로 살아난 것이다. 이 사건은 또한 죄로 인해 애굽(이 세상)에서 종 노릇하다가 '지옥이라는 저주의 바다'에 빠져 죽을 우리가, 예수님의 은혜로 살아났음을 알려주고 있는 것이다.

이후 모세는 자식이 없던 애굽 공주의 아들로 입적되는데, 장차 200만 명의 이스라엘 백성을 이끌 지도자로 훈련하시기 위한 것이었다. 동시에 그의 생모 요게벳이 유모가 됨으로써 모세는 이스라엘 백성의 정체성을 유지하게 되는데, 하나님의 세심한 배려는 이렇게 한 치의 오차도 없다.

한편 모세뿐 아니라 모든 그리스도인은 지금도 이런 하나님의 세심한 보살핌을 받고 있다. 그러므로 우리는 고난 중에도 투정하거나 좌절할 필요가 없는데, 하나님께서 우리에게 꼭 필요하기에 허락하시는 상황이기 때문이다. 또 모든 일이 술술 풀린다고 교만해서도 안 되는데, 우리에게 허락하시는 모든 것들(건강, 재물, 권세 등)은 하나님 뜻대로 쓰시기 위해 잠시 맡기신 것이기 때문이다.

그러기에 오늘도 우리는 우리의 모든 삶이 하나님의 완벽한 창세 전 계획과 세심한 돌보심 하에 진행되고 있음을 믿고, 두신 자리에서 하나님 나라를 소망하며, 충성을 다해야 한다. 할렐루야!

출애굽기 3장

스스로 있는 자

하나님이 모세에게 이르시되 나는 스스로 있는 자이니라 …(3:14)

모세를 애굽 왕자에서 미디안 광야에서 양을 치는 목자로 만드신 하나님은, 드디어 떨기나무 불꽃 가운데 모세에게 나타나신다. 이때 나무가 타지도 않는데 빛이 나는 이상한 현상이 벌어졌는데, 이 빛이 바로 '생명의 빛', 창세기 첫날의 그 빛, '참 빛' 이었던 것이다(창 1:3, 요 1:9).

그리고 모세에게 "너의 선 곳은 거룩한 땅이니 네 발에서 신을 벗으라" 말씀하신다. 그곳이 거룩한 이유는 그 땅이 특별히 거룩해서가 아니라, '하나님이 임재하신 곳' 이기 때문이다. 그렇다면 오늘날 거룩한 땅은 어디일까? 바로 하나님이 거하시는 성전으로서 '성도들의 몸' 이다(고전 3:16). 그러므로 성도들이 살아가는 모든 곳이 거룩한 곳이 되어야 하며, 성도들에게는 그곳을 거룩하게 만들어야 할 사명이 있다.

그렇다면 어떻게 사는 삶이 거룩하게 사는 것일까? 신을 벗는 삶을 말하는데, 인생을 내 스스로 걸어가는 것이 아니라 하나님께 맡긴다는 뜻이다. 이는 곧 하나님께서 우리를 등에 업고 인생이라는 광야를 지나신다는 뜻이며, 그러기에 나를 비우면 비울수록, 자신을 부인하면 부인할수록 삶이 가뿐하게 된다.

> "수고하고 무거운 짐진 자들아 다 내게로 오라 내가 너희를 쉬게 하리라" (마 11:28)

한편 모세가 "백성들에게 하나님을 어떤 분이라 말할까요?" 물었을 때, 하나님은 "나는 스스로 있는 자" (=ego eimi)라 알려 주신다. 온 우주에서 '스스로 존재하시는 분' 은 오직 하나님 한 분이라는 뜻인데, 이 말씀은 하나님을 제외한 모든 존재들은 또 다른 존재에 의존해 살아갈 수밖에 없다는 뜻이다.

만물 중 인간은 하나님의 형상을 가진 가장 뛰어난 존재로 창조되었다. 그러나 그로 말미암아 마치 하나님 없이도 살 수 있을 것처럼 교만한 자리에 올라갔는데, 이것이 바로 '죄'다. 인간이야말로 하나님을 떠나서는 살 수 없는 한갓 흙덩이에 지나지 않는 존재인데, 이를 정면으로 부인하고 있기 때문이다(창 2:7).

한편 예수님은 "나는 세상의 빛이다", "나는 길이요 진리요 생명이다" 등 "나는 … 이다"(ego eimi)라는 표현을 사용하셨다. 이는 하나님이 모세에게 "나는 스스로 있는 자"라 말씀하실 때 쓰신 표현과 같은 것으로, 예수님이 하나님의 본체이심을 스스로 밝히고 계신 것이다.

그렇다. 하나님만이 자존하시는 분, '스스로 있는 자'이며, 인간은 하나님 절대의존적 존재로 창조되었다. 하나님은 선, 행복, 영생 그 자체이시기 때문에, 우리가 홀로 서기를 포기하고 그분만 전적으로 의지하는 존재로 내려갈 때 우리는 진정한 행복을 누리며 살 수 있다.

그러므로 우리는 하나님과 같아지고자 하는 모든 시도를 포기하고, 신을 벗어야 한다. 그렇게 여호와 하나님만 철저히 의지하고 말씀에 전적으로 순종할 때 하나님께서 친히 우리를 새 하늘과 새 땅으로 인도해 가실 것이다.

> "순종이 제사보다 낫고 듣는 것이 숫양의 기름보다 나으니"(삼상 15:22)

출애굽기
4장

하나님의 지팡이

모세가 그의 아내와 아들들을 나귀에 태우고 애굽으로 돌아가는데 모세가 하나님의 지팡이를 손에 잡았더라(4:20)

모세가 애굽인을 살해하고 미디안 광야로 도망온 지 40년이 지났으며, 하나님이 나타나셨을 때 그의 나이는 80세였다. 광야에서 목자로 살았던 그 40년 동안 모세는 많이 바뀌었는데, 40대의 팔팔한 혈기, 내 힘으로 무엇인가를 해보겠다는 생각이 다 없어졌다.

한편 성경에서 '40'이란 숫자는 고난의 시간을, 그래서 고난으로 점철될 수밖에 없는 '우리 인생'을 의미한다. 그러기에 광야로 상징되는 인생을 사는 동안 우리는, 우리 힘으로 무언가를 이루어내려 할 것이 아니라 오히려 아무것도 할 수 없음을 배워야 한다.

> "네 하나님 여호와께서 이 사십 년 동안에 네게 광야 길을 걷게 하신 것을 기억하라 이는 너를 낮추시고 너를 시험하사 네 마음이 어떠한지 그 명령을 지키는지 지키지 않는지 알려하심이라" (신 8:2)

스스로 인생의 주인처럼 살 것이 아니라 하나님이 주인이심을 깨닫고, 하나님 말씀에 전적으로 순종하는 자로 만드시기 위해 광야 40년으로 표현된 인생을 허락하셨다는 뜻이다.
모세는 광야 40년간 많이 성숙해 졌으며, 그 결과 자기는 본래 말을 잘 하지 못하는 자라 말하며, 애굽으로 가서 동족들을 이끌어 내라는 하나님의 명령을 거절한다. 물론 이런 모세의 반응은 말씀에 대한 불신앙의 모습이기도 했지만, 우리 모두가 가져야 할 겸손의 모습이기도 하다. 무릇 모든 그리스도인들은 스스로 무엇을 하겠다고 나서지 말고, 하나님께서 가라 하시면 가고 서라 하시면 서야 하는 것이다.
이렇게 사양하는 모세에게 하나님은 "내가 네 입과 함께 있어서 할 말을 가르치리라" 말씀하시며, 양을 칠 때 쓰던 지팡이를 '하나님의 지팡이'라 명명하여 가지고 가도록 하신다. 아직 믿음이 약했던 모세에게 하나님이 항상 함께하고 계심을 확인할 수 있는 물건을 주신 것이다. 지팡이 자체에 능력이 있어서가 아니라, 그 지팡이를 보면서 권능의 '하나님께서 함께하고 계심'을 믿게 하신 것이다.

그런데 지금도 모세와 함께하셨던 권능의 하나님이 성도들과 함께하고 계시다. 계시의 점진성 때문에 구약 시대에는 모세의 지팡이처럼 눈에 보이는 것을 주셨지만, 예수의 십자가가 서고 오순절 성령께서 오신 후로는 눈에 보이는 지팡이 대신 보이지 않는 '믿음'을 주셨다. 그러므로 그리스도인들은 항상 '하나님 앞에서(코람데오)' 살아가야 한다.

야곱의 후손들이 애굽에서 고통을 당했던 것처럼 지금 우리나라와 민족이 국내외적으로 매우 위태한 상황에 처해 있으며, 그래서 마치 하나님이 계시지 않은 것 같은 생각이 들기도 한다. 그러나 하나님은 지금도 우리와 함께 계신다. 우리에게 닥친 환난은 하나님이 계시지 않아서가 아니며, 오히려 우리로 하여금 하나님 앞에 나와 간절히 기도하게 하시는 하나님의 부르심이다. 그런데도 우리가 회개하고 기도하지 않는다면, 하나님께서는 바벨론을 들어 남유대를 쓸어버리시듯이 이 나라를 그렇게 하실 지도 모른다. 왜냐하면 하나님이 원하시는 것은 말씀에의 순종과 거룩이기 때문이다.

이런 하나님의 성품은 24절 이하에 잘 나타나 있는데, 하나님께서 모세를 죽이려 하신다. 이유가 무엇이었든지 간에 모세가 하나님이 명하신 할례를 아들에게 행하지 않았기 때문이다.

그렇다. 우리는 모세보다 더 많은 죄를 지은 자들로서 수만 번 죽임을 당해 마땅하지만, 예수 그리스도의 십자가 은혜로 살아난 자들이다. 그러므로 이 땅에서 사는 동안 열심히 하나님 말씀대로 살기 위해 노력해야 하며, 이 나라와 이 민족 그리고 이 세대를 위해 기도해야 한다.

> "나는 너희의 하나님이 되려고 너희를 애굽 땅에서 인도하여 낸 여호와라 내가 거룩하니 너희도 거룩할지어다" (레 11:45)

출애굽기
5장

여호와가 누구관대

바로가 이르되 여호와가 누구이기에 내가 그의 목소리를 듣고 이스라엘을 보내겠느냐 나는 여호와를 알지 못하니 이스라엘을 보내지 아니하리라(5:2)

드디어 세상을 대표하는 애굽의 바로와 여호와 하나님을 대표한 모세와의 알력과 싸움이 시작되었다. 하나님은 먼저 모세를 통해 "내 백성 이스라엘을 보내라" 말씀하신다. 그러나 바로의 일차적인 반응은 "여호와가 누구관대"였다. '내가 온 애굽의 치리자인데, 누가 감히 이래라 저래라 하느냐'는 것인데, 바로는 하나님을 알지 못하는 모든 자의 대표이기도 하다. 그들은 분명히 창조주 하나님이 살아계심을 알 수 있음에도, 스스로 왕이 되어 하나님의 왕되심을 부정하고 있는 것이다.

> "창세로부터 그의 보이지 않는 것들 곧 그의 영원하신 능력과 신성이 그 만드신 만물에 분명히 보여 알게 되나니 그러므로 저희가 부정치 못할지니라" (롬 1:20)

그런 그들에게 내려지는 대가는 무엇일까? 그것은 그들이 앞으로 당하게 되는 열 가지 재앙으로 대표되는데, 그 끝은 영원한 죽음이다.

한편 이런 바로와 모세 간의 알력으로 인해 여호와의 백성인 이스라엘은, 해방되기는커녕 더 고통을 당하게 된다. 물론 그동안에도 고통당하기는 했지만 전보다 더 심한 압제와 고통이 더해졌는데, 그것이 곧 은혜다. 왜냐하면 '고통은 하나님의 메가폰'이라는 말처럼 참을 수 없는 고통은 하나님의 백성들로 하여금 자신을 돌아보게 하고, 또 머리를 들어 하나님을 바라보는 계기가 되기 때문이다.

한편 세상의 왕 바로(사탄)는 영악한 존재이기 때문에, 이전처럼 무턱대고 성도들을 압제하거나 학대하지는 않는다. 성도는 고난이 크면 클수록 더 하나님을 바라보기 때문이다. 그러기에 사탄은 오히려 인간의 죄성에 맞는 달콤한 것들, 세상적인 복이나 쾌락을 주기도 한다. 그렇게 함으로써 이 세상(애굽)도 살만한 곳이라 착각하게 만드는 것이다.

그러므로 여호와 하나님을 믿는 그리스도인들은 오히려 무사태평한 때를 더 두려워해야 하는데, 그럴 때 우리 영혼이 죽어가는 경우가 더 많기 때문이다. 성도들조차도 세상이 주는 달콤함에 넘어가, 자신의 정체성을 잃기 쉽다는 뜻이다. 그러기에 우리는 이런 사태를 방지하고 '여호와가 누구관대' 하지 않을 수 있도록 말씀과 기도를 통해 항상 깨어있어야 하며, 하나님을 더 알아가도록 힘써야 한다.

지금 상황이 더 어두워지고, 고난이 더 심해지고 있는가? 어둠이 깊을수록 새벽이 가까우며 출애굽 직전에 이스라엘 백성들에게 고통이 더 심해졌던 것처럼, 이제 때가 되어 하나님께서 일하시기 시작하셨다는 표징이다. 고난을 통해 하나님을 더 알아가고 말씀에 순종하는 삶을 살아갈 때 그 고난을 넉넉히 이겨내고, 어두운 세상을 밝히는 거룩한 빛의 통로가 될 것이다.

> "나는 비천에 처할 줄도 알고 풍부에 처할 줄도 알아 모든 일 곧 배부름과 배고픔과 풍부와 궁핍에도 처할 줄 아는 일체의 비결을 배웠노라 내게 능력 주시는 자 안에서 내가 모든 것을 할 수 있느니라" (빌 4:12, 13)

출애굽기
6장

여호와 하나님

너희를 내 백성으로 삼고 나는 너희의 하나님이 되리니 나는 애굽 사람의 무거운 짐 밑에서 너희를 빼낸 너희의 하나님 여호와인 줄 너희가 알지라(6:7)

하나님은 천지만물을 창조한 창조주이시며, 또한 이들을 주관하시는 전능자이시다(6:3). 그러나 그분을 믿고 구원받은 성도들에게는 주관자이실뿐 아니라 구원의 하나님 곧 '여호와'이시다.

그렇다. 하나님께서 성도들을 이 세상에 보내신 목적은, 여호와께서 어떻게 구원하셨는지를 경험하게 하시기 위함이다. 그러기에 태어날 때부터 애굽(세상)의 왕 바로의 통치하에 태어나게 하시는 것이다. 바로(사탄)의 밑에서 종으로 사는 삶이 얼마나 힘들고 무의미한지를 깨닫고, 여호와 하나님만을 영원히 믿고 의지하도록 하시기 위한 목적인 것이다(6:7).

이제 때가 되자 여호와 하나님은, 조상들에게 약속하신 대로 이스라엘 백성들(성도들)을 애굽(세상)에서 빼어내 맹세한 땅 가나안(천국)으로 인도하기 시작하시는데, 이 일은 전적으로 하나님의 주권적인 경륜으로 이루어진다. 모세나 아론이 한 일이 아니라, 창세 전 하나님의 계획과 이들 조상들과의 언약에 따라 하나님께서 친히 이루어 나가시는 것이다.

> "(내가) 너희로 내 백성을 삼고 나는 너희 하나님이 되리니" (6:7)

이것이 성경의 주제이며 하나님이 우리를 이 세상에 보내시고 역사를 운행하시는 목적인데, 여호와 하나님께서 그 일을 친히 하시겠다는 것이다. 이런 면에서 '나는 입이 둔한 자'라는 모세의 자기 인식은 매우 귀한 것인데, 이런 태도는 자기를 낮추고 주님께 모든 것을 의지하려는 겸손의 발로이기 때문이다. 그리고 하나님께서는 뛰어난 자가 아니라 이렇게 겸손한 자, 자신을 비운 자들을 들어서 쓰신다.

"그러나 하나님께서 세상의 미련한 것들을 택하사 지혜 있는 자들을 부끄럽게 하려 하시고 세상의 약한 것들을 택하사 강한 것들을 부끄럽게 하려 하시며, 하나님께서 세상의 천한 것들과 멸시받는 것들과 없는 것들을 택하사 있는 것들을 폐하려 하시나니" (고전 1:27, 28)

그러므로 성도들은 너무 높아지려 하거나 마치 하나님을 도와드리기라도 할 듯이 자신을 드러내려 해서는 안 된다. 전지전능하신 하나님을 연약한 우리가 어떻게 도와드릴 수 있겠는가? 사실 성도들은 하나님을 세상에 드러내는 도구요 통로일 뿐인데, 겉으로 드러난 장갑이 아니라 '손'이 일하는 것처럼, 우릴 통해 일하시는 분은 하나님이시다. 그러기에 우리가 자신을 비우면 비울수록 하나님의 일하심이 더욱 드러나게 된다.

"그러므로 내가 그리스도를 위하여 약한 것들과 능욕과 궁핍과 박해와 곤고를 기뻐하노니 이는 내가 약한 그 때에 강함이라" (고후 12:10)

한편 모든 그리스도인들은 7절의 약속대로 이미 십자가의 은혜로 흑암의 권세에서 건져져 그의 사랑의 아들의 나라로 옮겨진 사람들이다(골 1:13). 아직 육신은 이 세상(애굽)에 살고 있지만, 우리 신분은 이미 하나님 나라 시민인 것이다. 그러기에 우리는 자신을 감추고, 십자가로 우리를 구속하신 여호와 하나님만을 높이며 드러내는 삶을 살아야 한다.

"여호와여 주는 나의 하나님이시라 내가 주를 높이고 주의 이름을 찬송하오리니 주는 기사를 옛적에 정하신 뜻대로 성실함과 진실함으로 행하셨음이라" (사 25:1)

출애굽기
7장

재앙의 시작

내가 내 손을 애굽 위에 펴서 이스라엘 자손을 그 땅에서 인도하여 낼 때에야 애굽 사람이 나를 여호와인 줄 알리라 하시매(7:5)

고대에는 나라마다 신이 있어 각 나라의 강함은, 그들이 믿는 신의 강함으로 여겨졌다. 그러므로 애굽의 노예로 살던 히브리인들이 섬기는 여호와라는 신을, 바로로 대표되는 애굽인들이 인정할 리가 없었다. 이에 여호와께서는 큰 손을 펴서, 즉 큰 능력을 베풀어 자신의 위대하심과 애굽인들이 섬기던 우상들의 무력함을 드러내신다.

먼저 모세로 하여금 지팡이를 던져 뱀이 되게 하신다. 왜냐하면 당시에 신의 사신을 자임하는 자들은, 놀랄만한 이적을 보임으로 자신들의 신을 나타내야 했기 때문이다. 그러자 바로의 술객들도 같은 마술을 보이나 아론의 지팡이가 애굽 술객들의 지팡이를 삼켜 버린다. 여기서 '뱀'(탄닌)은 단순한 뱀이 아니라 용 또는 리워야단이라는 뜻을 가졌는데, 모든 악한 세력의 대표인 사탄을 뜻하는 것이다. 한편 하나님의 함께 하심과 권능을 상징하는 아론의 지팡이가 술객들의 지팡이를 삼켰다는 것은, 장차 예수님께서 저주의 놋뱀이 되어 나무에 달려 돌아가심으로 사탄의 세력을 완전히 멸하게 될 '십자가 사건'을 미리 보여주신 것이며, 동시에 앞으로 펼쳐질 열 가지 재앙을 함축해서 보여주는 사건이었다.

그러나 바로는 마음이 완악하여 여호와 말씀에 거역하고, 연이어 열 가지 재앙을 당하게 된다. 마음을 완악하게 함으로써 당하지 않아도 될 재앙들을 스스로 자초한 꼴이 된 것이다. 이렇게 하나님 말씀에 대적하는 것은 바로뿐 아니라 하나님을 믿지 못하는 모든 죄인들의 상태인데, 이는 하나님께서 그들을 '죄악 가운데 내버려두신' 유기의 결과이다.

"그러므로 하나님께서 그들을 마음의 정욕대로 더러움에 '내버려두사' 그들

의 몸을 서로 욕되게 하게 하셨으니" (롬 1:24)

그러므로 우리는 하나님께서 우리 삶에 개입하셔서 죄를 깨닫게 하시는 것이 얼마나 큰 은혜인지 알고 일회용 반창고 같은 얄팍한 말(설교)이 아니라, 죄를 무섭게 지적하되 예수 그리스도의 은혜로 죄 사함을 받았음을 선포하는 복음으로 인해 감사하고 위로 받아야 한다.

"그가(성령) 와서 죄에 대하여, 의에 대하여, 심판에 대하여 세상을 책망하시리라" (요 16:8)

한편 하나님께서 이스라엘 백성을 보내기를 거부하는 바로에게 내리신 첫 번째 재앙은 물이 피가 되게 하는 재앙이었다. 바로가 아침에 물가로 나왔는데, 단순히 산책하러 나온 것이 아니라 애굽인들이 생명과 축복의 근원으로 여기던 '나일 강'을 숭배하러 나왔던 것이다. 이런 바로의 모습을 보며 바로처럼 새벽잠을 설치며 열심을 부리는 종교인들을 떠올리게 되는데, 혹시 이들도 바로처럼 물질과 권력과 헛된 이데올로기를 구하고 있지는 않을까 하는 생각에 마음이 아프다. 하나님께서 애굽인들이 섬기던 나일 강을 쳐 피로 변하게 하신 것은, 여호와 하나님이야말로 생명의 주관자와 주인이심을 온 천하에 선포하신 것이다. 왜냐하면 피는 곧 죽음을 의미하는 것이기 때문이다.

그렇다. 삶과 죽음 그리고 생명의 주인은 하나님이시다. 그러기에 성도들은 눈에 보이는 우상을 섬기거나 인간의 정욕을 만족시켜줄 어떤 것을 주겠다는 달콤한 거짓말에 속지 말아야 한다. 그리고 이를 위해 우리는 항상 말씀과 기도로 깨어 있어야 하며, 지금도 우리를 자녀로 만드시기 위해 졸지도 않고 주무시지도 않는 하나님만 바라보고 찬양해야 한다.

"여호와께서 너를 실족하지 아니하게 하시며 너를 지키시는 이가 졸지 아니하시리로다 이스라엘을 지키시는 이는 졸지도 아니하시고 주무시지도 아니하시리로다" (시 121:3, 4)

출애굽기
8장

구별된 삶

내가 내 백성과 네 백성 사이를 구별하리니 내일 이 표징이 있으리라 하셨다 하라 하시고(8:23)

물이 피로 변하는 표징을 봤지만 바로는 마음을 완강케 하여 말씀을 듣지 않았으며, 그러자 하나님께서 두 번째 개구리 재앙을 내리신다. 애굽에서 개구리는 다산과 풍요의 신으로 숭배되었는데, 그 우상이 오히려 재앙이 된 것이다. 타락한 인간은 수효가 많은 것을 좋아하며 그것을 축복의 결과라 생각하기에 숫자가 많은 것들을 숭상하는데, 그 결과 개구리나 파리까지 숭배의 대상으로 삼은 것이다.

과연 그럴까? 숫자는 그저 허장성세일 뿐, '다수가 좋다, 옳다'는 생각은 잘못된 것이며, 하나님 나라는 언제나 의로운 '소수'다. 하나님은 아브라함 '한 사람'을 택하셨으며, 이스라엘을 택하신 이유도 '수효가 많기 때문이 아니라 오히려 모든 민족 중에 가장 적기 때문'(신 7:7)이라 분명히 말씀하신다. 뿐만 아니라 지금도 하나님은 '소수의 남은 자'(remnants), 즉 하나님께 선택받은 백성에게만 관심이 있기에 결코 크고자 하거나 많이 모으려 해서는 안 된다.

물론 모든 그리스도인들은 하나님이 두신 자리에서 맡기신 모든 일에 최선을 다해야 한다. 하나님이 필요해서 시키신 일이기 때문이다. 그리고 그 일에 충성을 다하는 가운데, 결과적으로 높아지거나 많아질 수는 있다. 그러나 부유해지거나 높아지려는 것 그 자체를 목적으로 삼는다면, 반드시 무리수를 두거나 타락하게 되어 있고, 그 끝은 패망이다.

> "부하려 하는 자들은 시험과 올무와 여러 가지 어리석고 해로운 욕심에 떨어지나니 곧 사람으로 파멸과 멸망에 빠지게 하는 것이라"(딤전 6:9)

더 나아가 성경에서 개구리는 더러운 것의 대명사로 쓰인다(계 16:13). 그런데 지금도 개구리가 온 애굽을 뒤덮었던 것처럼 더러운 입을 가진 거짓 선지자들(목사들)이 대규모와 대중화를 추구하며 자기 세력 확장에 열중하고 있고, 이에 부화뇌동하는 거짓 성도들이 많다. 그런 반면에 하나님은 이스라엘 백성들이 거주하던 고센 땅을 구별해서 재앙이 미치지 않도록 보호해 주셨다. 그리고 비록 몸은 애굽(이 세상)에 있지만, 이스라엘 백성(성도들)에게 하나님 나라 백성으로서 말씀에 순종하는 구별된 삶을 살도록 요구하신다.

그렇다면 오늘날에도 하나님께서 모든 재앙으로부터 우리를 보호해 주실까? 그렇지 않다. 아직 하나님 백성으로의 훈련과정을 마치지 못한 사람이라면 모르겠으나, 쓰나미나 911사태 등의 재앙에서 그리스도인 역시 불신자들과 똑같이 죽음을 맞았다. 그러므로 어떤 면에서 그리스도인들은 스스로 자신의 건강과 안전을 지켜야 하니, 흡연이나 과음, 위험한 것 등은 가급적 피해야 한다. 구약시대에는 복의 실체이신 예수님이 오시기 전이었기에, 복을 설명하기 위해 장수나 다산 등 눈에 보이는 복들을 주셨다. 그러나 예수님께서 오신 후에는 여러 환난 가운데 우리의 '믿음을 지켜주심으로' 우릴 하나님 백성으로 지어가실 뿐, 결코 이 땅에서 천년만년 잘 먹고 잘살게 도와주시지는 않는다.

한편 계속되는 재앙에 괴로웠던 바로는 사흘 길쯤 광야로 가서 희생을 드리겠다는 모세에게 '이 땅에서', '광야에서 드리되 너무 멀리 가지는 말라'는 등 타협안을 제시한다. 그러나 이럴 때 우리는 결코 타협해서는 안 된다. 진리는 진리이고 거짓은 거짓이며, 빛은 빛이고 어둠은 어둠이지 회색지대는 없기 때문이다. 그러므로 오늘도 우리는 세상의 온갖 거짓말과 회유에 속지 말고, 오직 말씀에 순종하는 구별된 삶을 살아내야 한다.

> "예수께서 대답하여 이르시되 기록되었으되 사람이 떡으로만 살 것이 아니요 하나님의 입으로부터 나오는 모든 말씀으로 살 것이라 하였느니라 하시니" (마 4:4)

출애굽기
9장

하나님께 쓰임 받기

내가 너를 세웠음은 나의 능력을 네게 보이고 내 이름이 온 천하에 전파되게 하려 하였음이니라(9:16)

하나님은 바로를 포함한 모든 애굽 백성을 단번에 없애버릴 수도 또 이스라엘 백성을 순식간에 가나안 땅으로 옮기실 수도 있으셨다. 천지를 지으신 전지전능한 하나님께는 모든 일이 가능하기 때문이다. 그러나 그렇게 하시지 않고 차근차근 열 가지 재앙을 내리시는 목적이 있었는데, 그것은 하나님의 능력을 보임으로 온 천하에 여호와 하나님의 이름을 전파하시기 위함이었다.

실제로 이런 재앙을 통해 여호와 하나님의 이름이 온 땅에 퍼졌으며, 그로 인해 이스라엘 대적들의 마음이 녹아내렸다. 그 대표적인 사람이 여리고 성의 기생 라합이었는데, 그녀는 이스라엘 백성의 가나안 진입을 도움으로써 예수님의 조상이 되는 영광을 얻게 된다.

이렇게 이 세상 모든 만물은 하나님께 쓰임 받고 있다. 차이는 바로처럼 하나님께 대적하는 역할로 쓰임 받고 지옥에 떨어지느냐, 아니면 모세처럼 하나님을 세상에 드러내는 존재로 쓰임 받느냐이다.

그러기에 교회 안에 있더라도 모두 알곡(진짜 성도)인 것은 아니다. 하나님은 알곡을 교육시키기 위해 가라지를 허락하시고, 또 알곡을 보호하기 위해 추수 때(하나님의 때)까지 뽑지 않고 내버려두시기 때문이다(마 13:29). 그 대표적인 예가 사무엘의 어머니 한나와 그녀를 분나게 하는 브닌나라는 여인이다. 둘 다 이스라엘 백성이었으며, 세상적으로 보면 자녀를 쑥쑥 낳은 브닌나가 축복을 받은 여인이요 한나는 자녀를 낳지 못하는 저주 받은 여인으로 보였다. 그러나 진짜 복을 받은 알곡은 브닌나가 아니라 한나였던 것이다.

그러므로 겉으로 드러난 것, 세상에서 이룬 것을 가지고 자신이나 남을 평가

해서는 안 된다. 각 사람마다 하나님 자녀가 되어가는 과정이 다르기에, 인간은 누가 진짜 알곡인지 판단할 수 없기 때문이다. 바로는 온 애굽을 통치하는 높은 사람이었으나 하나님의 대적으로 쓰임 받은 반면, 모세는 비천한 목자에 불과했지만 하나님의 이름을 온 세상에 알리는 데 쓰임 받는 도구였던 것이다.

한편 우리는 두렵고 떨리는 마음으로 구원을 이루어 나가야 한다. 왜냐하면 구원은 전적인 하나님의 은혜지만, 진짜 성도에게서는 하나님이 원하시는 성령의 열매가 반드시 열려야 하기 때문이다. 물론 성령의 열매는 억지로 노력한다고 열리는 것이 아니며, 참 성도 안에 내주하시는 성령께서 친히 맺으시는 열매이다. 그러나 만약 내게 그런 열매가 열리지 않는다면, 무엇이 잘못되었는지 가슴을 치며 하나님 앞에 엎드려야 한다.

그렇다. 구원은 전적인 하나님의 은혜요 선택이다. 그러나 성도들은 구원받은 자에게 합당한 삶, 세상(애굽)과 다른 거룩한 삶을 살아내야 한다. 하나님의 말씀을 두렵고 떨림으로 받고 말씀에 순종한 자들은 맹렬한 우박 재앙에서 살아남았지만, 하나님 말씀을 만홀히 여긴 자와 그에게 속한 것들은 모두 죽임을 당했기 때문이다.

그리고 세상 마지막 날에도 똑같은 일이 벌어질 것인데, 하나님 말씀을 듣고 순종하는 자는 참 성도이기에 하나님의 무서운 심판을 면하게 되지만, 말씀을 농담으로 알고 순종치 않는 자들은 생명을 잃고 영원한 멸망으로 떨어질 것이다. 바로처럼 쓰임 받을 것인가, 아니면 모세처럼 쓰임 받을 것인가? 지금 우리에게 달려 있다.

> "그러므로 나의 사랑하는 자들아 너희가 나 있을 때뿐 아니라 더욱 지금 나 없을 때에도 항상 복종하여 두렵고 떨림으로 너희 구원을 이루라" (빌 2:12)

출애굽기 10장

바로의 회유

바로가 모세를 불러서 이르되 너희는 가서 여호와를 섬기되 너희의 양과 소는 머물러 두고 너희 어린 것들은 너희와 함께 갈지니라(10:24)

계속되는 재앙에도 불구하고 바로는 마음을 강퍅케 하여 이스라엘 백성들을 보내지 않는다. 선 그 자체이신 하나님은 악을 행하실 수 없다. 그러기에 하나님이 바로의 마음을 강퍅케 하신 것이 아니라, 인간의 죄성대로 그저 '내버려 두셨을' 뿐이다. 바로뿐 아니라 모든 회개치 않은 인간의 마음은 이렇게 완강하고 강퍅하기 때문에 그들로부터 무엇인가를 기대하거나 타협해서는 안 된다.

이렇게 바로가 굴복치 않자 하나님께서는 메뚜기 재앙과 흑암 재앙을 내리신다. 메뚜기가 우박에 상하지 않은 모든 밭의 채소와 나무 열매를 다 먹어버리고 흑암이 온 땅을 뒤덮자 바로는 타협을 시작한다. "가족들은 남기고 장정만 가서 여호와를 섬기라"(10:11) 했다가, 다시 "다 가서 여호와를 섬기되 양과 소는 머물러 두고 가라" 말한다.

그러나 가족은 나의 일부분이다. 그러므로 가족을 두고 간다는 것은 몸은 빠져나왔지만 마음은 애굽에 있는 것과 다름이 없다. 양과 소로 대표되는 재물도 또한 마찬가지다. 가족과 함께 재물이야말로 세상적인 힘의 대표이기에, 그만큼 놓기가 힘들다는 뜻이다. 특히 이런 현상은 황금만능주의 시대인 요즘 더 심하며, 심지어 재물이 신의 자리를 꿰차고 있다. 그러기에 예수님은 "한 사람이 두 주인을 섬기지 못할 것이니 … 너희가 하나님과 재물을 겸하여 섬기지 못하느니라" 말씀하셨다(마 6:24).

그러므로 그리스도인들은 바로의 끈질긴 회유나 타협 시도에 절대로 넘어가서는 안 된다. 한 가지라도 어기면 곧 모든 것을 어긴 불순종이 되기 때문이다(약 2:10). 그러기에 하나님은 완전한 출애굽/출바벨론을 명령하신다. '이 정도쯤이야' 생각하는 적당주의가 믿음의 길을 가는데 방해가 되며, 결국 우리 발목을 잡고 애굽에 머물 수밖에 없는 올무가 되기 때문이다.

> "너희는 이 세대를 본받지 말고 오직 마음을 새롭게 함으로 변화를 받아 하나님의 선하시고 기뻐하시고 온전하신 뜻이 무엇인지 분별하도록 하라" (롬 12:2)

한마디로 "내 백성아, 애굽(바벨론)에서 나오라"는 말씀인데, 애굽은 곧 멸망당할 땅이기 때문이다. 그렇다고 우리로 하여금 세상을 떠나 수도원 생활을 하라는 뜻은 아니다. 죄는 인간의 마음과 생각에 있는데 수도원에 간들 어찌 그 마음이 바뀌겠으며, 그리스도인들이 모두 떠나버리면 누가 세상에 복음을 전하겠는가? 그러기에 비록 이 세상에 살고 있지만 성령의 도우심으로 마음을 새롭게 하여 옛 사람은 죽고, 내 생각이 아니라 성령의 소욕대로 살라는 말씀인 것이다.

> "내가 이르노니 너희는 성령을 따라 행하라 그리하면 육체의 욕심을 이루지 아니하리라" (갈 5:16)

그러므로 성도들은 바로(사탄)와 타협하지 않고 성령을 의지함으로써 하나님만 섬기고 높이며, 내 영광이 아닌 하나님께 영광 돌리는 삶을 살아야 한다.

출애굽기
11장

미리 경고하심

여호와께서 모세에게 이르시기를 내가 이제 한 가지 재앙을 바로와 애굽에 내린 후에야 그가 너희를 여기서 내보내리라 …(11:1)

하나님께서는 재앙을 내리시기 전에 모세를 통해 미리 경고하게 하신다. 재앙이 목적이 아니라 회개하고 하나님 말씀을 들으라는 뜻이다. 그러나 "여호와께서 바로의 마음을 강퍅케 하심으로"(10절), 다른 말로 "그들을 마음의 정욕대로 더러움에 내버려두사"(롬 1:24) 그들은 재앙을 피하지 못한다. 하나님은 이사야를 파송하시면서도 "말씀을 선포하되 들어도 듣지 못하고 보아도 보지 못하게 하라" 명령하셨다. 말씀을 선포하되 하나님께서 미리 택하신 자(성도)가 아니면, 그 말씀을 깨닫고 하나님을 믿을 수 있는 자가 없다는 뜻이다.

그렇다면 지금 우리는 말씀을 듣고, 바르게 이해하고, 그 말씀에 순종하고 있는가? 만약 그렇지 않다면 우리는 그리스도인이 아닐지도 모른다. 또한 단번에 끝낼 수도 있는데 열 가지 재앙을 내리신 이유는, 애굽을 무릎을 꿇게 하는 목적 외에도 이스라엘 백성들의 신앙을 확립하고, 그들 후손들에게 여호와의 능력을 전하기 위함이라 볼 수 있다.

바로는 거듭되는 여호와의 경고를 계속해서 듣지 않음으로 인해 전무후무한 재앙을 당하는데, 하나님은 바로뿐만 아니라 성도들에게도 말씀에 불순종하는 죄가 얼마나 무서운지를 계속해서 경고하시는 것이다. 그리고 그 경고를 듣지 않았을 때 성도들 역시 큰 고통을 경험하게 하시는데, 이는 성도가 미워서가 아니라 죄를 미워하시기 때문이다. 다윗이 밧세바를 범했을 때 비록 영원히 버림받지는 않았지만 그 죄의 대가로 엄청난 고통을 받았는데, 그 고통은 죄의 무서움을 깨닫게 하기 위한 '하나님의 은혜'였던 것이다. 그러므로 우리 성도는 매순간 죄와 피 튀기는 싸움을 해야 한다.

그러나 결국 바로(죄)와의 싸움은 장자 재앙으로 끝나게 된다. 최후의 승리는 우리 힘으로 쟁취할 수 있는 것이 아니라 어린양 예수의 보혈로만 완성되기 때문이다. 그런데도 아직도 죄를 범함으로 그 어린양을 다시 십자가에 못박겠는가?

그리고 이 마지막 싸움의 결과 하나님의 말씀대로 이스라엘 백성은 큰 재물(구원)을 얻고 나오게 된다(창 15:14, 출 11:2, 3). 싸움은 하나님께서 친히 그리고 홀로 하셨는데 전리품은 이스라엘, 곧 오늘날 성도들인 우리가 받게 되는 것이다.

그렇다. 성도들의 궁극적인 승리는 이미 확정되어 있으며, 바로(사탄)의 머리는 이미 십자가에서 어린양 예수의 피로 박살이 났다. 그러므로 오늘도 우리는 삶의 현장에서 이미 승리한 승리자의 삶을 살아야 한다. 그런데 그 승리자의 삶은 남들 위에 군림하는 삶이 아니라 주님이 먼저 가신 그 십자가의 삶, 섬김과 희생의 삶이다. 세상 사람들의 눈에는 패배로 보이는 그 십자가의 삶이야말로 승리자의 삶인 것이다.

> "무릇 하나님께로부터 난 자마다 세상을 이기느니라 세상을 이기는 승리는 이것이니 우리의 믿음이니라" (요일 5:4)

출애굽기
12장

오직 어린양의 피로

내가 애굽 땅을 칠 때에 그 피가 너희가 사는 집에 있어서 너희를 위하여 표적이 될지라 내가 피를 볼 때에 너희를 넘어가리니 재앙이 너희에게 내려 멸하지 아니하리라(12:13)

드디어 출애굽의 날이 되었다. 여호와께서 장자 재앙을 선포하셨기 때문이다. 그동안 애굽의 바로와 백성들은 무시무시한 9가지의 재앙을 당했다. 그러나 매도 자주 맞으면 맷집이 생기듯, 이들은 이를 악물고 '어디까지 가나 보자'고 덤볐다. 인간의 죄성은 그렇게 질기고 강한데, 심지어 알량한 자존심을 세우기 위해 죽음도 불사하는 것이 인간이다.

그러나 한낱 피조물인 인간이 하나님께 대적할 때 주어지는 것은 죽음, 영원한 멸망밖에는 없다. 성도들을 이 세상에 보내 살게 하시고 또 성경을 주신 목적은, 하나님과 인간과의 이런 관계를 깨닫고 하나님께 완전히 순종하는 자로 만드시기 위한 것이다.

장자 재앙으로 애굽의 모든 장자, 첫 소생은 다 죽임을 당했다. 장자는 그 집안을 대표하기에 장자의 죽음은 곧 그 집안 전체의 죽음을 의미하며, 이는 곧 온 애굽이 다 죽임을 당했다는 뜻이다. 그런 가운데 어린양의 피를 바른 집들은 죽음의 신이 그냥 넘어갔기에(유월, pass over) 재앙을 당하지 않게 된다.

그렇다면 재앙을 당한 집과 당하지 않은 집과의 차이는 무엇이었는가? 오직 한 가지, 어린양의 피를 대문에 발랐느냐의 여부였다. 사실 야곱의 후손인 이스라엘 백성들은 완전히 애굽화 되어 있었다. 한 세대(30년)만 지나도 모국어를 잊는데 애굽에서 무려 430년을 살았기에, 피는 이스라엘이었는지 모르겠으나 그들은 이미 100% 애굽 사람, 즉 죽어야 할 죄인들이었던 것이다.

그런데 이들이 어떻게 살아남았는가? 오직 어린양의 피를 대문에 바름으로써! 이스라엘 백성이 다른 민족보다 잘 나거나 의롭거나 죄가 없어서도 아니다. 모세를 통해 주신 하나님의 명령(말씀)을 믿고 피를 바른 집들은 다 살아남았던 것이다. 한 마디로 죽어야할 죄인들 대신 어린양이 죽임을 당했으며, 이 사실을 '믿은 자들'은 구원을 받았던 것이다.

오늘날의 이스라엘인 그리스도인들도 마찬가지다. 죄가 없어서 죽음에서 건져진 것이 아니라 어린양 예수 그리스도께서 우리 대신 피 흘리고 죽으셨고, 오직 은혜로 그 사실이 믿어지기에(피가 강제로 발라졌기에) 구원/구속을 받은 것이다.

그리고 이렇게 오직 어린양의 피 흘림으로 구원을 받았기에, 이제는 우리가 또 다른 사람을 살리기 위해 피를 흘려야할 차례다. 복음은 이런 피 흘림을 통해 우리에게까지 면면히 흘러왔으며, 우리의 피 흘림을 통해 또 다시 흘러가게 될 것이기 때문이다. 한편 그 피 흘림의 삶이 곧 주님이 원하시는 승리의 삶이기에, 주님께서 우리 모두에게 그런 십자가의 삶을 살 수 있는 은혜를 주실 것이다.

> "또 우리 형제들이 어린 양의 피와 자기들이 증언하는 말씀으로써 그를 이겼으니 그들은 죽기까지 자기들의 생명을 아끼지 아니하였도다" (계 12:11)

출애굽기
13장

임마누엘 하나님

이스라엘 자손 중에서 사람이나 짐승을 막론하고 태에서 처음 난 모든 것은 다 거룩히 구별하여 내게 돌리라 이는 내 것이니라 하시니라(13:2)

모든 초태생을 하나님께 돌려야 하는 첫째 이유는, 장자 재앙으로 모든 애굽의 초태생들이 죽임을 당할 때 이스라엘의 초태생들 역시 죽임을 당해야 마땅했으나, 어린양의 피(죽음, 대속)로 살아남았기 때문이다. 둘째로 초태생은 이후에 태어날 모든 자손들의 시작으로서, 모든 만물은 하나님의 것이라는 사실을 선포하고 계신 것이다.

이렇게 천지만물이 다 하나님을 위하여 하나님에 의해 지음을 받았는데도 불구하고 그 사실을 인정하지 않고 스스로 주인 되어 살거나, 심지어 하나님이 자신을 위해 존재하고 있다 착각하며 사는 것이 바로 죄이다. 그러기에 하나님은 이스라엘, 즉 성도들부터 먼저 모든 것이 주님의 것이라는 사실을 인정하며 살라고 명령하신다. 헌금도 이런 측면에서 이해되어야 하는데, 내 것 중에 일부를 거지에게 동냥하듯 인색한 마음으로 할 것이 아니라, 내 생명을 포함한 모든 것이 하나님 것임을 고백하는 마음으로 드려야 하는 것이다.

한편 유월절과 동시에 무교절을 지키라 하시는 이유는, 누룩은 곧 죄를 상징하기에 어린양 예수의 피로 구원받은 백성들은 죄를 멀리해야 한다는 뜻이다. 죄를 범한다는 것은 곧 어린양의 죽음을 멸시하는 행위로, 그것은 곧 죽음을 의미하기 때문이다. 또 '네 지경에서 누룩이 보이지도 말게 하라'는 말씀은, 가족들뿐만 아니라 이웃들에게도 순종의 본을 보여 복음을 증거하라는 명령이다.

드디어 이스라엘 백성들이 하나님의 일방적인 은혜로 애굽에서 나오게 되는데(출애굽), 이때 모세가 요셉의 해골을 들고 나온다. 그 이유는 자신의 유골을 가나안 땅에 묻어달라는 요셉의 유언 때문인데, 요셉은 그만큼 하나님이 약속하신 가나안 땅(천국)을 사모했다는 뜻이며, 결코 애굽의 총리가 되려는 꿈을 꾸거나 애굽의 총리직에 만족 또는 연연하지 않았음을 알 수 있다. 동시에 하나님 나라 백성들인 성도들도 비록 지금은 세상(애굽)에 살고 있지만, 요셉처럼 천국(가나안)을 소망하며 살아야 함을 보여주고 있다.

한편 겉으로 보기에 출애굽은 모세의 인도로 이루어졌지만 실은 하나님께서 구름 기둥과 불 기둥으로 인도하신 것으로 성경은 "이 기둥이 백성 앞에서 떠나지 않았다" 말씀한다(13:22). 이 말씀을 통해 우리는 오늘도 임마누엘 하나님께서 우리와 함께 동행하고 계심을 알 수 있다.

때로 환난이 닥치거나 일이 뜻대로 되지 않을 때, 우리는 흔히 하나님이 계시지 않거나 우리 사정을 모르고 계신 것으로 오해할 수 있다. 그러나 하나님은 결코 한시도 성도들을 떠나지 않으시며, 우리 마음에 들지 않는 일이나 사건조차도 우리 구원에 필요하기에 허락하시는 일임을 믿어야 한다.

> "내가 너희에게 분부한 모든 것을 가르쳐 지키게 하라 볼지어다 내가 세상 끝날까지 너희와 항상 함께 있으리라 하시니라" (마 28:20)

출애굽기
14장

너희는 가만히 서서

… 너희는 두려워하지 말고 가만히 서서 여호와께서 오늘 너희를 위하여 행하시는 구원을 보라 …(14:13)

열 가지 재앙을 통해 이스라엘 백성들을 애굽에서 이끌어 내신(출애굽, Exodus) 하나님은 가나안 땅으로 행하던 그들을 돌려 진퇴양난, 사면초가의 상황으로 몰아가신다. 이는 애굽사람들로 인하여 영광을 얻으시고 그들로 하여금 여호와인줄 알게 하려는 하나님의 계획이었으나 이스라엘 백성은 이를 알지 못하고, "애굽에 매장지가 없어 우릴 광야에서 죽게 하느냐?" 원망한다. 이를 볼 때 기적(열 가지 재앙)은 결코 참다운 믿음이나 믿음의 성장을 가져올 수 없음을 알 수 있으며, 그러기에 우리는 더욱 말씀을 의지해야 한다.

> "믿음은 들음에서 나며 들음은 그리스도의 말씀으로 말미암았느니라" (롬 10:17)

이렇게 백성들이 원망하자 하나님은 모세를 통해 "너희는 가만히 서서 너희를 위하여 행하는 구원을 보라" 말씀하신다. 구원은 '처음부터 끝까지' 하나님이 홀로 행하시는 것임을 선포하시는 것이다. 그렇다. 구원은 우리의 노력이나 공로가 아니라 하나님의 일방적인 은혜다. 그리고 이 사실을 알고 인정하는 자들이 참 그리스도인이며, 이들에게서는 하나님이 기뻐하시는 참되고 선한 믿음의 행위가 자연스럽게 우러나오게 되어 있다.

애굽 군대가 가까이 다가오자 하나님은 홍해를 가르고 이스라엘 백성을 홍해 바다 속 마른 땅을 밟고 건너게 하신 후, 뒤따라 들어온 애굽 군대는 전멸시키신다. 당연히 바닷물 속을 살아서 걸어 올라올 수 있는 인간은 없다. 그러므로 사실 이스라엘 백성도 홍해를 건널 때 수장되어 전멸했어야 한다. 그런데도 그들이 살아날 수 있었던 이유는 단 하나, 그들이 예수 그리스도 안에 있었기 때문이다. 예수님께서 이들 대신에 물에 빠져 죽으시고(=십자가 사건), 마땅히 죽어야할 이스라엘(=성도들)이 살아난 것이다. 이 사건을 바울은 이렇게 표현하고 있다.

> "우리 조상들이 다 구름 아래에 있고 바다 가운데로 지나며 모세에게 속하여 다 구름과 바다에서 세례를 받고" (고전 10:1, 2)

> "무릇 그리스도 예수와 합하여 세례를 받은 우리는 그의 죽으심과 합하여 세례를 받은 줄을 알지 못하느냐 그러므로 우리가 그의 죽으심과 합하여 세례를 받고 그와 함께 장사되었나니" (롬 6:3, 4)

홍해를 건널 때 바로(사탄)의 종노릇하던 성도들의 옛 사람은 바다에 빠져 죽었으며, 홍해 저 편으로 나온 이스라엘 백성들은 예수님의 은혜로 거듭난, 다시 태어난 사람들이라는 뜻이다.

그러므로 이제 우리는 이미 구원받은 백성임을 명심하고 아직도 우리 안에 남아 있는 죄의 잔재들을 어린양의 피로 깨끗이 씻어내는 성화의 삶을 경주해야 한다. 하나님은 이런 목적을 위해 이스라엘(성도)을 가나안 땅(천국)에 이르는 빠른 길로 인도하시지 않고 광야(인생)에서 40년간 생활하게 하시는 것이기 때문이다.

그러기에 이 사실을 아는 우리는, 홍해가 앞을 막고 있는 것 같은 상황에 처하거나 척박한 광야를 걷고 있더라도, 우리를 구원하시고 지금도 구름기둥과 불기둥으로 인도하고 계신 하나님만 믿고 의지하며, 내 안에 남아 있는 죄의 잔재들을 깨끗이 씻어내는 성화의 삶을 살아내야 한다.

> "그러므로 나의 사랑하는 자들아 너희가 나 있을 때뿐 아니라 더욱 지금 나 없을 때에도 항상 복종하여 두렵고 떨림으로 너희 구원을 이루라" (빌 2:12)

출애굽기
15장

여호와를 찬송하라

… 내가 여호와를 찬송하리니 그는 높고 영화로우심이요 말과 그 탄 자를 바다에 던지셨음이로다(15:1)

여호와 하나님의 은혜와 큰 권능으로 이스라엘 백성들은 홍해를 마른 땅같이 건넌 반면, 애굽 군대는 깊은 바다 물에 수장되고 만다. 드디어 지긋지긋한 애굽에서의 종노릇이 끝난 것이다. 그러자 이스라엘 백성들은 함께 여호와께 찬송을 올려 드린다. "내가 여호와를 찬송하리니…" 방금 건너온 홍해 바다를 바라보며 이 노래를 불렀던 이스라엘 백성들의 마음은 얼마나 감격스러웠을까? 여호와의 크신 능력에 전율하며, 감격과 기쁨에 겨워 서로 부둥켜안고 울면서 노래했을 것이다.

한편 이를 직접 경험하지는 못했지만 우리 역시 성경을 통해 당시의 사건들을 경험하고 있으며, 또 그들처럼 하나님의 은혜로 출애굽한 백성들이다. 그렇다면 지금 우리도 이스라엘 백성들이 부른 그 노래를 부르며 그들과 같은 감격과 감사를 하고 있는가? 또한 크신 권능의 하나님께서 우리 구원을 위해 지금도 쉬지 않고 일하심을 믿는가? 그 사실을 인정한다면 우리도 이들처럼 하나님을 찬양해야 되는데, 어떻게 할 것인가? 헌금을 많이 해야 할까? 모든 천지가 다 하나님 것인데, 누구 것을 하나님께 드린다는 말인가? 그러면 주님이 거하실 큰 예배당을 지어드릴까? 온 천하보다 크신 하나님께서 어떻게 인간이 만든 건물에 거하시겠는가? 아름다운 노래와 찬양을 올려드릴까? 그 목소리와 재능을 주신 분이 하나님이신데, 그게 그분께 무슨 감동이 되겠는가?

그렇다면 과연 어떻게 하는 것이 주님을 찬양하는 것일까? 그것은 바로 하나님이 우리 구세주이심을, 우리 아버지이심을 인정해 드리는 것이다. 지친 몸으로 귀가 하더라도 "아빠" 하며 달려 나와 품에 안기는 자녀를 보면, 부모의 가슴이 뜨거워지고 다시 열심히 살아갈 이유가 생기는 것처럼 하나님은 전지전능하시기에 우리가 해드릴 것은 아무것도 없지만, 그분은 그저 우리가 '아빠'라고 불러주길 기대하고 계신다. 오직 그 한 가지 목적을 위해, 그분은 오늘도 쉬지 않고 역사를 운행하고 계신 것이다.

한편 작금의 혼란스러운 국내 사태를 보면서, '한국 사람들과 한국 교회가 너무 배가 불러서 하나님을 하나님으로 대접해 드리지 못했구나. 이 모든 풍요가 하나님 은혜인데, 마치 우리 힘으로 이룬 것인 양 교만했구나' 하는 생각을 하게 된다. 또 하나님은 "나만을 사랑하라" 하셨는데, 우리는 하나님이 아니라 하나님이 주시는 것에만 관심이 있었다는 생각이 든다. 하나님이 아닌 다른 것을 찾는 것이 죄요 우상숭배인데, 우리가 그 엄청난 죄를 지었기에 지금의 혼란이 왔다는 생각이 든다는 뜻이다. 그렇다. 맛있고 신선한 샘물을 칭찬하는 방법은 그 샘물을 한 바가지 떠 마시고 나서, "야, 물 맛 끝내주네" 하고 알아주는 것이다. 하나님을 높이는 방법도 마찬가진데, 하나님의 능력을 이용해 세상 것을 소유하려 하는 것이 아니라, 우리가 '하나님 그분을 즐길 때' 하나님은 가장 기뻐하신다.

> "사람의 제일 되는 목적은 하나님을 영화롭게 하는 것과 그를 영원토록 즐거워하는 것입니다"(웨스터민스터 소요리문답 1번)

그러기에 우리 모두는, 하나님을 소유하려 하지 말고(그분을 이용해 내가 원하는 다른 것을 얻으려하지 말고) 그분이 하나님 되심과 우리 아버지이심을 인정하고 그분을 즐겨야 한다. 그것이 그분을 진정으로 찬양하는 방법이다. 그렇게 깨어 있는 그리스도인들 몇 명이라도 진정한 찬양을 드릴 때, 하나님께서는 결코 우리나라를 버리지 않으실 것이다.

구원의 하나님, 긍휼이 풍성하신 하나님을 찬양할지어다, 할렐루야!!!

출애굽기
16장

원망하지 말라

… 우리가 누구냐 너희의 원망은 우리를 향하여 함이 아니요 여호와를 향하여 함이로다(16:8)

여호와의 일방적인 은혜로 출애굽한 이스라엘은 클라이막스인 홍해 도하 사건을 경험했으며, 그들이 건너온 홍해 바닷가에서 구원의 하나님, 언약을 맺으시고 그 언약을 신실하게 지키시는 여호와 하나님을 다 함께 찬양했다.

그러나 사흘길 가는 동안 물이 없어 목이 마르자 즉시 모세를 대하여 원망하기 시작한다. 아니 홍해를 무 자르듯이 자르신 하나님께서 마실 물 하나 준비해 주지 못하시겠는가? 혹시 물을 주시지 않더라도 무슨 이유가 있을 것이며, 그렇다면 원망할 것이 아니라 필요를 아뢨어야 한다. 그러면, 애굽의 종노릇에서 해방시켜 주신 하나님께서 공급해 주시지 않겠는가? 그런데도 이들은 먼저 원망부터 했는데, 그것이 인간의 죄성이며, 이런 이스라엘의 모습이 바로 오늘날 우리의 모습이다. 받은 은혜는 까맣게 잊어버리고 앞에 닥친 문제에 대해서 금방 원망을 터뜨리는 참새 머리를 가진 자들!

> "네 하나님께서 이 사십 년 동안에 네게 광야 길(우리 인생)을 걷게 하신 것을 기억하라 이는 너를 낮추시고 너를 시험하사 네 마음이 어떠한지 그 명령을 지키는지 지키지 않는지 알려 하심이라" (신 8:2)

하나님께서는 물이 없음을 모르시거나 목마름을 해결할 능력이 없어서가 아니라, 이스라엘(성도)의 마음이 어떤지 시험하시려고 그들 앞에 마라의 쓴 물을 두신 것이다.

그리고 얼마 후 이번에는 양식이 떨어지자 이들은 또 다시 원망한다. 종노릇을 할망정 애굽에 있을 때는 고기와 부추를 먹었는데, 이제 굶어죽게 되었다는 것이다.

애굽(세상)에서 바로(사탄)의 종으로 살면서 잠시 배불리 먹다가 영원한 굶주림(지옥)을 당하겠는가, 아니면 광야 길이 좀 고달프고 맛없는 만나를 먹더라도 애굽에서 나와 풍요의 세상(천국)에서 영원히 배부르게 살겠는가? 삼척동자라도 어느 것이 더 좋은지 알 수 있을 텐데, 그걸 외면하는 사람들과 성도라 불리는 자들이 왜 그리 많을까!

그렇다. 하나님은 우리에게 필요한 것이 무엇인지를 아시고, 때에 맞춰 알맞게 공급해 주신다. 그러기에 우리가 부족하다고 느끼는 것은 우리 정욕/탐욕 때문이며, 성경은 그것을 우상숭배라 말하는데(골 3:5, 탐심은 우상 숭배니라), 하나님의 선하심과 완전하심을 믿지 못하고 스스로 주인이 되어(우상) 판단하기 때문이다. 그러므로 우리는 하나님께서 주시는 것으로 자족해야 하며, 그렇게 하는 것이 경건에 도움이 된다(딤전 6:6). 죄인인 우리 인간들은 돈과 시간이 많으면, 반드시 엉뚱한 짓을 하게 되어 있다는 것을 우리 스스로 너무나 잘 알고 있지 않는가?

이렇게 여러 문제 앞에서 마땅히 하나님의 선하심과 인자하심을 믿어야 하지만, 앞에서 보았듯이 이 시험을 통과할 인간은 하나도 없다. 아담의 자손 중에는 '의인은 없나니 하나도 없기 때문'이다(롬 3:10). 그러기에 예수님이 죄인의 몸으로 이 땅에 오셔서 우리 대신 죽으실 수밖에 없었던 것이다. 그리고 그렇게 '예수께서 우리 대신 죽으셨으며, 예수를 죽인 자가 바로 나'라는 것을 인정하고 그분을 믿는 사람들이 진정한 그리스도인들이다.

그러므로 어떤 힘들고 어려운 상황 속에서라도 우리는 결코 하나님을 원망해서는 안 되며, 그 속에서도 항상 기뻐하며 쉬지 말고 기도하며, 범사에 감사해야 한다. 전능하신 하나님이 우리 아버지이시며, 광야 같은 인생길을 걷고 있는 우리와 지금도 동행하시며 우리를 돌보고 계시기 때문이다. 그렇게 말씀에 순종하며 그분과 동행하는 삶을 살다보면, 우리는 이제 곧 가나안 땅(새 하늘과 새 땅)에 도착해 삼위일체 하나님과 함께 영원한 풍요와 복락을 누리게 될 것이다. 할렐루야!

출애굽기 17장

반석을 쳐라

내가 호렙 산에 있는 그 반석 위 거기서 네 앞에 서리니 너는 그 반석을 치라 그것에서 물이 나오리니 백성이 마시리라 모세가 이스라엘 장로들의 목전에서 그대로 행하니라(17:6)

마라에서처럼 이스라엘 백성들은 마실 물 때문에 또 다시 하나님을 원망한다. 신 광야에서 식량이 부족할 때 기적적으로 만나와 메추라기를 주셨는데, 그런 사실은 까맣게 잊어버리고 다시 소송하듯 원망하고 있는 것이다. 그런데 문제는 이것이 바로 오늘날 우리의 모습이라는 것이다. 그러자 하나님은 "너는 반석을 치라. 그것에서 물을 내리라" 말씀하신다(17:6). 생명을 유지하는 데 꼭 필요한 물을 반석을 침으로써 마시게 하시겠다는 뜻인데, 성경에서 '반석'은 이스라엘 백성의 보호자이신 여호와를 가리키며(신 32:4, 시 18:2), 특히 신약에서는 예수 그리스도를 의미한다.

> "다 같은 신령한 음료를 마셨으니 이는 그들을 따르는 신령한 반석으로부터 마셨으매 그 반석은 곧 그리스도시라" (고전 10:4)

또한 예수님은 '나는 생수'라 하시고(요 7:38), 실제로 십자가에 달려 성도들을 위해 물과 피를 흘려주셨다. 우리는 그 물과 피를 마시고 사망에서 살아났으며 지금도 마셔야 살아갈 수 있는데, 그 물은 곧 말씀과 성령을 의미한다. 그러기에 우리는 매일 말씀을 읽고, 기도하는 일에 열심을 내야 하는 것이다.

그렇게 르비딤에 도착한 이스라엘은 아말렉에게 공격을 당하는데, 이때 모세는 '하나님의 지팡이'를 손에 잡고 산에 올라간다. 그리고 모세가 손을 들면 이스라엘이 이기고 내리면 패하게 되는데, 아론과 훌이 곁에서 모세의 피곤한 손을 붙들어 준다. 이 모습을 보며 흔히들 기도를 하면 승리한다고 해석하는데, 정확한 의미는 '하나님만 전적으로 의지할 때' 승리할 수 있다는 뜻이다. 왜냐하면 하나님의 능력을 상징하는 깃발(여호와 닛시)을 들듯이 모세가 지팡이를 높이 들었을 때 승리했기 때문이다. 한편 아론과 훌이 모세의 손이 내려올 때 양쪽에서 받쳐주었다는 것은 '협력의 위력'을 보여주는 것으로 성도들이 모이기를 힘쓰며, 함께 기도해야 하는 이유이다.

한편 모세가 치켜든 지팡이를 보고 이스라엘 병사들이 힘을 얻어 승리했으며 장대에 높이 들린 놋뱀을 보고 불뱀에 물린 자들이 살아났듯이, 오늘날에도 십자가에 높이 달린 예수 그리스도를 바라보고 믿는 사람은 생명을 얻는다.

> "모세가 광야에서 뱀을 든 것같이 인자(예수)도 들려야 하리니 이는 그를 믿는 자마다 영생을 얻게 하려 하심이니라" (요 3:14, 15)

그렇다. 오늘도 이 혼란스럽고 메마른 세상 속에서 십자가에 달린 예수 그리스도만 바라보고, 구원의 반석이신 그분에게서 나오는 물을 마시는 것만이 우리가 살 길이다.

> "예수께서 이르시되 나는 부활이요 생명이니 나를 믿는 자는 죽어도 살겠고 무릇 살아서 나를 믿는 자는 영원히 죽지 아니하리니" (요 11:25, 26)

출애굽기
18장

하나님을 두려워하며

이제 내가 알았도다 여호와는 모든 신보다 크시므로 이스라엘에게 교만하게 행하는 그들을 이기셨도다 하고(18:11)

호렙산에 도착한 직후 장인 이드로가 모세의 아내와 두 아들을 데리고 찾아온다. 아마도 할례 문제로 인해 모세가 죽을 뻔한 사건이 발생한 후 친정으로 돌아갔다가, 이스라엘이 호렙산에 자리 잡았다는 소식을 듣고 찾아온 것으로 보인다.

한편 두 아들의 이름 속에서 모세의 삶과 믿음을 볼 수 있는데, 특히 둘째 아들 엘리에셀의 뜻은 '내 아버지의 하나님이 나를 도우사 바로의 칼에서 구원하셨다'는 뜻으로, 장차 이스라엘 백성들 역시 하나님의 은혜로 출애굽할 것을 미리 보여준 것이었다. 그러므로 우리는 모세의 하나님께서 우리 성도들 또한 애굽(죄악된 세상)에서 건져 반드시 가나안 땅(천국)으로 인도하실 것을 믿어야 한다.

모세에게 그동안 여호와께서 행하신 일에 대해 들은 장인 이드로는 이방인으로서는 처음으로 여호와를 찬양하였으며, 또 '여호와께서 모든 신보다 크신 분임'을 고백한다. 여호와에 대해 들은 사람에게서 마땅히 나와야할 고백이 이드로에게서 나온 것이다.

> "믿음은 들음에서 나며 들음은 그리스도의 말씀으로 말미암았느니라" (롬 10:17)

그러기에 우리는 결과를 전적으로 하나님께 맡기고, 우리 입술과 삶을 통해 끊임없이 예수 그리스도를 전파해야 하는 것이다.

한편 재판하는 일로 극도로 지친 모세와 백성들을 본 이드로는 합당한 지도 자들을 세우도록 권하고, 모세는 그 충고를 받아들임으로 일을 지혜롭게 처리하게 된다. 인간의 능력에는 한계가 있기에 우리는 반드시 협력해야 하는 것이다(롬 12:4~8). 이드로는 지도자의 덕목으로 '능력 있는 사람들 곧 하나님을 두려워하며 진실하며 불의한 이익을 미워하는 자'(21절)를 제시하고 있는데, 이는 신약 성경의 기준이기도 하다.

> "이와 같이 집사들도 정중하고 일구이언을 하지 아니하고 술에 인박히지 아니하고 더러운 이를 탐하지 아니하고 깨끗한 양심에 믿음의 비밀을 가진 자라야 할지니" (딤전 3:8, 9)

지금도 세상에서는 어둠과 비진리 그리고 불의가 판을 치고 있으며, 이 세상에는 소망이 없다. 그러기에 새 하늘과 새 땅이 하늘로부터 내려올 수밖에 없는 것이다(계 21:2). 그러나 이런 가운데서도 성도들은 누구를 탓하기 전에 먼저 자신을 돌아보고 위와 같은 사람이 되게 해달라고 기도하며, 그 길을 가야 한다.

물론 우리 힘으로 완전한 세상을 만들 수는 없다. 그러나 그럼에도 불구하고 하나님은 우리 그리스도인들이 먼저 변화되어 그런 거룩한 삶을 살기를 바라신다. 그리고 그 과정에서 우리는 은혜로 변화될 것이며, 반드시 주님의 거룩한 신부가 될 것이다.

> "또 내가 보매 거룩한 성 새 예루살렘이 하나님께로부터 하늘에서 내려오니 그 준비한 것이 신부가 남편을 위하여 단장한 것 같더라" (계 21:2)

출애굽기
19장

제사장 나라가 되며

세계가 다 내게 속하였나니 너희가 내 말을 잘 듣고 내 언약을 지키면 너희는 모든 민족 중에서 내 소유가 되겠고 너희가 내게 대하여 제사장 나라가 되며 거룩한 백성이 되리라 너는 이 말을 이스라엘 자손에게 전할지니라(19:5, 6)

드디어 이스라엘 백성은 하나님이 떨기나무 불꽃 가운데 모세에게 나타나셨던 호렙산에 도착해 진을 친다. 하나님 나라의 3요소 중 백성은 이스라엘 백성이며 땅(가나안 땅)은 이제 곧 주어질 것인바, 주권에 해당하는 '법'을 주시기 위함이다. 법을 주시기 전에 먼저 하나님은, "내가 애굽 사람에게 어떻게 하셨는가와 이스라엘을 어떻게 독수리 날개로 업어 인도했는가를 기억하라" 명령하신다. 출애굽과 관련하여 이스라엘 백성이 한 것은 아무것도 없으며, 독수리 날개로 표현된 성령께서 친히 이끌어내셨다는 뜻이다. 성도들이 사탄(바로)에게서 해방된 것은 전적인 하나님의 은혜라는 사실을 항상 기억하라는 말씀인 것이다.

계속해서 하나님은 "내가 너희에게 줄 말씀을 잘 듣고 지키면 제사장 나라로 삼겠다" 약속하신다. 시내산 언약 곧 율법은 하나님과 이스라엘이 서로 지켜야할 '쌍무 계약'으로서 이스라엘이 그 법을 지키면 제사장을 삼으시겠다는 뜻이다. 그런데 십계명으로 대표되는 그 율법을 이스라엘 백성들이 완전히 지켰는가? 지키겠다고 그리고 지켰다고 말은 하지만, 실제로 지킨 자는 하나도 없다. 인간이 어떻게 하나님과 맺은 계약을 완전하게 지킬 수 있겠는가?

그런데도 사도 베드로는 우리를 왕 같은 제사장이라 부른다.

> "너희는 택하신 족속이요 왕 같은 제사장들이요 거룩한 나라요 그의 소유된 백성이니" (벧전 2:9)

이 말은 곧 우리가 이미 제사장이 되었다는 뜻인데, 그 이유는 예수님께서 율법의 요구를 십자가에서 다 이루시고, 그 의를 예수를 믿는 그리스도인들에게 전가해 주셨기 때문이다. 그리고 이렇게 이미 은혜로 제사장이 되었기에, 우리에게는 거룩한 제사장의 삶을 살아야 할 의무가 있다. 예수 그리스도야말로 참 제사장으로서의 삶을 사셨는데, 우리 또한 그분이 가신 그 길을 가야만 하는 것이다.

한편 제사장의 의무는 제물을 드려 하나님과 백성 사이를 화목케 하는 일인데, 예수님께서 자신을 흠 없는 제물로 드리심으로 그 일을 '단번에'(once for all) 다 이루셨다. 나아가 예수님의 은혜로 하나님과 화목케 된 성도들은 예수님이 가신 그 길을 반드시 가야 하는데, 그 길은 곧 다른 사람을 위하여 제물이 되는 길이다.

> "내가 하나님의 모든 자비하심으로 너희를 권하노니 너희 몸을 하나님이 기뻐하시는 거룩한 산 제물로 드리라" (롬 12:1)

그렇다. 그리스도인이란 하나님을 이용해 이 세상에서 내 뜻과 내 계획을 이루는 것이 아니라, 내 몸(내 전 인격)을 제물로 드려 다른 사람들을 살리는 사람들이다. 그런데 그렇게 세상에 대하여 죽은 사람, 세상의 힘의 원리와 반대로 사는 사람만이 하나님께 대하여 산 사람이며, 이런 삶을 산 사람만 장차 하나님 나라에서 하나님과 함께 영원히 살게 될 것이다.

> "그가 죽으심은 죄에 대하여 단번에 죽으심이요 그가 살아 계심은 하나님께 대하여 살아 계심이니 이와 같이 너희도 너희 자신을 죄에 대하여는 죽은 자요 그리스도 예수 안에서 하나님께 대하여는 살아 있는 자로 여길지어다" (롬 6:10, 11)

출애굽기 20장

십계명

모세가 백성에게 이르되 두려워하지 말라 하나님이 임하심은 너희를 시험하고 너희로 경외하여 범죄하지 않게 하려 하심이니라(20:20)

위 본문은, 하나님께서 이스라엘에게 십계명을 주시고 우레와 번개와 소리와 산의 연기로 하나님의 임재를 보여주시자 두려워 떠는 백성들에게 모세가 한 말이다.

그렇다. 하나님은 온 세상을 물로 진멸하신(노아의 홍수), 그리고 장차 있을 불 심판을 예고하신 두렵고 떨리는 분이다. 흔히들 '하나님은 사랑'이라는 말에 속아 하나님을 모든 것을 무조건 받아주시는 유약한 분으로 알고 있지만, 하나님의 사랑은 공의에 바탕을 둔 사랑이지 결코 맹목적인 사랑이 아니다. 그 공의가 얼마나 무서운지 하나님의 아들 예수를 죽이지 않고는 그 공의가 결코 만족될 수 없었던 것이다. 그러므로 성도들은 하나님의 무한한 사랑에 감사하되 여전히 그분을 경외해야만 한다.

한편 하나님의 공의를 보여주는 대표가 십계명이라 볼 때, 우리는 오늘날도 십계명을 반드시 지켜야 한다. 구약의 하나님이 신약의 하나님과 동일한 분이시며, 그분의 말씀은 영원히 진리이기 때문이다.

칼빈(칼뱅)은 십계명을 주신 목적을 1) 인간 사회의 질서와 안녕을 유지하고 보존하며 2) 우리 죄를 드러내는 거울의 역할을 함으로써 예수 그리스도 안에 있는 구원을 추구하게 하며 3) 하나님에 의해 구원받은 교회의 삶의 원리로 주어졌다고 주장했다. 한 마디로 십계명은 구원 공동체인 교회를 위한 '하나님의 처방전'으로서 지금도 마땅히 지켜져야 하며, 그러기에 하이델베르그 요리문답과 웨스터민스터 소요리문답과 같은 개혁교회 교리집에 주요한 부분으로 포함되어 있다.

하나님께서는 출애굽의 목적을 정확히 말씀하셨다. "네가 그 백성을 애굽에서 인도하여 낸 후에 너희가 이 산(호렙산)에서 하나님을 섬기리니 이것이 내가 너를 보낸 증거니라" (출 3:12). 이스라엘(교회)을 출애굽시키신 목적은 하나님을 예배토록 하기위한 것인데, 예배란 예배당에 모여 드리는 공예배뿐만 아니라 성도들 삶의 전부가 예배다. 십계명으로 대표되는 모든 율법은 하나님 나라의 삶의 원리이며, 그러기에 하나님 나라 백성인 성도들은 마땅히 그 법을 지키며 살아야 하는 것이다(시편 1, 119편).

> "복 있는 사람은 … 오직 여호와의 율법을 즐거워하여 그의 율법을 주야로 묵상하는도다" (시 1:1, 2)

어떤 사람은 그런 성도의 삶을 누가복음 15장 33절로 표현하기도 한다. 탕자가 아버지 집에 돌아온 이후 어떻게 살았을까? 용서의 감격을 간직한 채 아버지 말씀(율법)을 지키며(하나님 사랑), 형님과 화해하고 동네 사람들과 소원했던 관계를 회복하고(이웃 사랑) 살지 않았겠는가?

문제는 죄인인 우리 힘으로는 그 모든 법을 다 지킬 수 없다는 것이다. 그러나 걱정할 필요가 없다. 우리의 연약함을 아시는 예수님께서 친히 모든 율법을 다 지키시고, 성도들에게 "네가 다 지켰다" 고 전가해 주셨기 때문이다.
그러나 그럼에도 불구하고 우리는 그 모든 율법을 지키려 노력해야 한다. 그렇게 지키려 노력하면 할수록 더 지킬 수 없음을 깨닫게 되며, 그 결과 더 예수 그리스도의 은혜를 깊이 깨닫고 그분을 더욱 믿고 의지하게 되기 때문이다. 그런 의미에서 성경은 율법을 우리를 예수 그리스도라는 복음으로 인도하는 초등교사라 부른다(갈 3:24). 그러기에 우리는 오늘도 오직 하나님의 은혜로 출애굽한 백성으로서 복음 안에서 '율법을 자발적으로 지키는 자유' 를 누려야 한다.

> "그러므로 예수께서 이르시되 너희가 내 말에 거하면 참으로 내 제자가 되고 진리를 알지니 진리가 너희를 자유롭게 하리라" (요 8:31, 32)

출애굽기 21장

스스로 종이 되신 예수

만일 종이 분명히 말하기를 내가 상전과 내 처자를 사랑하니 나가서 자유인이 되지 않겠노라 하면 … 또 그를 문이나 문설주 앞으로 데리고 가서 그것에다가 송곳으로 그의 귀를 뚫을 것이라 그는 종신토록 그 상전을 섬기리라(21:5, 6)

사람 중에 평생토록 남의 종으로 살겠다는 사람은 하나도 없다. 그러기에 유사 이래 수많은 사람들이 "자유가 아니면 죽음을 달라"고 외쳐왔으며, 심지어 젖먹이까지도 조금 움직이기 시작하면 모든 것을 제 마음대로 하려 하고, 제 마음대로 안 되면 소리쳐 우는 것이다.

그러나 실은 남에게 전적으로 의지하며 살 때(종으로 살 때)가 가장 좋은 상태이다. 어린애가 가장 행복할 때가 언제일까? 온전히 어미의 품 안에서 어미가 해주는 대로 누리고 있을 때다. 어미는 아이의 필요를 가장 잘 알 뿐 아니라 즉각 즉각 아기의 필요를 채워줄 수 있기 때문이다. 연약한 인간의 어미가 이 정도일진대, 만약 돌보시는 분(상전)이 완전하신 하나님일 때는 더 말할 필요가 없을 것이다.

그런데 이런 인간들과는 달리 자기 자유를 완전히 포기하고 영원히 종으로 살기로 결단하신 분이 계셨으니, 바로 예수님이시다.

> "그는 근본 하나님의 본체시나 하나님과 동등됨을 취할 것으로 여기지 아니하시고 오히려 자기를 비워 '종의 형체를 가지사' 사람들과 같이 되셨고"(빌 2:6, 7)

예수님은 하나님의 본체이시지만, 자기 신부인 교회(성도들)를 사랑하시기에 종의 형체로 이 땅에 오셔서 십자가에 달려 죽으셨으며, 지금도 사람의 모양을 입고 하나님 우편에 앉아 계신다. 그러므로 이제 이런 은혜를 입은 자들인 성도들도 주님의 종으로 낮아져서 그분께 충성하며, 다른 영혼들을 위해

종이 되어 섬겨야만 하는 것이다.

한편 성경은, 사람을 목적이 아닌 수단으로 생각하는 유물론적 사고방식이 지배하고 있는 이 세상에서 생명의 존엄성을 강조하고 있다. 그렇다면 왜 우리는 생명 특히 사람의 생명을 귀하게 여겨야 하는가? 가장 큰 이유는, 오직 사람만이 하나님의 형상으로 지음 받았기 때문인데, 여기서 하나님의 형상이란 외모가 같다는 뜻이 아니라 하나님의 영을 가진 존재라는 뜻이다.

> "여호와 하나님이 땅의 흙으로 사람을 지으시고 생기를 그 코에 불어넣으시니 사람이 생령이 된지라" (창 2:7)

사람은 흙으로 만들어졌는데, 거기에 생기(루아흐=성령)가 불어넣어졌을 때 비로소 사람다운 사람 즉 생령이 되었다는 것이다. 그러므로 엄밀한 의미에서 성령을 받지 못한 사람, 예수를 믿지 않는 자는 사람이 아니며, 그저 흙으로 만들어진 어떤 존재일 뿐이다.

그러나 인간은 누가 정말 성령을 받은 자인지 알 수 없으며, 오직 영이신 하나님만 아신다. 그러기에 우리는 결코 '나는 하나님의 백성'이라고 스스로 자만할 수 없으며, 끊임없이 자신을 성경에 비추어 보며 하나님 자녀답게 살도록 힘써야 한다. 동시에 아직 예수를 모르는 자들에게 복음을 전해야 한다. 왜냐하면 하나님은 전도의 미련한 것으로 우리 이웃들을 구원하시고 또 영원한 생명을 주시기로 결정하셨기 때문이다.

> "예수 그리스도의 종 바울은 사도로 부르심을 받아 하나님의 복음을 위하여 택정함을 입었으니" (롬 1:1)

출애굽기
22장

진정한 구제

너희는 내게 거룩한 사람이 될지니 …(22:31)

십계명을 헌법과 같은 일반 규정이라고 치면, 출애굽기 21장 이하에 나오는 법은 자세한 사례를 규정한 사례법으로서 성경은 이를 '언약서'라고 부르고 있다(24:7). 여기서 우리는 공평하신 하나님 그리고 우리 삶의 세밀한 부분까지도 살피시는 하나님을 알 수 있는데, 하나님께서 죄 자체도 문제지만 죄의 질, 특히 고의성 여부를 보시며, 고의성이 있는 경우에는 더 강하게 처벌하심으로 마음의 중요성을 강조하고 계심을 알 수 있다. 이런 정신은 신약에도 동일하게 나타나고 있다.

"여자를 보고 음욕을 품는 자마다 마음에 이미 간음하였느니라" (마 5:28)

"그 형제를 미워하는 자마다 살인하는 자니" (요일 3:15)

그러기에 우리는 양피(陽皮)가 아니라 마음에 할례를 받아야 하는 것이다.

"너희는 마음의 가죽을 베고 나 여호와께 속하라" (렘 4:4)

특히 18, 19, 20절에서는 하나님 앞에서의 거룩하고 순결한 삶을 재삼 강조하고 있는데, 그 이유는 수간(짐승과의 행음)은 창조 질서를 위반하는 범죄이며, 또한 모든 우상숭배는 남편이신 하나님을 배반하고 다른 남자와 간음한 무서운 죄이기 때문이다(호세아 서).

한편 21절 이하에서는 나그네, 과부 그리고 고아와 같은 약자에 대한 하나님의 각별한 배려와 보살핌이 눈에 띄는데, 이들은 이웃의 도움이 없이는 살아갈 수 없는 연약한 자들이기 때문이며, 그런 의미에서 오늘날에도 성도들은 이런 약자들을 잘 돌봐야 한다. 그리고 이런 약자들은 우리 성도들을 상징하고 있는데, 그 이유는 성도들이야말로 이 세상에서 하나님의 도움 없이는 한시도 살아갈 수 없는 연약한 자들이기 때문이다. 한 마디로 성도들은 본향인 천국을 떠나 잠시 이 세상에서 나그네 삶을 사는 자들이며, 진정한 남편이신 예수님을 떠난 과부요 진정한 아버지이신 하나님 아버지 없이 살아가는 고아들인 것이다.

이런 측면에서 우리는 이들을 도와야 하는데, 실제적으로 당장 필요한 것들을 도와줄뿐 아니라, 근본적으로 그들의 남편과 아버지 되시는 예수 그리스도를 전해야 한다. 왜냐하면 그렇게 복음을 전하는 것이 진정한 구제이기 때문이다.

그렇다. 지금 우리에게 있는 모든 것들(시간, 건강, 재물 등)은 물론이고 심지어 복음까지도 하나님께서 이 일을 하도록 우리에게 맡기신 것이지 결코 우리 것이 아니다. 그러기에 우리는 오늘도 하나님이 두신 삶의 현장에서 하나님의 선한 청지기로서의 삶을 살아야 한다.

> "너희 소유를 팔아 구제하여 낡아지지 아니하는 배낭을 만들라 곧 하늘에 둔 바 다함이 없는 보물이니 거기는 도둑도 가까이 하는 일이 없고 좀도 먹는 일이 없느니라" (눅 12:33)

오직 은혜 오직 순종

내가 사자를 네 앞서 보내어 길에서 너를 보호하여 너를 내가 예비한 곳에 이르게 하리니 너희는 삼가 그의 목소리를 청종하고 그를 노엽게 하지 말라 그가 너희의 허물을 용서하지 아니할 것은 내 이름이 그에게 있음이니라(23:20, 21)

먼저 공정한 심판에 대해 말씀하시는데, 마지막 날에 우리 모두는 두려운 하나님의 심판대 앞에 서게 될 것이기 때문이다.

> "이는 우리가 다 반드시 그리스도의 심판대 앞에 드러나 각각 선악 간에 그 몸으로 행한 것을 따라 받으려 함이라" (고후 5:10)

그러므로 우리는 가급적 타인을 판단하지 말아야 하며, 그들이 잘못된 것에 대한 책임이 나에게도 있음을 인정하고, 그들을 말씀에 순종하는 자로 만들기 위해 눈물로 기도하며 도와야 한다.

계속해서 절기와 안식년에 대해 말씀하시는데, 안식은 단순히 쉼을 의미하는 것이 아니라 우리 인생의 주인이 하나님이심을 인정하고 그분을 예배하라는 뜻으로 명령하신 것이다. 실제로 인간이 여섯 째 날에 창조된 후 가장 먼저 한 일은 일곱 째 날에 안식하는 것이었다. 왜냐하면 하나님 나라는 이미 이루어져 있으며(요 19:30 다 이루었다), 하나님이 우리 인생의 주인이시기에 그분께 우리 삶의 전부를 맡기는 것이 참 안식이며, 장차 하나님 나라에서 우리가 누리게 될 삶이기 때문이다.

이스라엘 백성이 반드시 지켜야 할 세 절기는 무교절(유월절), 맥추절 (오순절), 수장절인데, 절기를 지킴으로써 우리가 하나님의 은혜로 구원받았으며, 지금도 은혜로 살고 있으며, 앞으로도 은혜로 살게 될 것임을 잊지 말라는 뜻이다. 한편 신약시대에는 그 절기가 예수 그리스도 안에서 이미 다 이루어졌기 때문에 굳이 지키지 않아도 되지만, 절기의 진정한 의미는 반드시 기억해야 한다.

그리고 21장부터 23장까지의 시민법의 결론으로 '너희는 삼가 그 목소리를 청종하라' 말씀하신다. 하나님 말씀에 순종할 때 사자(Angel=예수)를 보내 직접 싸워주시고 가나안 땅과 축복을 허락하시겠다는 것이다. 그리고 실제로 예수를 예표하는 여호수아의 인도 하에 이스라엘 백성들은 가나안 땅에 들어갔다.

그러나 사실 그들은 말씀에 순종하는 데 실패했다. 그렇지만 예수님께서 하나님께 100% 순종하시고 그것을 그들에게 전가해 주심으로 그들이 가나안 땅에 들어갈 수 있었던 것이다.

그렇지만 예수님께서 다 순종하셨다고 우리가 순종하지 않아도 된다는 뜻은 아니며, 오히려 예수님의 은혜로 이미 순종한 자로 인정되었기에 우리 성도들은 더 그 신분에 맞게 열심히 순종하며 살아야 하는 것이다.

> "순종이 제사보다 낫고 듣는 것이 숫양의 기름보다 나으니" (삼상 15:22)

출애굽기 24장

피의 언약

모세가 그 피를 가지고 백성에게 뿌리며 이르되 이는 여호와께서 이 모든 말씀에 대하여 너희와 세우신 언약의 피니라(24:8)

십계명은 하나님께서 모든 백성에게 직접 선포하셨고, 21~23장의 율례는 모세를 통하여 백성에게 전하셨는데, 그 이유는 우레와 번개와 나팔소리와 산의 연기로 나타난 하나님의 임재에 죽을까 두려움을 느낀 백성들의 요청 때문이었다.

그런데 오늘날 우리에게도 이런 하나님께 대한 경외함이 필요하다. 만약 모든 사람이, 살아계신 하나님이 지금도 불꽃같은 눈동자로 바라보고 계시며, 마지막 때에 우리의 모든 행위 하나 하나를 심판하신다는 사실을 안다면, 지금처럼 이렇게 악하고 무질서하게 자신의 이익만을 추구하는 밀림과 같은 세상이 되지는 않았을 것이기 때문이다.

> "한번 죽는 것은 사람에게 정해진 것이요 그 후에는 심판이 있으리니" (히 9:27)

그리고 지금까지 주신 십계명과 율례를 가지고 하나님과 이스라엘 백성들 간에 첫 언약을 맺는데, 그 언약식에는 피가 빠질 수가 없다. 홍수 후에 노아가 하나님께 제사를 드릴 때도 정결한 제물의 피가 있었으며(창 8:20), 하나님께서 아브라함과 언약을 맺으실 때도 피가 뿌려졌다(창 15:17). 왜냐하면 피가 없이는 죄를 정결케 할 수 없으며(히 9:22), 동시에 계약을 위반한 당사자는 죽임을 당한다는 선포이기 때문이다.

그러기에 하나님과 이스라엘의 언약식에도 피가 뿌려지는데, 제물의 피의 반은 제단에 뿌려지고, 나머지 반은 "여호와의 모든 말씀을 우리가 준행하리이다" 약속한 백성에게 뿌려졌다. 이 때 뿌려진 피는 소의 피였지만 장차 십자가에서 흘려질 어린양 예수의 피를 의미한다. 그리고 그 피를 뿌린 결과 이스라엘을 대표하는 모세와 장로 70인이 시내산에 올라가 하나님을 보고 먹고 마실 수 있었는데, 이는 장차 예수 그리스도의 피로 말미암아 성도들이 하나님 앞에 나아갈 수 있게 될 것임을 예표한 것이다.

한편 예수님은 십자가에 달려 피 흘리기 전 최후의 만찬에서 이렇게 선포하셨다.

> "이 잔은 내 피로 세우는 새 언약이니 곧 너희를 위하여 붓는 것이라" (눅 22:20)

그리고 실제로 십자가에서 그 말씀을 이루셨으며, 그 은혜로 말미암아 죄인인 우리가 감히 그 엄위하신 하나님, 생명의 원천이신 하나님 앞에 나아갈 수 있게 되었다.

> "그러므로 형제들아 우리가 예수의 피를 힘입어 성소에 들어갈 담력을 얻었나니" (히 10:19)

그렇다. 우리 모두는 율법을 어겼고 또 지금도 어기고 있는 죄인들이며, 그러기에 언약에 의해 죽임을 당해야 마땅하다. 그런데 우리에게 내려질 그 모든 심판과 저주를 예수께서 대신 받으셨다. 그러므로 오늘도 우리는 그 십자가 은혜에 감사하며, 하나님 앞에 나아가 그분의 뜻을 묻고, 먼저 내 안에 있는 죄악 그리고 더 나아가 사회에 만연한 죄악과 싸워야 한다.

> "너희가 알거니와 너희 조상이 물려 준 헛된 행실에서 대속함을 받은 것은 은이나 금같이 없어질 것으로 된 것이 아니요 오직 흠 없고 점 없는 어린 양 같은 그리스도의 보배로운 피로 된 것이니라" (벧전 1:18, 19)

출애굽기
25장

우리 가운데 거하시는 주님

내가 그들 중에 거할 성소를 그들이 나를 위하여 짓되(25:8)

성경에서 가장 중요하지만 가장 읽혀지지 않는 부분이 바로 성막에 관한 부분이다. 하나님께서는 천지 창조와 인간의 거주를 위해 땅을 준비하는 일에는 단지 2장(창 1, 2장)을 할애하셨지만, 성막에 대해서는 무려 10장을 쓰셨는데, 그만큼 중요하기 때문이 아니겠는가?

성막에는 최소 세 가지 의미가 있는데, 먼저 성막은

1. 하나님이 거하시는 천상의 장소에 대한 그림(illustration, 모형)이다.

> "그러므로 하늘에 있는 것들의 모형은 이런 것들로써 정결케 할 필요가 있었으나 하늘에 있는 그것들은 이런 것들보다 더 좋은 제물로 할지니라" (히 9:23)

2. 주 예수 그리스도의 모형으로, 특별히 이 땅에 계시는 동안의 주님을 나타낸다.

> "그 안에는(in Christ) 신성의 모든 충만이 육체로 거하시고" (골 2:9)

3. 교회 안에 계신 그리스도의 모형으로, 예수님과 모든 성도들 간의 교제를 상징한다. 하나님은 성막에서 자기 백성을 만나셨으며, 모든 제물과 희생 제물 속에서 자신을 분명히 드러내셨는데, 죄를 대하실 때에 의로우시나 죄인을 대할 때는 자비하셨음을 알 수 있다.

> "보라 하나님의 장막이 사람들과 함께 있으매 하나님이 그들과 함께 계시리니 그들은 하나님의 백성이 되고 하나님은 친히 그들과 함께 계셔서" (계 21:3)

출애굽기 24장에서 이스라엘과 언약을 맺으신 하나님은, "백성들 중에 거하실 성소를 지으라" 명령하신다.
그런데 성막에 쓰인 모든 것들은 하나님께서 친히 준비하신 것들이다. 출애굽 할 때 애굽사람들로 하여금 이스라엘 백성들이 구하는 것들을 원하는 대로 다 주게 하셔서 많은 물품을 가지고 나왔는데, 이제 그 물품들이 성막 건축에 쓰이고 있는 것이다. 또한 그 모든 물품들은 세계 각국의 특산물인데, 이로써 온 세계가 다 하나님의 소유임과 하나님을 위해 존재하는 것임을 알 수 있다. 그러나 하나님은 결코 이스라엘 백성들에게 억지로 강요하지 않으신다. 하나님은 모든 것에 풍족하시며, 예물과 함께 우리 마음을 받길 원하시기 때문이다.

> "내게 예물을 가져오라 하고 기쁜 마음으로 내는 자가 내게 바치는 모든 것을 너희는 받을지니라" (25:2)

이런 측면에서 요즘 헌금도 기쁜 마음으로 드려져야만 한다. 왜냐하면 그 헌금은 결국 성도들 자신을 위해 쓰이는 것들이기 때문이다. 엄밀한 의미에서 하나님께서 받으실만한 거룩한 헌금은 오직 예수 그리스도 한 분뿐인데, 이미 2000년 전에 십자가에서 드려졌기에 헌금은 결국 성도들이 이 땅에서 함께 모여 예배하고 믿음을 자라게 하는데 쓰이는 것일 뿐인 것이다.

> "각각 그 마음에 정한대로 할 것이요 인색함으로나 억지로 하지 말지니 하나님은 즐겨 내는 자를 사랑하시느니라" (고후 9:7)

우리는 성막을 통해 '말씀이 육신이 되어 우리 가운데 거하시는(tabernacled)' 예수 그리스도를 더 알아가야 한다. 왜냐하면 아는 만큼 그분을 더 사랑하게 되고, 그분을 사랑하면 할수록 참된 순종이 나오기 때문이다.

> "말씀이 육신이 되어 우리 가운데 거하시매 우리가 그의 영광을 보니 아버지의 독생자의 영광이요 은혜와 진리가 충만하더라" (요 1:14)

출애굽기
26장

성막의 덮개

너는 산에서 보인 양식대로 성막을 세울지니라(26:30)

성막은, 하나님이 지상에 거할 처소를 예비하시는 성육신하신 그리스도를 상징한다.

먼저 맨 안쪽에 있는 휘장(첫 번째 덮개)인 앙장을 보자. 앙장의 재료는 가늘게 꼰 베실로서 귀한 세마포를 말하는데, 곧 예수님의 거룩성을 의미한다. 이에 비해 우리 인간의 의는 더러운 옷과 같다(사 64:6). 그 세마포 위에 청색, 자색, 홍색실로 정교하게 그룹(최상위의 천사)을 수놓았는데, 청색은 하늘색으로 하늘에서 오신 주님을, 자색은 예수님의 왕권을, 홍색은 그리스도의 고난을 생생하게 보여주는 것이다. 그러나 이런 주님의 모습은 하나님을 믿고 가까이 나아가는 자, 곧 지성소에 들어가는 자만 볼 수 있다.

둘째 휘장은 염소 털로 만들었는데, 염소는 양과 함께 가장 많이 사용된 제물로 특히 속죄제때 드려졌으며, 죄인을 구원하시기 위해 하늘 보좌를 떠나 이 땅에서 버림받은 제물이 되신 그리스도의 모습이다.

세 번째 덮개는 붉은 물들인 숫양의 가죽으로 만들었는데, 이는 하나님께 완전히 헌신하신 대제사장 예수 그리스도께서 십자가에서 피 흘리신 모습이다. 마지막 덮개는 해달의 가죽으로 만들었는데, 이스라엘이 광야에 있을 때는 이 바깥 부분만 보였기 때문에, 성막의 내부는 모두 금이었지만 그 외모는 초라하기 짝이 없었다.

한편 이 땅에 오신 예수님의 모습도 마치 해달의 가죽처럼 초라했기에, 사람들은 "이 사람이 목수가 아니냐", "이 사람은 어디서 왔는지 알지 못하노라" 했다. 그런데 이런 그리스도의 모습은 이미 이사야에 의해 예언된 것이다(사

53:2).

물론 이런 초림 때와는 달리 예수님은 영광스러운 모습으로 재림하실 것이다. 그러나 그때까지 예수님의 모습은 여전히 해달 가죽의 모습으로 보일 것이며, 결코 기독교 영화에 나오는 멋있는 배우의 모습이나 미국 대통령의 권세를 가진 모습으로는 보이지 않을 것이다. 왜냐하면, 만약 예수님이 그런 모습으로 나타난다면, 많은 사람들이 그분의 외모나 힘을 보고 몰려들 것이기 때문이다.

그렇다. 기독교의 핵심은 십자가이다. 그러기에 성도들은 내가 죽어 남을 살려야 하며, 이 세상(광야)에서는 예수님처럼 해달 가죽의 모습으로 살아가야 한다. 만약 이와 반대로 누군가가 예수님을 이용해 부귀영화를 누리려 한다면, 그 사람은 자기 스스로 만든 '예수'라는 우상을 섬기는 것이며, 그런 사람은 그리스도인이라고 할 수 없다.

또한 성막의 덮개는 이 세상에 있는 교회의 모습이기도 하다. 교회는 겉으로 보기에 볼품없고 힘없는 기관이지만, 사실 그 안에는 만왕의 왕 예수님과 온 세계를 지으시고 다스리시는 창조주 하나님이 계시는 곳이기 때문이다.

더 나아가 덮개는 성도들의 모습이기도 한데, 겉으로는 매우 보잘것없고 연약해 보인다. 이 세상에서는 오른뺨을 치면 왼뺨을 대줘야하며, 심지어 속옷을 달라하면 겉옷까지도 벗어주는 삶을 살아야 하는 것이다. 그러나 성도들은 하나님께서 독생자 예수의 생명과 맞바꾼 귀한 존재들이며, 이미 영생을 받고 잠시 이 땅에서 살고 있는 엄청난 존재들이다.

그러기에 성도들은 그 안에 예수라는 보배를 가졌으나 겉모습은 투박한 질그릇 모습과 거무튀튀한 해달 가죽의 모습으로 살아가야 하며, 또한 예수님은 흥하고 나는 쇠하는 삶(요 3:30)을 살아가야 하는데, 그것이 진정한 승리의 삶이다.

출애굽기
27장

성막 재료들의 의미

너는 조각목으로 길이가 다섯 규빗, 너비가 다섯 규빗의 제단을 만들되 네모 반듯하게 하며 높이는 삼 규빗으로 하고(27:1)

성막을 만드는 재료에 담긴 의미는 다음과 같다.

먼저 조각목은 싯딤나무라고 하는데, 아카시아의 일종으로 아무 쓸모없고 볼품없는 나무다. 이 나무는 메마른 광야에서 잘 자라며 매우 길고 날카로운 가시를 가지고 있는데, 약품 제조용으로 쓰이는 아라비아고무를 채취하는 데 쓰인다고 한다. 주님은 이 나무의 가시처럼 가시 면류관을 쓰셨고, 그가 찔리심으로 피가 흘러나와 광야 같은 세상에서 고통당하는 영혼과 죄를 걸머진 영혼들을 위한 향유가 되셨다.
그러나 그 나무는 그냥 사용되는 경우는 없고 금이나 놋으로 싸서 법궤, 기둥, 번제단 등을 만들었다. 금은 예수님의 거룩한 본성을 예표하는 것으로 그 분은 죄가 없으신 분이며, 또 이 땅에서의 모습은 가장 비천하셨지만 빛 중의 빛이시며 왕중의 왕이심을 의미한다.

'놋'은 주석이라고도 부르는데 십자가를 의미하며, 저주와 승리의 의미가 복합되어 있다(신 28:22~24, 계 1:15). 이런 사실은 놋뱀 사건에서도 볼 수 있는데, 놋뱀(예수)을 바라본 사람은 살았지만 바라보지 않은 사람들은 죽임을 당했던 것이다. 한편 놋으로 싸여진 조각목은 절대로 타지 않았는데, 예수님의 십자가로 싸여진 사람은 결코 멸망당하지 않음을 상징한다.

또 세마포는 덮개와 울타리 그리고 제사장의 옷을 만드는 데 쓰였는데, 성결을 의미한다.

> "그(어린양의 신부=성도)에게 허락하사 빛나고 깨끗한 세마포를 입게 하셨은즉 이 세마포는 성도들의 옳은 행실이로다 하더라" (계 19:8)

성도들에게서는 당연히 옳은 행실이 나와야 한다. 그러나 이 세상에 완벽한 인간은 없기에 우리는 모든 율법을 완성하신 예수 그리스도를 믿어야 하는 것이며, 하나님께서는 예수를 믿는 자들을 옳은 행실을 한 자요 의로운 자라 인정해 주신다. 그러기에 성도들에게는 무엇보다 '믿음'이 중요하다.

번제단은 죄 사함을 받는 곳이다. 흠 없는 제물을 끌고 와 그 제물에게 안수하여 죄를 전가시킨 후, 그 제물을 죽여 번제단에서 불태움으로 죄 사함을 받았던 것이다. 그러나 어린양 예수께서 참 제물이 되어 십자가에서 죽으셨기 때문에, 그리스도인들은 더 이상 희생 제사를 드릴 필요가 없으며, 예수님의 피를 믿고 의지해 회개하기만 하면 된다.

한편 울타리 높이는 2.5M 가량 되기에 성막문을 통해 울타리(교회) 안으로 들어오지 않고는 성막(예수님)을 볼 수가 없었다. 울타리는 또 보호와 안전(시 91:10, 화가 네게 미치지 못하며 재앙이 네 장막에 가까이 오지 못하리니), 소유됨(사 43:1, 너는 두려워 말라 내가 너를 구속하였고 내가 너를 지명하여 불렀나니 너는 내 것이라), 공급하심, 구별 등을 의미한다.

끝으로 성막으로 들어가는 문은 동쪽에 오직 하나만 있었는데, 그 문은 곧 양의 문 되신 예수 그리스도를 의미한다. 즉 구원은 오직 예수 그리스도 한 분을 통해서만 얻을 수 있다는 뜻인데(행 4:12), 그 문은 넓고 문턱이 없어 누구나 들어갈 수 있으나 실제적으로는 찾는 이가 거의 없다.
그럼에도 불구하고 그리스도인들은 예수님의 일방적인 은혜로 성막문으로 끌려 들어갔음은 물론, 제사장으로서 언제든지 지성소까지 들어가 영광의 하나님을 만나 뵐 수 있는 하나님의 자녀가 되었다. 그런데도 그 엄청난 특권을 썩히고만 있겠는가?

> "그러므로 형제들아 우리가 예수의 피를 힘입어 성소에 들어갈 담력을 얻었나니 그 길은 우리를 위하여 휘장 가운데로 열어 놓으신 새로운 살 길이요 휘장은 곧 그의 육체니라" (히 10:19, 20)

출애굽기 28장

그리스도의 옷

네 형 아론을 위하여 거룩한 옷을 지어 영화롭고 아름답게 할지니(28:2)

성막이 하나님이신 예수 그리스도께서 자신을 인간에게 나타내시는 것이라면, 제사장의 옷은 그분이 완전한 인간으로서 하나님께 나아가심을 상징하는 것이다.

성경은 예수님을 '큰 대제사장'이라 명명하는데, 우리 구세주 되신 예수님은 그만큼 크고 위대하신 분이라는 뜻이다.

먼저 그분의 겉옷은 청색으로, 그분이 하나님이심과 그분이 일하시는 곳이 하늘임을 나타낸다. 견대(어깨끈)에는 귀하고 값비싼 보석인 호마노가 붙어 있는데, 그 위에 12지파의 이름이 쓰여 있다. 이는 예수님께서 그분의 권능으로 성도들을 보호하고 계심을 뜻하는 것으로, 우리의 구원은 결코 취소될 수 없음을 의미한다.

겉옷 위에 걸치는 에봇에는 판결 흉패가 있는데, 판결이라는 뜻은 하나님의 뜻을 묻는다는 뜻이다. 이스라엘 백성들은 흉패 속에 들어있는 '우림과 둠밈'으로 하나님의 뜻을 물었는데, 우림은 빛, 둠밈은 완전이라는 뜻이며, 은혜와 진리가 충만하신 예수님을 의미한다(요 1:14). 특히 판결 흉패에는 12가지 보석이 금실로 박혀있는데, 이는 이스라엘 12지파 곧 오늘날 성도들을 의미한다. 12가지 보석은 성도들의 소중함과 탁월함 그리고 하나님께서 각 사람을 아신다는 뜻인데, 보석이 빛을 받지 않으면 반짝이지 않는 것처럼, 성도들은 빛 되신 그리스도안에서 비로서 빛을 반사할 수 있다.

머리에는 관을 썼는데 이는 하나님의 뜻에 절대 순복함을 의미하며, 관 앞에 붙어있는 금패에는 '여호와께 성결'이라는 글이 쓰여 있어 거룩을 강조하고 있는데, 성도는 이 세상에서 재물로 대표되는 우상과 간음하지 말고 오직 하나님만 섬겨야 함을 뜻한다.

한편 아론은 하나님이 임재해 계신 지성소에 들어갈 때 반드시 대제사장 복장을 갖추었다. 이는 성도들은 더러운 죄를 가지고 하나님께 나아갈 수 없으며, 반드시 예수 그리스도를 덧입고(예수 이름으로) 나아가야 함을 가르쳐주고 있다. 오늘날 성도들은 예수의 이름으로 언제라도 하나님 앞에 나아갈 수 있는데, 그 이유는 하나님께서는 우리의 더러움이 아니라 우리에게 입혀진 그리스도라는 옷만 보시기 때문이다. 우리 자신의 의는 더러운 옷과 같지만(사 64:6), 하나님께서 그 더러운 옷을 벗기고 아름다운 옷을 입혀주신 것이다.

> "여호수아가 더러운 옷을 입고 천사 앞에 서 있는지라 … 내가 네 죄악을 제거해 버렸으니 네게 아름다운 옷을 입히리라" (슥 3:3, 4)

> "누구든지 그리스도와 합하기 위하여 세례를 받은 자는 그리스도로 옷 입었느니라" (갈 3:27)

한편 성경은 신약시대 성도들을 '왕 같은 제사장들'이라 부른다(벧전 2:9). 죄를 다스리는 왕이요, 하나님을 예배하며 이웃을 위해 하나님 앞에 나아가 중보하는 제사장인 것이다. 그러기에 우리는 우리에게 지혜와 의로움과 거룩함과 구원함이 되신(고전 1:30) 그리스도로 옷 입고, 죄와 싸우며 그리스도를 드러내는 거룩한 자로 살아야 한다.

> "오직 주 예수 그리스도로 옷 입고 정욕을 위하여 육신의 일을 도모하지 말라" (롬 13:14)

출애굽기 29장

제사장으로 살아내기

내가 그 회막과 제단을 거룩하게 하며 아론과 그의 아들들도 거룩하게 하여 내게 제사장 직분을 행하게 하며(29:44)

제사장 위임식은 7일간 이어지는데, 그 7일 동안 계속해서 '속죄제'가 드려졌다. '7'은 완전수로서 이는 그리스도께 속한 백성들이 그에게 온전히 성별되었으며, 그들의 제단이 완전한 것임을 나타내는 것이다. 그러므로 이제 성도들은 하나님이 기뻐하시는 완전한 예배를 드리게 되었다는 뜻인데, 그 예배는 '영과 진리로' 드리는 예배이다.

"하나님은 영이시니 예배하는 자가 영과 진리로 예배할지니라" (요 4:24)

그렇다. 참된 예배는 장소나 예식이 중요한 것이 아니라, 성령의 인도하심에 따라 진리이신 예수 그리스도가 올바로 선포되는 예배를 말한다. 근래 크고 화려한 예배당과 거창한 찬양대 그리고 강단에 서는 목회자들의 복장이 점점 화려해지고 있는데, 이는 구약제사를 본 딴 구시대의 유물이며, 성전과 대제사장의 실체이신 예수 그리스도께서 오신 지금은 마땅히 없어져야할 허례허식이다. 또한 강단에서 윤리도덕적인 설교와 정치적인 설교 등이 난무하고 있는데, 이런 것들은 교양 강좌일 뿐 감히 설교라 말할 수 없다. 설교란 모름지기 예수 그리스도와 그분의 십자가의 의미를 선포하는 데 집중되어야 하는데, 우리에게 성경을 주시고 성령께서 오신 목적이 바로 그것이기 때문이다.

예수님께서도 친히 모든 성경이 자신에 대한 것임을 말씀하셨는데, 이때 이 말씀을 들은 두 제자의 마음이 뜨거워졌다고 누가가 기록하고 있다. 이 말씀은 그들이 말씀을 통해 예수님이 어떤 분인지를 알게 되었으며, 은혜를 받았다는 뜻이다.

"이에 모세와 모든 선지자의 글로 시작하여 모든 성경에 쓴 바 자기(예수)에

관한 것을 자세히 설명하시니라" (눅 24:27)

또한 아론과 그 아들들은 7일 주야를 회막 문에 머물면서 여호와께서 지키라 명령하신 것을 다 지켰다. 7일 동안의 헌신은 우리 성도들의 지상에서의 삶 전체를 예시하는 것으로, 우리는 이 땅에서 항상 제사장으로 그리고 하나님 존전에서 살아야 함(코람데오)을 의미한다.

한편 성전에서는 매일 아침저녁으로 번제가 드려졌는데, 이는 우리가 매일 하루를 시작하고 끝맺을 때마다 우리 심령을 그리스도로 새롭게 채우고, 그분의 탁월함에 대해 깊이 묵상하라는 뜻이다. 또 소제로 드리는 제물에는 반드시 성령을 의미하는 기름이 부어졌는데, 이는 예수님의 모든 생애와 지상 사역이 성령으로 가득차실 것임을 예표하는 것일 뿐 아니라, 작은 예수라 불리는 모든 그리스도인들 역시 모든 삶과 사역에 있어 자신을 비우고(자기 부인과 자기 십자가) 오직 그리스도의 영인 성령의 인도하심에 따라 살아야 함을 의미한다.

하나님께서는 또 "회막 문에서 너희와 만나고 네게 말하리라" 말씀하셨다(29:42). 이 말씀은 성도들이 예배를 위해 모였을 때 마음을 자신의 필요에 빼앗기지 않고 그리스도의 탁월함에 두며, 축복을 얻으려 하지 않고 찬양의 희생을 드리면, 그때 그분 자신에 대한 은혜로운 계시를 주셔서 우리로 하여금 야곱처럼 "이곳이 곧 하나님의 집이요 이는 하나님의 문이로다" (창 28:17) 외치게 하시겠다는 뜻이다. 무릇 참된 그리스도인이란 하나님이 주시는 그 무엇이 아니라 그분만 찾는 사람을 말하는데, 하나님께서는 그런 자들에게 영생(지극한 복락)을 허락하실 것이다.

"여호와를 자기 하나님으로 삼는 백성은 복이 있도다" (시 144:15)

출애굽기 30장

금향단과 속전

네가 이스라엘 자손의 수효를 조사할 때에 조사 받은 각 사람은 그들을 계수할 때에 자기의 생명의 속전을 여호와께 드릴지니 이는 그것을 계수할 때에 그들 중에 질병이 없게 하려 함이라(30:12)

성막과 여러 기구들 중 금향단과 물두멍은 성도가 하나님께 나아가는 데 쓰이는 기구들이었기에, 제사장 위임식 후에 기록된 것으로 보인다.

한편 성소에는 금향단 위에서 항상 향이 피워졌으며, 제사장들은 성소에 들어가 섬기기 전에 반드시 물두멍에서 몸을 씻어야 했다.

먼저 금향단은 그리스도 자신을 의미하는데, 거기에 쓰이는 향은 주님의 중보 기도와 그분이 하나님께 드린 찬송에 대한 그림이다.

> "또 다른 천사가 와서 제단 곁에 서서 금 향로를 가지고 많은 향을 받았으니 이는 모든 성도의 기도와 합하여 보좌 앞 금 제단에 드리고자 함이라" (계 8:3)

나아가 지금도 그리스도는 하나님 우편에 앉아 자신의 완전함에서 나오는 향기를 포함하여, 그의 백성들의 간구와 예배를 하나님께 드리고 계시다.

> "그러므로 자기를 힘입어 하나님께 나아가는 자들은 온전히 구원하실 수 있으니 이는 그가(예수) 항상 살아계셔서 그들을 위하여 간구하심이라" (히 7:25)

그리고 향을 피울 때는 반드시 번제단의 불을 써야 했다. 왜냐하면 예수님은 번제단(십자가)에서 흘린 자신의 피로 사지 아니한 자에 대해서는 결코 하나님께 축복을 간구하지 않으며, 그가 대속하지 않은 그 어떤 죄에 대해서도 용서를 구하지 않으시기 때문이다. 우리는 아론의 아들 나답과 아비후가 번제단 불이 아닌 다른 불을 사용하다가 죽임을 당한 것에서 그 예를 볼 수 있는데(레 10:1, 2), 이들은 십자가에 달린 그리스도를 믿는 것 외에 다른 근거로도 하나님께 예배드릴 수 있다고 오해했기 때문이다.

한편 20세가 넘는 모든 이스라엘 백성들은 생명의 속전(atonement money)을 내야 했는데, 부자나 가난한 자 모두 동일한 금액을 내도록 하셨다. 이는 하나님의 백성으로 계수된 모든 사람들은 사회적인 지위와 관계없이 누구나 똑같이 어린양 예수의 피를 값으로 지불하고 구원받았음을 항상 기억해야 한다는 뜻이다.

> "너희가 알거니와 너희 조상이 물려준 헛된 행실에서 대속함을 받은 것은 은이나 금같이 없어질 것으로 된 것이 아니요, 오직 흠 없고 점 없는 어린 양 같은 그리스도의 보배로운 피로 된 것이니라" (벧전 1:18, 19)

더 나아가 이렇게 예수의 피로 구원받은 자들에게는 마땅히 감당해야 할 의무가 있음을 의미하는데, 그 의무는 바로 우리의 영혼과 육신은 그분의 것임을 인정하고, 오직 그분께만 영광을 돌리며 그분을 증거하는 삶을 살아야 한다는 것이다.

> "너희는 … 그의 소유가 된 백성이니 이는 너희를 어두운 데서 불러 내어 그의 기이한 빛에 들어가게 하신 이의 아름다운 덕을 선포하게 하려 하심이라" (벧전 2:9)

출애굽기
31장

성막(성도)을 지으시는 예수

내가 유다 지파 훌의 손자요 우리의 아들인 브살렐을 지명하여 부르고 하나님의 영을 그에게 충만하게 하여 …(31:2, 3)

구약의 성전(성막)은 신약에서 예수님과 및 성령이 거하시는 '성도들'을 의미한다.

"그러나 예수는 성전 된 자기 육체를 가리켜 말씀하신 것이라" (요 2:21)

"너희는 너희가 하나님의 성전인 것과 성령이 너희 안에 거하시는 것을 알지 못하느냐" (고전 3:16)

그러므로 눈에 보이는 성막을 만든 브살렐은 예수 그리스도를 예표한 인물이다. 먼저 그 이름 브살렐의 뜻은 '하나님의 그늘 밑'인데, 예수님은 '아버지 품속에 있는 독생하신 하나님'이시다(요 1:18). 또 그는 우리(Uri=빛)의 아들이요 훌(자유)의 손자이며 유다(찬미) 지파인데, 이런 분은 예수님 한 분밖에 없다. 또한 하나님은 그에게 하나님의 영(성령)을 충만하게 하셨는데 예수님이야말로 성령충만한 분으로서, 오직 하나님의 뜻대로만 말씀하시고 일하신 분이다(31:11, 내가(하나님) 네게 명한 대로 만들지니라).

하나님은 브살렐의 동역자로 단 지파의 오홀리압(아버지의 장막)을 세우셨는데, 그 이름의 뜻대로 예수님은 '말씀이 육신이 되어 우리 가운데 거하시매(장막을 치매) 우리가 그의 영광을 보는' 분이시다(요 1:14).

한편 이스라엘 백성들이 광야를 행진할 때 유다 지파가 맨 앞에 서고 단 지파는 마지막에 위치했는데, 이로써 브살렐과 오홀리압 두 사람은 온 이스라엘을 대표한 것이라 볼 수 있다. 단 지파는 야곱에게 저주에 가까운 축복을 받았고(창 49:17), 계시록에서는 이름이 삭제된 지파이다. 그럼에도 불구하고 단 지파의 오홀리압이 하나님께 지명 받았다는 사실을 통해 우리는, 하나님은 연약한 자를 멸시치 않으시며 오히려 약한 것들을 택하사 강한 것들을 부끄럽게 하신다는 사실을 알 수 있다(고전 1:27, 28).

이렇게 성전을 만들 사람들을 지명하여 부르신 하나님은, "안식일을 지키라" 명령하신다. 안식일은 브살렐과 오홀리압으로 예표된 예수 그리스도께서 이루실 완전한 평온과 복됨을 의미하는 것으로, 안식일을 지키지 않는 것은 예수님의 사역을 부정하는 것이며, 이는 곧 영원한 사망을 의미하기에 "반드시 죽이라" 는 명령을 내리고 계시다.

그렇다. 창세 전에 택함 받은 그리스도인들은 예수님의 사역에 의해 반드시 하나님이 거하실 성전으로 지어질 것이며, 하나님께서도 독생자 예수께서 하신 그 일을 기뻐하실 것이다.

> "그가 너로 말미암아 기쁨을 이기지 못하시며 너를 잠잠히 사랑하시며 너로 말미암아 즐거이 부르며 기뻐하시리라" (습 3:17)

이렇게 성전으로 지어져 가는 과정에서 우리 성도들이 해야 할 일은, 예수 그리스도 안에서 그분을 인정하고 찬양하는 일밖에는 없다. 다시 말해 오직 하나님을 아버지라 부르고 그분을 전적으로 믿고 의지하며 그분 안에서 안식하는 것이 우리 성도가 해야 할 일이다. 그러기에 그리스도인들은 복음(good news, 기쁜 소식)을 받은 사람들인 것이다. 할렐루야!

> "너희도 성령 안에서 하나님이 거하실 처소(성전)가 되기 위하여 그리스도 예수 안에서 함께 지어져 가느니라" (엡 2:22)

출애굽기
32장

금송아지 사건

… 일어나라 우리를 위하여 우리를 인도할 신을 만들라 이 모세 곧 우리를 애굽 땅에서 인도하여 낸 사람은 어찌 되었는지 알지 못함이니라(32:1)

25~31장까지는 시내산 위, 즉 하늘에서 이루어지고 있는 일(모세가 하나님으로부터 율례와 성막 건립에 관한 지시를 받는 일)이 묘사되고 있으며, 32~34장에는 그 40일 동안 시내산 밑(광야, 세상)에서 일어나고 있는 일이 대비되고 있다. 모세(예수님의 예표)는 지금 시내산 위에서 그들을 위해 일하고 있는데, 이스라엘 백성들은 산 밑에서 눈에 보이지 않는 하나님 대신 눈에 보이는 우상을 만들고 있다.

이때 하나님은 모세에게 직접 쓰신 십계명 돌판을 주셨는데, 제 1계명은 "너는 나 외에는 다른 신들을 네게 두지 말라"는 것이다. 그리고 계속해서 "너를 위해서 새긴 우상을 만들지 말라" 명령하셨는데, 백성들은 지금 바로 "하지 말라"는 그 일을 하고 있는 것이다. 문제는 이 모습이 오늘날 그리스도인이라는 우리들의 적나라한 모습이라는 데 있다.

모세는 이때 40일 간 시내산 위에 있었는데, 성경에서 40은 시험(test)의 기간이다(예수님의 광야 시험 40일, 이스라엘의 40년간 광야생활). 그런데 이스라엘 백성들(성도들)은 그 시험에 실패했으며, 그 결과 '하나님의 은혜가 아니면 살 수 없음'이 다시 한 번 증명된 것이다.

한편 이스라엘 백성이 만든 우상은, 애굽의 우상이었던 송아지(Apis)에 금을 입힌 금송아지였다. 송아지와 금은 '세상의 힘'을 의미하는 것으로 사람들이 우상을 만드는 근본적인 이유가 '나를 위한 힘/능력을 얻기 위한 것'임을 알 수 있다. 이런 면에서 만약 우리가 '자신을 위해' 예수를 믿는다면, 그 일이 바로 '예수라는 우상'을 섬기는 일인 것이다. 예수님께서 누구보다도 열심히 종교생활을 한 바리새인들을 무섭게 질책하신 이유는 그들의 행위가 하나님 사랑에서 나온 것이 아니라 '자기 자신을 위해서' 한 것이기 때문이었다. 하나님이 우리를 애굽(죄악된 세상)에서 구속하신 이유는 하나님과 이웃을 사랑하는 자로 만드시는 것인데, 이와 반대로 자신을 섬기는 것은 우상숭배인 것이다.

금송아지 우상을 만든 이스라엘 백성들은 그 앞에서 번제와 화목제를 드리며 먹고 마시며 춤췄는데, 24장에 언급된 하나님과의 언약식을 흉내 내고 있는 것이다. 이를 볼 때 겉모양이나 예식이 비슷하다고 해서 모두 진짜는 아니며, 어떤 면에서는 가짜가 더 진짜 같기에 우리는 올바른 믿음생활을 위해 항상 깨어있어야 한다.

이렇게 하나님과의 언약을 어긴 이스라엘 백성은 하나님과 맺은 '피의 언약'에 따라 죽임을 당해야 마땅하다. 그런데 모세가 '주의 책에서 내 이름을 지워버리고 저들을 용서해 주시길' 간구하고 나섰으며, 이에 하나님은 그들을 용서하신다(단, 하나님의 공의를 위해 3000명이 칼로 죽임을 당했음).

그러나 우리가 구원받은 것은 값없이 된 것이 아니며, 중보자 되신 예수님께서 우리를 대신해 실제로 죽으셨다. 우리 죄를 대속하기 위해 고귀한 피를 값으로 지불하신 것인데, 그러기에 우리는 이스라엘의 실패를 거울삼아 항상 그분께 감사하며, 그분을 위해 살아야 한다.

> "그들 가운데 어떤 사람들과 같이 너희는 우상숭배 하는 자가 되지 말라 기록된바 백성이 앉아서 먹고 마시며 일어나서 뛰논다 함과 같으니라 그들에게 일어난 이런 일은 본보기가 되고 또한 말세를 만난 우리를 깨우치기 위하여 기록되었느니라" (고전 10:7, 11)

출애굽기
33장

목이 곧은 백성

… 나는 너희와 함께 올라가지 아니하리니 너희는 목이 곧은 백성인즉 내가 길에서 너희를 진멸할까 염려함이니라 하시니(33:3)

죄를 범한 대가는 참으로 무섭다. 물론 죄로 인해 성도의 구원이 취소되지는 않는다. 그러나 공의의 하나님은 반드시 죄의 대가를 찾으시는데, 레위인들의 칼에 3000명이 즉시 죽임을 당했을 뿐 아니라 여호와께서 백성을 또 치셨으며(32:35), "가나안 땅에도 함께 올라가지 않겠다" 말씀하신다. 그 이유는 이스라엘이 목이 곧은 백성, 교만하고 말씀에 불순종하는 자들, 곧 사탄(뱀)의 자녀이기 때문이다. 뱀은 독기가 오르면 목을 빳빳하게 치켜드는데, 그 모습이 목이 곧은 이스라엘 백성들(우리들)의 모습인 것이다. 한편 이런 자들과는 달리 하나님은 결코 죄와 함께 하실 수 없는 분이시기에 가나안으로 가는 도중에 그들을 진멸하게 될 것이 뻔했기 때문에 그들과 동행하실 수가 없었던 것이다.

한편 그들과의 동행 여부에 관계없이 하나님은 먼저 그들에게 "모든 장신구를 떼어내라" 명하시고, 백성들은 그 명령에 순복한다. 왜냐하면 당시 장신구에는 우상이 새겨져 있었고 사람들이 은연중에 그 우상을 숭배하였기에 하나님은 새 출발을 할 때마다 "장신구를 제하라" 명령하셨던 것이다(창 35:4, 야곱이 세겜에서 벧엘로 올라갈 때). 또 장신구는 자신을 돋보이게 하거나 높이려는 것이 목적인바 그것이 곧 교만과 불신앙이며, 하나님은 하나님이 아닌 '자기 자신을 높이는 행위'를 가장 미워하시기에 장신구는 반드시 제해야 하는 것이다.

그러나 비록 동행을 하기는 하시지만 하나님은 그들의 범죄로 인해 이스라엘 가운데 계시지 못하고 진 밖에 세운 '임시 회막'에서 모세를 만나 주신다. 그러기에 성도들은 주님과 동행하기 위해 죄를 무서워하며, 멀리 해야 한다(살전 5:22, 악은 어떤 모양이라도 버리라).

이런 가운데 모세는 계속해서 하나님의 은혜를 간구하고, 마침내 하나님께서 "친히 함께 하시겠다" 약속하시는데, 이 약속은 오늘날 우리에게도 똑같이 유효하다.

> "내가 너희에게 분부한 모든 것을 가르쳐 지키게 하라 볼지어다 내가 세상 끝날까지 너희와 항상 함께 있으리라" (마 28:20)

그렇다. 하나님께서는 창세전에 택한 백성인 성도와 세상 끝날까지 함께 하신다. 그렇지만 그렇게 하기위해 우리는 그분의 말씀에 순종해야 하는데, 그럴 때 하나님께서는 우리를 모세처럼 '친구'라 불러 주신다(요 15:14, 너희는 내가 명하는 대로 행하면 곧 나의 친구라).

그렇다면 연약한 우리가 어떻게 하나님 말씀대로 행할 수 있는가? 그 방법은 곧 나를 비우고 내 생각을 비우는 것인데, 나를 비우는 만큼 우리 안에 계신 성령께서 일하시고, 그것이 곧 하나님의 명령을 행하는 것이기 때문이다.

> "내가 이르노니 성령을 따라 행하라 그리하면 육체의 욕심을 이루지 아니하리라" (갈 5:16)

출애굽기 34장

가계에 흐르는 저주?

인자를 천대까지 베풀며 악과 과실과 죄를 용서하리라 그러나 벌을 면제하지는 아니하고 아버지의 악행을 자손 삼사 대까지 보응하리라(34:7)

하나님은 두 번째 십계명 돌판을 주시면서 제2계명을 다시 반복하신다(34:7). 한편 지금도 이 구절을 가지고 목회자들이 성도들을 겁주며 자기에게 안수 받지 않으면 큰일 난다고 협박을 하고 있다. 과연 이 말씀이 그런 뜻일까? 전혀 그렇지 않다. 그런 공갈 협박은 무당들이 큰 굿을 따내기 위해 손님을 겁주는 데 쓰는 수법과 다를 바가 없다.

이 말씀의 진의는 '천'이라는 당시 가장 큰 단위를 써서 하나님의 은혜가 얼마나 큰지를 강조하는 것으로, 하나님의 저주가 삼사대까지 내리는 것과 비교하여 하나님의 은혜가 진노보다 더 크심을 강조하는 표현이다. 만약 실제로 저주가 삼사대까지 내린다면, 간음죄와 살인죄를 저지른 다윗에게서 어떻게 솔로몬이 나오고, 그 후손에서 구세주 예수 그리스도가 나올 수 있었겠는가?

성도는 각 사람에게 주신 하나님의 은혜로 구원을 받는 것이지, 조상의 죄와는 아무런 관계가 없다. 물론 죄의 영향이 후손들에게까지 은연중에 미치게 되는 것은 맞다. 예를 들어 부모가 술을 많이 마시는 집안 자녀들은 술을 많이 마시게 될 확률이 높을 수 있는 것처럼 말이다. 그러나 반드시 그런 것도 아니며, 또 술을 마신다고 해서 구원을 못 받는 것도 아니다.

한편 성경에는 각자가 은혜로 구원받는다는 사실을 확증하는 구절들이 많다.

> "그 때에 그들이 말하기를 다시는 아버지가 신 포도를 먹었으므로 아들들의 이가 시다 하지 아니하겠고 신 포도를 먹는 자마다 그의 이가 신 것같이 누구나 자기의 죄악으로 말미암아 죽으리라" (렘 31:29, 30)

> "범죄하는 그 영혼은 죽을지라 아들은 아버지의 죄악을 담당하지 아니할 것이요 아버지는 아들의 죄악을 감당하지 아니하리니 의인의 공의도 자기에게로 돌아가고 악인의 악도 자기에게로 돌아가리라" (겔 18:20)

또 호세아 선지자는 "너희는 내 백성이 아니라 한 그곳에서 그들에게 이르기를 너희는 살아계신 하나님의 아들이라 할 것이라" 선포했다(호 1:10). 우리 신랑 되신 예수님께서 우리 죄를 대속하심으로, 창녀 고멜 같은 우리들이 거룩한 하나님의 신부요 하나님의 자녀가 되었다는 것이다.

그렇다. 구원은 아무 자격이 없는 자에게 일방적인 은혜로 주어지는 것이기에 복음(good news)이다. 그리고 구원은 그렇게 값없이 주어지는 것이기에 그리스도인들은 그 은혜가 너무 감사해서 이 세상에서 하나님 나라의 왕자와 공주답게 살려고 노력하지 않을 수 없게 되는 것이다.

하나님 나라는 인과응보의 법칙이 아니라 은혜로 통치되는 나라이다. 만약 인과응보의 법칙대로 한다면, 죄인인 우리는 모두 멸절 당해야 한다. 아담의 후손 중에 의인은 하나도 없기 때문이다(롬 3:10). 그러나 우리는 하나님의 은혜로 '예수 그리스도 안에서' 구원을 받았다. 그러므로 이제 우리는 '아버지께서 말하라 하신 것만 말씀하시고 하라 하신 것만 행하신' 예수 그리스도를 본받아(요 12:50), 작은 예수로서 살아가야 한다.

> "그런즉 누구든지 그리스도 안에 있으면 새로운 피조물이라 이전 것은 지나갔으니 보라 새 것이 되었도다" (고후 5:17)

출애굽기
35장

마음에 원하는 자는

너회의 소유 중에서 너희는 여호와께 드릴 것을 택하되 마음에 원하는 자는 누구든지 그것을 가져다가 여호와께 드릴지니 곧 금과 은과 놋과(35:5)

하나님은 이스라엘과 동행하시고자 십계명을 쓴 돌판 그리고 주님의 동행하심을 눈으로 볼 수 있는 성막의 설계도를 주고 계신데 백성들은 금송아지 우상을 만들었으며, 이로 인해 피의 언약은 깨어졌다. 그러나 모세의 생명을 건 기도와 3000명이 죽임을 당하고 또 다시 온역이 온 이스라엘 휩쓴 후에 하나님은 성막 건축을 허락하셨고, 모든 백성은 '자원하는 마음으로' 성막을 만드는 데 필요한 예물(재료)들을 가져온다. 그런데 백성들이 얼마나 많은 예물을 가져왔는지 차고 넘쳐서 모세가 그만 가져오도록 정지시킨다.

오늘날도 헌금은 이렇게 '자원하는 마음으로' 해야 한다. 헌금은 헌금한 액수의 몇 배로 돌려받기 위한 '투자'이거나 소득세처럼 소득에 비례해서 의무적으로 내야 하는 '세금'이 아니며, 헌금을 하지 않으면 이미 받은 것을 빼앗길 것 같은 두려움에 마지못해 하는 것도 아니기 때문이다.

하나님 나라는 우리가 드리는 헌금으로 유지되거나 확장되는 것이 아니라, 전지전능하신 하나님께서 홀로 이루어 가시는 것이다. 그런데도 우리로 하여금 그 과정에 참여토록 허락하시는 이유는, 우리에게 은혜를 주시기 위한 것이지 결코 하나님께서 재물이나 능력이 부족해서가 아니다.

한마디로 헌금을 한다는 것은 그 헌금으로 '하나님 일을 돕겠다'가 아니라, '나는 예수 그리스도로 말미암아 죄 사함을 받고 의롭게 되었다'는 하나님 앞에서의 고백이다. '나는 저주받아 죽어야 할 자인데 예수께서 은 30에 팔려 나를 살리셨으며, 그러기에 나는 주님의 것'이라는 고백이 헌금인 것이다(고전 6:19, 20). 다시 말해 헌금은 내 안에 들어와 계신 예수님을 하나님 앞에 내어놓는 것이며, 더 나아가 성도는 그리스도와 연합(Union Christ)된 존재이기에 헌금을 한다는 뜻은 결국 '나 자신을 모두 하나님께 드린다'는 의미인 것이다. 이런 측면에서 헌금 액수의 많고 적음이 아니라, 예수 그리스도라는 참 제물에 의해 내가 구속받았다는 믿음에 근거한 헌금인가 아닌가가 중요하다.

한편 헌금과 관련해 오해되고 있는 말씀 중 하나는 "적게 심는 자는 적게 거두고 많이 심는 자는 많이 거둔다" (고후 9:6)는 구절인데, 아직도 '많은 복을 받기 위해서는 헌금을 많이 해야 한다'고 곡해하는 사람들이 많다. 만약 이런 주장이 맞다면 가난해서 헌금을 하지 못하는 사람은 복을 받지도 못하고 천국에도 못 간다는 말인가? 아니다. 그렇다면 어떻게 거지 나사로는 천국에 갔는가?(눅 16:19 이하) 여기서 적게 심는다는 뜻은 헌금 액수에 관계없이 위에서 말한 헌금의 참된 의미도 모른 채 '자기 이익을 위해 헌금을 하는 행위'를 말하는 것이며, 이렇게 복음과 믿음에 근거하지 않고 헌금을 한 자들은 풍성한 천국과는 아무 상관없이 '적게 거두는 자'로 남게 된다는 뜻이다.

그리스도인들은 사나 죽으나 주님의 것이다(롬 14:8). 그러므로 모든 그리스도인에게는 재물뿐 아니라 자신의 전부를 하나님께 드려야 할 의무가 있다. 그러기에 예수 그리스도의 은혜로 천국의 상속자가 된 성도는, 살아도 주를 위하여 죽어도 주를 위하여 죽어야 하는 것이다.

> "각각 마음에 정한대로 할 것이요 인색함으로나 억지로 하지 말지니 하나님은 즐겨내는 자를 사랑하시느라" (고후 9:7)

출애굽기
36장

오직 명령하신 대로

… 곧 여호와께서 지혜와 총명을 부으사 성소에 쓸 모든 일을 할 줄 알게 하신 자들은 모두 여호와께서 명령하신 대로 할 것이니라(36:1)

성막 건축에 대한 내용은 25~28, 30~31장에 자세히 설명되어 있다. 그런데 모세는 36~39장에서 똑같은 내용을 또 다시 반복하고 있다. 왜 모세는 기록하는 데 엄청난 비용과 시간이 들고 오늘날 성경을 읽는 우리에게도 부담이 되는 내용을 이렇게 반복한 것일까?

그 이유는 내용이 그만큼 중요하기 때문이며, 동시에 하나님 나라의 모든 일은 하나님 말씀대로 완전히 이루어졌고, 지금도 이루어지고 있으며 또 장차 이루어질 것임을 증거하기 위함이다. 그러기에 하나님은 곳곳에서 성막과 기구가 '하나님 말씀대로만' 지어져야 함을 강력히 명하신다.

"무릇 내가 네게 보이는 모양대로 장막을 짓고 기구들도 그 모양을 따라 지을지니라" (25:9)

"… 만들었으니 여호와께서 모세에게 명령하신 대로 하였더라" (39:29)

이런 면에서 하나님이 계시지 않는 것 같은 상황에 처하더라도 우리는 걱정할 필요가 없다. 성막이 한 치의 오차도 없이 말씀대로 만들어진 것처럼, 지금 처한 상황 역시 완전하신 하나님께서 우리를 하나님의 자녀로 만들기 위해 허락하신 가장 완벽한 상황이기 때문이다. 그리고 성막은 예수 그리스도의 상징이며 또한 장차 그분의 모습으로 지어질 성도들의 완벽한 모습이기에, 우리는 장차 완전한 '작은 예수'로 지어질 것이다. 할렐루야!

먼저 26장에서 설명된 장막 덮개는 지금 그 양식과 규격대로 만들어지고 있으며, 지성소와 성소를 짓는 데 쓰인 '널판'에 대해 설명한다. 널판과 널판을 연결하는 띠(막대)는 조각목을 금으로 싸서 만들었는데, 이는 예수의 인성(조각목)과 신성(금)을 의미한다. 하나님이신 예수님께서 죄로부터 인간을 구원하기 위해 연약한 인간이 되신 것이다(성육신).

한편 널판을 인간으로 해석할 수 있는데, 이 경우 조각목은 버림받은 인간을 의미하며, 이런 인간은 금(믿음, 말씀, 예수 그리스도)으로 싸여져야 비로소 하나님의 자녀가 될 수 있음을 의미한다(기생 라합, 막달라 마리아 등).

이들 널판들은 '은 받침' 위에 세워졌는데, 받침에 쓰인 은은 생명의 속전(30:11 이하)으로 드려진 은으로 만든 것인데, 이 사실은 성도들은 예수께서 은 30에 팔려 십자가에 달려 돌아가심으로 구속 받았으며, 하나님과 성도들 간의 화목 또한 그리스도의 희생에 의한 구속에 근거하고 있음을 알려주고 있다.

> "이는 황소와 염소의 피가 능히 죄를 없이 하지 못함이라 이 뜻을 따라 예수 그리스도의 몸을 단번에 드리심으로 말미암아 우리가 거룩함을 얻었노라" (히 10:4, 10)

그렇다. 성막이 한 치의 오차도 없이 하나님 명령대로 지어진 것처럼, 성도들은 하나님 말씀대로 살아야 한다. 그러나 타락한 우리 중에는 모든 말씀을 지킬 수 있는 자가 하나도 없기에, 인간으로 오셔서 모든 하나님의 명령을 온전히 지키신 예수 그리스도를 믿어야 하며, 그럴 때 하나님은 우리를 '의롭다' 칭해 주신다(창 15:6, 합 2:4).

> "예수는 우리가 범죄한 것 때문에 내줌이 되고 또한 우리를 의롭다 하시기 위하여 살아나셨느니라" (롬 4:25)

출애굽기 37장

오직 어린양의 피로

그룹들이 그 날개를 높이 펴서 그 날개로 속죄소를 덮었으며 그 얼굴은 서로 대하여 속죄소를 향하였더라(37:9)

드디어 성막의 가장 깊숙한 곳인 지성소에 들어갈 법궤(증거궤)가 만들어 진다. 돌판 위에 쓰인 십계명은 율법과 심판을 의미하며, 실제로 이를 어겼을 때 삼천 명이 죽임을 당하고 또 온 이스라엘 백성이 온역(전염병)으로 고통을 당했다. 그런데 지금 그 십계명 돌판이 넣어질 법궤와 그 위를 덮을 속죄소가 만들어지고 있다.

한편 속죄소(atonement cover)는 시은좌(mercy seat)라고도 하는데, 그 속죄소 양편에 있는 두 그룹(cherubim, 사법적 권세) 날개 아래에 어린양의 피가 뿌려짐으로 장차 온 이스라엘이 죄 사함을 받게 된다. 죄인들에게 부어질 하나님의 무서운 진노를 어린양 예수께서 대신 받고 피를 흘리셨으며, 그 보혈의 피가 속죄소 위에 뿌려짐으로써 성도들은 이제 더 이상 정죄를 받지 않게 된 것이다. 이와는 반대로 속죄소가 벗겨진다는 것은 더 이상 은혜가 부어지지 않고 심판이 임한다는 뜻인데, 실제로 벧세메스 백성들이 속죄소를 들고 법궤 안을 들여다 본 결과 그 날에 50,070명이 죽임을 당했다(삼상 6:19).

> "그러므로 이제 그리스도 예수 안에 있는 자에게는 결코 정죄함이 없나니" (롬 8:1)

그렇다. 이제 성도들은 죄를 범할지라도 비록 그 죄로 인해 고통을 받기는 하겠지만, 예수 그리스도의 은혜로 말미암아 결코 영원한 죽음에 이르는 정죄를 받지 않게 되었다. 그러기에 성도들은 참된 자유를 누릴 수 있고 항상 기뻐할 수 있으며, 범사에 감사할 수 있는 것이다.

계속해서 성소에 놓일 진설병 상과 등잔대 그리고 분향단이 만들어진다. 이 모든 기구들은 예수를 상징하는 것인데, 떡상에 오를 진설병은 '생명의 떡' 되신 예수님을 상징한다. 예수님은 먹고 배부르기 위한 세상의 떡(돈, 명예, 권력, 건강 등)이 아니라 영생을 주시는 생명의 떡으로 오셨으며, 성도들은 그 양식을 매일 먹어야 한다.

금등잔대 역시 빛 되신 예수님을 상징하는데, 지금 성도 안에는 그리스도의 영인 성령이 계시기에 우리 또한 세상의 빛으로 살아가야 한다. 문제는 이 참 빛이 죄로 물든 우리 안에 감춰져 있어 밖으로 잘 드러나지 않는다는 것이다. 그러기에 성도들은 이 빛을 드러내기 위해 토기 같은 자신이 깨어지는 십자가의 삶을 살아가야 한다.

> "일어나라 빛을 발하라 이는 네 빛이 이르렀고 여호와의 영광이 네 위에 임하였음이니라" (사 60:1)

출애굽기 38장

십자가의 은혜로

그가 또 조각목으로 번제단을 만들었으니 길이는 다섯 규빗이요 너비도 다섯 규빗이라 네모가 반듯하고 높이는 세 규빗이며(38:1)

번제단은 성막 문을 통과하자마자 처음 마주치는 가장 큰 성물로서, 그만큼 의미가 중대함을 말해주고 있다. 번제단은 '제물을 죽여 올려 보낸다'는 뜻으로 죄의 값은 죽음이며, 어린양 예수께서 우릴 위해 죽으셨음을 상징한다. 번제단에 쓰인 '놋'은 심판을 의미하는데, 하나님의 불같은 진노를 감당하고 승리하신 예수님의 사역을 뜻한다. 즉 번제단은 십자가를 의미하며, 죽음이 없이는 부활이 있을 수 없는 것처럼 성도들 역시 '죽음과 같은 자기 부인'의 과정 없이는 결코 구원(영생)을 얻을 수 없음을 보여준다.

길이와 너비는 5규빗인바 다섯(5)은 고통과 은혜의 숫자로서, 주님은 우리의 '고통'을 대신 당하고 '은혜'로 우리를 구원해 주셨다(병자들이 모이던 솔로몬 행각의 기둥과 사마리아 여인의 남편이 각각 다섯이었음).

그리고 번제단은 하루 종일 죄인을 대신해 죽임당한 번제물(예수)의 피로 흥건히 적셔져 있었는데, 그 은혜로 구원을 받은 성도들 역시 피 흘리기까지 죄와 싸워야 한다(벧전 2:24). 또한 번제단 위에는 하루 종일 불이 꺼지지 않았는데, 불은 성령을 의미함과 동시에 심판과 구원을 의미한다. 오순절에 성령이 불의 혀같이 내려왔는가 하면(행2:1~4), 지옥은 동일한 성령의 불에 의해 영원히 고통 받는 곳이다. 또 번제단에는 능력과 힘을 상징하는 4개의 뿔이 있었는데, 이는 생명의 뿔이시며 도피성 되신 예수님을 나타내는 것이다. 다윗은 "여호와는 나의 구원의 뿔"(시 18:2)이라 고백했으며, 솔로몬의 형 아도니야는 제단의 뿔을 잡음으로 죽임을 면했다(왕상 1:51).

성막 뜰에는 또한 물두멍이 놓여있는데, 제사장들이 제사를 드리기 전이나 성소에 들어가기 전에 반드시 여기서 수족을 씻었다. 여기서 우리는 죄는 번제단에서 이미 깨끗이 씻겼지만, 주님과의 올바른 교제를 위해서 씻음이 필요함을 알 수 있다. 물은 "청년이 무엇으로 그의 행실을 깨끗하게 하리이까 주의 말씀을 지킬 따름이니이다" (시 119:9), "너희는 내가 일러준 말로 이미 깨끗하여 졌으니" (요 15:3)와 같은 구절에서 볼 수 있는 것처럼 '하나님 말씀'을 의미한다. 그리고 물두멍은 그 규격이 정해지지 않은 유일한 성물로서 주님께서 우리의 씻음을 위해 물(말씀)을 무한정 준비하셨음을 알 수 있는데, 솔로몬 성전에는 '바다'(sea)라 불리는 엄청난 크기의 물두멍들이 놓여 있었다(왕상 7:23).

한편 물두멍은 성막에서 수종 드는 여인들의 거울로 만들어졌는데(38:8), 여기서 우리는 여인들의 헌신을 볼 수 있다. 그리고 이를 통해 하나님을 섬기는 데는 남녀의 구별이 있을 수 없으며, 성도들은 외모를 단장할 것이 아니라 믿음을 강건케 하는 데 힘써야 함을 알 수 있다.

> "또 이와 같이 여인들(성도들)도 단정하게 옷을 입으며 소박함과 정절로써 자기를 단장하고 땋은 머리와 금이나 진주나 값진 옷으로 하지 말고" (딤전 2:9)

출애굽기
39장

오직 은혜, 오직 믿음

여호와께서 모세에게 명령하신 대로 이스라엘 자손이 모든 역사를 마치매 (39:42)

드디어 성막 건립에 필요한 모든 준비가 끝났다. 그런데 겉으로 보기에는 이스라엘 자손이 한 것 같지만 실은 모든 것을 다 하나님께서 홀로 하셨음을 알 수 있다.

먼저 하나님께서는 이스라엘 백성들을 애굽의 종된 자리에서 해방시키시고, 자기 백성 삼아주셨다. 그러기에 백성이 자신을 구원하신 왕을 섬기며 그분을 만나 뵐 성막을 짓는 것은 백성의 마땅한 도리요 의무이다.

둘째로 하나님은 모세에게 성막의 모든 설계도를 주셨다. 모세가 하늘에 있는 실체(예수 그리스도)를 보고 그대로 만든 모형이 성막이다. 한편 일장춘몽이란 말처럼 이 세상에서의 우리 인생은 꿈(모형)일 뿐이며, 우리의 실체는 이미 하나님 나라에 완성되어 있다.

셋째로 그것들을 만들도록 브살렐과 오홀리압에게 성령을 부어주셨으며, 그들은 다른 사람들을 가르쳤다. 성막을 짓는 모든 힘과 기술이 전적으로 하나님으로부터 온 것이다.

넷째로 성막을 만드는 데 쓰인 모든 재료들 또한 이스라엘 백성들이 애굽에서 나올 때 하나님이 애굽 사람들로 하여금 아낌없이 내어주도록 하신 것들이다. 온 우주만물의 주인이신 하나님이 애굽 사람들에게 잠시 맡겨두셨다가 성막을 만드는 데 쓰도록 하신 것이다. 이렇게 볼 때 하나부터 열까지 모든 것을 하나님께서 홀로 하셨다는 것이 명약관화하다.

이처럼 성막뿐 아니라 하나님 나라는, 처음부터 끝까지 하나님께서 홀로 이루시는 것이며 또 창세 전부터 이미 완성되어 있다. 이 사실은 아담이 갓난아이가 아닌 성인으로 창조된 것과 창조된 후 가장 먼저 한 일이 '안식'이었다는 것에서 알 수 있다. 그러기에 성도들이 해야 할 일은 그분이 이루신 것을 인정하고 그분의 말씀에 전적으로 순종하며 그분을 찬송하는 것밖에는 없다.

그리고 안식이란 일을 쉬는 것이 아니라 하나님을 하나님으로 인정해 드리고, '나는 피조물이며, 하나님 없이는 존재조차 할 수 없는 흙임'을 인정하는 것이다. 이와 반대로 '내 스스로 무엇인가를 해서 자신을 드러내겠다'가 안식을 어기는 진짜 죄이며, 그것이 곧 '진짜 사망'이다.

한편 '한갖 티끌에 불과했던 나를 하나님 형상으로 만들어 주시고 하나님 자녀라 불러주시니, 이 얼마나 감사한 일인가!' 하는 감격이 있는 사람에게서는 하나님 사랑과 이웃 사랑이 흘러나올 수밖에 없는데, 하나님은 그런 '행함'을 바라시며 또 그런 행함을 칭찬해 주신다. 반면에 천국에 가기 위해서 또는 이 땅이나 천국에 가서 상을 받기 위해 하는 모든 행위를 '율법'이라 하는데, 이런 사람들은 상은커녕 지옥에 떨어지게 될 것이다. 왜냐하면 그들은 예수님을 믿고 의지하는 것이 아니라 자신의 행위를 의지하는 자들이기 때문인데, 우리는 오직 믿음으로만 구원을 받을 수 있기 때문이다.

> "너희는 그 은혜에 의하여 믿음으로 말미암아 구원을 받았으니 이것은 너희에게서 난 것이 아니요 하나님의 선물이라 행위에서 난 것이 아니니 이는 누구든지 자랑하지 못하게 함이라" (엡 2:8, 9)

출애굽기
40장

하나님의 영광

… 모세가 이같이 역사를 마치니 구름이 회막에 덮이고 여호와의 영광이 성막에 충만하매(40:33, 34)

마침내 성막과 그 안에서 쓰일 모든 기구들이 다 완성되었으며, 하나님 말씀에 따라 정해진 순서대로 하나씩 세워지고, 정해진 자리에 놓이고 있다. 그런데 "여호와께서 모세에게 명령하신 대로 되니라" 라는 말씀이 반복해서 나온다. 하나님 백성의 본분은 하나님 명령(말씀)대로 하는 것이지, 결코 빼거나 더해서는 안 되기 때문이다.

> "만일 누구든지 이 두루마리의 예언의 말씀에서 제하여 버리면 하나님이 이 두루마리에 기록된 생명나무와 거룩한 성에 참여함을 제하여 버리시리라" (계 22:19)

또한 모든 성물은 쓰임받기 전에 반드시 관유(거룩한 기름)를 바르게 되어 있다(40:9). 관유는 4가지 향품(몰약, 육계, 창포, 계피)과 감람유로 만든 것인데, 이는 그 향기로운 성분과 함께 주님의 인격과 탁월성 그리고 그분의 은혜를 나타낸다. 몰약은 장례식에 쓰이는 향품으로서(요 19:39) 죽음으로 부어지는 그리스도의 사랑을, 육계는 월계수과의 작은 상록나무 껍질로서 하나님의 존귀와 영광을 위한 그리스도의 열심을, 창포는 진흙 속에서 자라는 식물로서 진흙탕같이 죄 많고 사악한 세상에서의 그리스도의 올바름과 의로움을, 그리고 계피는 하나님께 대한 그분의 순종과 예배를 뜻한다. 이런 그리스도를 본받아 작은 예수인 우리 그리스도인들 역시 그분과 똑같은 삶을 살아내야 한다.

> "우리는 구원받은 자들에게나 망하는 자들에게나 하나님 앞에서 그리스도의 향기니" (고후 2:15)

드디어 성막이 완성되었다. 그러나 히브리서는 이 땅에 세워진 성막은 하늘에 있는 것의 모형이요 그림자라 말한다(히 8:5). 한 마디로 성막으로 대표되는 이 땅에 있는 모든 것들은 실은 모형이며, 그 실체는 이미 창세 전에 완성되어 있다는 것이다. 하나님 나라는 우리 힘으로 만들거나 장차 우리 힘으로 들어가는 것이 아니라 이미 은혜로 완성되어 있는 것이기에, 그리스도인들은 모든 상황 속에서 평안할 수 있으며, 그러기에 마음 깊은 곳으로부터 진정한 감사가 터져 나올 수밖에 없는 것이다.

이렇게 말씀하신 대로 성막이 완성되자 여호와의 영광이 성막에 충만했으며 모세조차도 그곳에 들어갈 수 없었다. 왜냐하면 모세 역시 죄인이며 율법을 대표하는 자로서, 율법을 지켜 하나님 나라에 들어갈 수 있는 자는 하나도 없음을 의미한다. 다시 말해서 천국을 상징하는 지성소에는 예수 그리스도의 피를 바르지 않고는(=피를 뿌리지 않고는=JX를 옷 입지 않고는=JX를 믿지 않고는) 들어갈 수가 없음을 보여준다.

그리고 마지막으로 이스라엘 자손들은 구름이 떠오르면 행진하고 구름이 떠오르지 않으면 나아가지 않았는데, 성령충만한 성도들의 삶은 나그네 같은 인생길에서 오직 하나님 말씀만 따라 사는 삶임을 보여주고 있다.

> "구름이 성막 위에서 떠오를 때에는 이스라엘 자손이 그 모든 행진하는 길에 앞으로 나아갔고 구름이 떠오르지 않을 때에는 떠오르는 날까지 나아가지 아니하였으며" (출 40:36, 37)

레위기

LEVITICUS

레위기
1장

번제(Burnt offering)

그는 번제물의 머리에 안수할지니 그를 위하여 기쁘게 받으심이 되어 그를 위하여 속죄가 될 것이라(1:4)

레위기는 성경 66권 중 가장 읽기 어려운, 그래서 손이 잘 안 가고 잘 읽지 않는 성경으로 알려져 있다. 그러나 레위기야말로 모세 오경의 중심이며 성경의 중심이라 할 수 있다. 왜냐하면 창세기는 '레위기(율법) 언약'을 어떤 분과 맺었는가를, 출애굽기는 그 언약을 맺게 된 역사적인 과정을, 민수기는 그 율법대로 사는 광야 훈련을, 신명기는 그 율법의 재해석을 기록한 책이기 때문이다. 또 역사서는 이스라엘 백성이 그 율법을 지키고 살았는지를, 시가서는 그 율법을 지킴으로 하나님께 찬양드림을, 예언서는 그 율법을 지키지 않았을 때 저주를 예언한 성경이기 때문이다.

한편 레위기의 주제는 "내가 거룩하니 너희도 거룩할지어다"(레 11:45)이다. 그러나 인간의 역사는 인간은 결코 거룩하거나 율법을 완전히 지킬 수 없음을 여실히 보여주고 있으며, 그러기에 성경은 '너희는 그 모든 율법을 다 지키고 너희에게 전가시켜 주신 예수 그리스도를 믿어야 한다'고 결론을 내고 있다.

먼저 1~17장까지는 '거룩하신 하나님께 나아가는 길'에 대해 말씀하고 계신데, 1~7장까지는 제사를 통한 방법을 주신다. 제사의 종류에는 5가지가 있는데, 그 첫 번째가 번제다. 번제는 죄와 관련이 있는 경우(14:20)는 물론이고 관련이 없는 경우(창 22, 출 24:5)에도 드려졌는데, 죄와 관계가 없는 경우에는 전적인 헌신과 말할 수 없는 감사 그리고 조건 없는 봉사의 의미로 드려졌다.

한편 번제를 포함한 모든 제사의 중심은 제사장이 아니라 '제사드리는 사람 본인'이다. 이 사실은 "너희는 택하신 족속이요 왕 같은 제사장들"(벧전 2:9)이라는 말씀에 명확히 선언되어 있으며, 오늘날에도 예배를 드리는 중심은 목회자가 아니라 성도들(회중)임을 명심해야 한다.

먼저 제사 드리는 사람은 제물을 끌고 와 회막문 앞에서 그 제물에게 안수하고 그 제물을 직접 잡는다. 안수는 1) 죄를 제물에게 전가하고 2) 죄로 인해 죽어야 할 나 대신 제물이 죽는다는 의미가 있다. 오늘날 우리는 이런 의미를 똑바로 알고, 우리를 대신해 예수께서 죽으셨음을 받아들이고 예배드려야 하며, 자기가 원하는 것을 받기 위해 목사들에게 안수를 받으려 하는 것은 잘못된 관행임을 알아야 한다.

한편 제사장은 제물의 피를 받아 번제단 아래 뿌리고 제사드리는 사람이 각을 뜨고(토막을 내고) 깨끗이 닦은 부위 전부를 번제단에 태우는 일만 했을 뿐이며, 제사의 대부분은 제사드리는 사람의 몫이었다. 그는 이렇게 제물을 잡고 각을 뜨고 내장을 씻는 과정을 통해 죄의 값이 사망임을 다시 확인해야 했던 것이다.

물론 신약시대인 지금은 제물을 드리는 제사를 드리지는 않는다. 그러나 우리는, 말씀(예수 그리스도)이 우리를 속속히 들여다보고 계심을 명심하고, 죄를 죽이고 씻어내는 일에 전력을 다해야 한다.

> "하나님 말씀은 살아 있고 활력이 있어 좌우에 날선 어떤 검보다도 예리하여 혼과 영과 및 관절과 골수를 찔러 쪼개기까지 하며 또 마음의 생각과 뜻을 판단하나니" (히 4:12)

레위기
2장

소제(grain offering)

네 모든 소제물에 소금을 치라 네 하나님의 언약의 소금을 네 소제에 빼지 못할 지니 네 모든 예물에 소금을 드릴지니라(2:13)

소제는 여러 가지 제사 방법 중 유일하게 동물이 아닌 곡식으로 드리는 제사로서, 가인이 곡식으로 드렸기 때문에 하나님이 그 제사를 받지 않으셨다는 해석은 잘못된 것이다(창 4:3). 또 소제만 따로 드리는 경우는 극히 드물었으며, 속죄제 등 다른 제사와 함께 드려졌기에, 사실 모든 제사에는 반드시 '제물의 피(예수의 피)'가 뿌려졌음을 우리는 기억해야 한다.

> "율법에 따라 거의 모든 물건이 피로써 정결하게 되나니 피흘림이 없은즉 사함이 없느니라" (히 9:22)

소제는 우리를 구원하신 예수 그리스도께서 하늘로부터 내려오는 영적 양식의 공급자가 되실 뿐 아니라 스스로 생명의 떡 되심을 상징하는 동시에(요 6:32~35), 이러한 영적 양식과 일용할 양식까지도 공급받는 성도들이 마땅히 하나님께 드려야 할 감사의 의무를 상징한다.

그리고 소제물에 반드시 소금을 쳐야 했는데, 이는 소금 언약(민 18:19)을 기억게 하는 것이며, 이는 성도들이 하나님은 언약을 영원히 신실하게 지키시는 분이심을 기억하며 영원토록 하나님만 섬기겠다는 약속을 드리는 의미가 있다. 또 소제물에 들어가선 안 되는 것으로 죄악을 의미하는 누룩과 세상의 유혹을 의미하는 꿀이 있었는데, 하나님과 영원한 언약 관계에 있는 성도들이 이것들을 제거하는 것은 당연한 일이다.

한편 우리가 오해하기 쉬운 것 중의 하나는 구약의 제사와 신약의 예배를 같다고 보는 것인데, 엄연히 그 의미가 다르다. 제사는 죄 사함을 받기 위해 드린 것인 반면, 예배는 예수 그리스도께서 단번에 드린 완전한 제사를 믿고 감사함으로 드리는 것이기 때문이다.

그러므로 골고다 언덕에 예수님의 십자가가 선 후인 신약 시대를 살고 있는 우리는 제사를 드리는 것이 아니라 예배를 드리는 것임을 알되, 구약에서의 제사의 의미를 잘 이해하고 예배와 삶에 잘 적용해야 한다.

> "하나님은 영이시니 예배하는 자가 영과 진리로 예배할지니라" (요 4:24)

레위기
3장

화목제(peace offerings)

제사장은 그것을 제단 위에서 불사를지니 이는 화제로 드리는 음식이요 향기로운 냄새라 모든 기름은 여호와의 것이니라 너희는 기름과 피를 먹지 말라 이는 너희의 모든 처소에서 너희 대대로 지킬 영원한 규례니라(3:16, 17)

화목제는 사람이 하나님과의 완전한 관계 또는 평화로운 관계를 얻고자 드리는 제사이다. 죄와 관계없이 드리는 제사라는 주장도 있으나 모든 제사에는 죄 사함이 전제되어 있다. 왜냐하면 '의인은 없나니 하나도 없으며'(롬 3:10), 거룩하신 하나님께 나아가기 위해서는 반드시 죄의 문제가 먼저 해결되어야 하기 때문이다.

그럼에도 다른 제사와는 달리 화목제의 경우 감사와 교제(하나님과 그리고 이웃들과)가 강조되었기에, 제물의 경우 수컷과 암컷 모두가 허용되었다(레 3:6).

그리고 제물의 전부를 태워 드리는 번제와는 달리 내장의 기름과 콩팥 등 일부만 번제단 위에서 태웠으며, 나머지 고기 부분은 제사장, 제사자 본인과 가족 심지어는 이웃들과 함께 먹도록 되어 있었는데, 기름과 피는 먹지 말도록 명령하셨다(레 3:17). 피는 생명을 의미하며(레 17:11, 육체의 생명은 피에 있음이라), 생명은 하나님께 속한 것이기에 먹지 않는 것이 당연하기 때문이다. 한편 신약 시대인 지금은 피를 선짓국이나 순대 등 음식으로 먹을 수는 있지만 생명을 귀하게 여기는 정신은 반드시 지켜져야 한다. '기름'의 경우 힘과 번성 그리고 가장 좋은 것, 값비싼 것을 의미했기에 가장 좋은 것을 하나님께 드리는 것은 당연하며, 간과 콩팥을 불사르는 것은 사람의 생명과 마음을 하나님께 올려드린다는 의미가 있다(렘 11:20, 시 7:9, 애 2:11).

한편 모든 성경의 내용은 예수 그리스도에 대하여 말하고 있는바, 하나님께서 원하시는 '참된 화목제물'은 소나 양이나 염소가 아닌 예수 그리스도이시다. 왜냐하면 동물의 피로는 인간의 죄의 문제를 해결할 수 없으며, 하나님의 요구를 만족시킬 수 있는 분은 완전한 하나님이시면서 동시에 완전한 인간이신 예수님 한 분밖에 없기 때문이다.

> "저는(예수) 우리 죄를 위한 화목제물이니 우리만 위할 뿐 아니요 온 세상의 죄를 위하심이라" (요일 2:2)

사도 바울은 주의 만찬(성찬식)에 대해 쓰면서 화목제 모델을 사용하고 있는데, 그리스도의 죽으심을 선포함으로써 성도들에게 십자가를 통한 하나님과의 동행과 영적 교제가 회복되기 때문이다.

> "떡을 가지사 축사하시고 이것은 너희를 위하는 내 몸이니 … 잔을 가지시고 가라사대 이 잔은 내 피로 세운 언약이니 이것을 행하여 마실 때마다 나를 기념하라" (고전 11:23~25)

그러기에 아무리 뻰지르르한 설교가 있고 겉보기에 폼 나는 예배라 하더라도 예수 그리스도와 그분의 십자가가 빠진 예배는, 그저 인간끼리 하는 모임이거나 윤리도덕적 강연일 뿐 절대로 하나님께서 기뻐 받으시는 예배가 될 수 없다.

속죄제 - 슬픈 그러나 희망 있는 만남

이스라엘 자손에게 말하여 이르라 누구든지 여호와의 계명 중 하나라도 그릇 범하였으되(4:2)

죄(하타아트)는 '과녁을 빗나가다'라는 뜻으로, 존재의 참된 목적에서 벗어나는 것을 말한다. 즉 죄를 범했다는 뜻은 곧 하나님의 계명에 순종하며 살고 그분처럼 거룩해야 하는 목적에서 벗어난 것을 말하며, 살인, 강도 등의 법률적인 죄는 죄의 증상일 뿐이다.

한편 속죄제는 속죄를 위한 가장 중심적인 제사로서, 죄 자체를 처리함으로써 이스라엘의 죄를 정결케 하는 역할을 했다.

속죄제에 드리는 제물은 범죄자의 사회적 지위에 따라 그 종류가 달랐는데, 제사장 등 높은 위치에 있는 사람들은 더 값비싼 제물을 드렸다. 이는 하나님 앞에서 모든 사람이 다 평등하지만 지도자의 위치에 있는 사람들은 영향력이 더 크다는 사실을 명심하고, 모든 면에서 더욱더 책임감을 가지고 생각하며 행해야 함을 알려주시는 것이다. 또한 가난한 자가 범죄한 경우에도 예외 없이 가장 값싼 비둘기나 고운 가루 에바의 십분의 일이라도 반드시 제물을 드리게 함으로써, 죄는 반드시 처벌되고 이스라엘에서 제해져야 함을 알려주셨다.

특히 속죄제의 경우 기름과 콩팥을 제외한 제물의 모든 부분을 이스라엘 진 밖의 재 버리는 곳에서 태우도록 했는데, 이는 예루살렘 성문 밖 갈보리 언덕에서 우리를 위해 십자가에 달려 돌아가신 참된 제물이신 예수 그리스도를 예표한 것이다.

한편 모든 인간의 범죄로 인해 가장 피해를 받으시는 분은, 자식이 아플 때 함께 아파하는 어미처럼 하나님 자신이시다. 그럼에도 불구하고 긍휼하신 하나님은 친히 죄의 문제를 해결할 방법을 주셨다. 그러기에 우리는 무엇보다 먼저 그런 하나님의 마음을 알아야 하며, 혹시 누군가가 죄를 짓더라도 처벌에 중점을 두기보다는 그가 죄를 회개하고 다시 하나님 앞에 살도록 기도하며 도와야 할 것이다. 또 스스로 죄를 지었을 경우에도 단순히 제사 의식을 치루기보다는 죄를 뉘우치며 회개하는 것에 초점을 두어야 하는데, 그 일은 회막(성막) 바깥, 즉 일상으로부터 시작되어야 한다.

그러나 죄 사함을 위한 이런 여러 가지 제사 제도에도 불구하고 간음, 우상숭배, 살인이나 참람죄와 같은 하나님께 대한 고의적인 대적죄를 덮는 의식은 모세 오경 어디에도 없으며, 반드시 죽임을 당해야 했다.

그런데 이제 어린양 예수 그리스도께서 십자가에서 피를 흘리심으로 성도들 모두를 살려주시고 또 구약시대에 드려졌던 모든 희생제도를 완성하고 폐하셨으니 이 얼마나 큰 은혜인가!

> "그러므로 이제 그리스도 예수 안에 있는 자에게는 결코 정죄함이 없나니" (롬 8:1)

레위기
5장

속건제(보상제, reparatation offering)

성물에 대한 잘못을 보상하되 그것에 오분의 일을 더하여 제사장에게 줄 것이요 제사장은 그 속건제의 숫양으로 그를 위하여 속죄한즉 그가 사함을 받으리라 (5:16)

속건제는 죄 때문에 생긴 손해를 보상하는 제사의 의미가 있기에 해당되는 물건 값의 오분의 일(20%)을 덧붙여서 보상해야 하는 것이다.

속건제는 1) 하나님의 성물에 대해서 죄를 범한 경우(예: 진설병)와 하나님의 거룩하신 이름이 법정에서 그릇 맹세되었을 경우 2) 인간관계에서 상대방에게 해를 끼쳤을 때 죄를 속하는 제사인데, 두 경우 모두 물건의 탈취와 관계가 있다. 이때 원래 것에 20%를 덧붙여 반환해야 할 뿐 아니라 하나님께 속건제를 드려야 하므로 엄청난 재산상의 피해를 감수해야 했다.

이를 통해 우리는 진정한 회개는 말뿐 아니라 행동으로 갚아야 하며(마 3:8), 단순히 범죄하기 이전으로의 환원이 아니라 그 이상의 신실한 생활로의 향상이 있어야 함을 알 수 있다. 또 이웃에게 범한 범죄라 할지라도 반드시 하나님께 속건제를 드린다는 측면에서 보면, 모든 죄는 다 하나님께 대한 죄라는 사실을 알 수 있으며, 하나님 사랑과 이웃 사랑은 서로 떼려야 뗄 수 없는 관계임을 알 수 있다.

> "누구든지 하나님을 사랑하노라 하고 그 형제를 미워하면 이는 거짓말 하는 자니, 보는바 그 형제를 사랑하지 아니하는 자는 보지 못하는바 하나님을 사랑할 수 없느니라" (요일 4:20)

한편 '속죄하다'는 뜻의 히브리어 '카파르'는 '덮다, 취소하다'의 뜻으로, 하나님께서 어린양 예수 그리스도의 피로 우리의 죄를 덮어주심을 의미한다. 이런 덮어주심의 은혜는 선악과를 따먹고 범죄한 아담과 하와에게 가죽옷(어린양의 가죽)을 입혀주신 사건에 잘 나타나 있으며, 대홍수 후 술에 만취해 벌거벗고 누워있는 노아를 덮어주는 셈과 야벳의 행위에서도 볼 수 있다.

> "셈과 야벳이 옷을 가져다가 자기들의 어깨에 메고 뒷걸음쳐 들어가서 그들의 아버지의 하체를 덮었으며 그들이 얼굴을 돌이키고 그들의 아버지의 하체를 보지 아니하였더라" (창 9:23)

이런 측면에서 예수님의 보혈로 우리의 죄를 덮어주신 십자가 사건은 참된 속건제물되신 예수 그리스도의 사랑과 하나님의 사랑이 함께 어우러져 나타난 사건이다.

> "그가 찔림은 우리의 허물 때문이요 그가 상함은 우리의 죄악 때문이라 그가 징계를 받으므로 우리는 평화를 누리고 그가 채찍에 맞으므로 우리는 나음을 받았도다" (사 53:5)

레위기
6장

각 제사에 대한 제사장의 의무

제단 위의 불은 항상 피워 꺼지지 않게 할지니 제사장은 아침마다 나무를 그 위에서 태우고 번제물을 그 위에 벌여 놓고 …(6:12)

본장에는 5장에 이어 속건제에 대한 내용 및 번제, 소제 그리고 속죄제에 대한 추가적인 내용과 각종 제사를 드릴 때 제사장이 해야 할 일이 기록되어 있다.

먼저 우리는 2절 '여호와께 신실하지 못하여 범죄하되 곧 이웃이 맡긴 물건이나'라는 말씀을 통해 이웃에 대한 모든 범죄가 궁극적으로는 여호와께 신실하지 못한 데서 기인한 것임을 알 수 있다. 즉 인간에 대한 범죄는 곧 하나님께 대한 범죄와 일맥상통한다는 뜻인데, 이를 통해 하나님 사랑과 이웃 사랑의 계명은 상호 밀접히 연관된 계명으로서 모든 율법의 핵심을 이루는 2대 정신임을 알 수 있다(마 22:36~40).

제사장이 해야 할 일들 중의 하나는 번제단의 불은 절대 꺼뜨려서는 안 된다는 것이었는데, 이는 제사는 계속해서 드려져야 함을 뜻하는 것이다. 번제단의 불은 성막을 봉헌할 때 하늘로부터 내려온 불인데, 향단에서 향을 피울 때도 반드시 이 번제단의 불을 사용해야 했다. 이처럼 번제단의 불이 계속해서 타올라야 하는 이유는, 오늘날 왕 같은 제사장인 성도들은 하나님께 끊임없는 헌신과 충성을 해야 하며, 공식적인 예배뿐만 아니라 삶의 전부가 예배여야 함을 강조한 것이다.

> "너희 몸을 하나님이 기뻐하시는 산 제물로 드리라 이는 너희가 드릴 영적 예배이니라" (롬 12:1)

곡물로 드리는 제사인 소제(素祭)는 '고운 가루'로 드려야 했는데, 이를 위해 곡식의 껍질이 벗겨지고 깨어지고 곱게 부서져야 했다. 이처럼 성도들은 예배 시는 물론이고 봉사나 구제를 할 때도 자기를 완전히 부인한 상태에서 온 맘과 정성을 다해 주님과 이웃을 사랑하는 마음으로, 소리 없이(자기 자랑 없이), 부풀림 없이(누룩과 꿀을 넣지 말고) 행해야 함을 의미한다. 왜냐하면 오직 하나님께만 돌려야 하는 영광을 인간이 가로챌 때 하나님께서는 무섭게 진노하시기 때문이다(행 5:1 아나니아와 삽비라 사건).

한편 제사장들은 제사의 종류에 따라 제물로 드린 것들을 성막 뜰 안에서 먹을 수 있었는데, 그때 사용된 그릇들까지도 반드시 깨뜨리든지(토기: 죄에 오염된 물이 스며들었기 때문), 물로 씻든지(유기, bronze) 함으로써 정결을 유지해야 했다. 이는 오늘날 제사장인 성도들은 비록 죄악 된 세상에 살고 있지만, 항상 죄와 구별된 거룩함을 유지하며 살아가야 함을 강조하는 것이다.

> "너희는 택하신 족속이요 왕 같은 제사장들이요 거룩한 나라요 그의 소유가 된 백성이니" (벧전 2:9)

레위기 7장

제사장의 기업

이는 여호와의 화제물 중에서 아론에게 돌릴 것과 그의 아들들에게 돌릴 것이니 그들을 세워 여호와의 제사장의 직분을 행하게 한 날 … 그들에게 돌리게 하신 것이라 대대로 영원히 받을 소득이니라(7:35, 36)

이스라엘 각 지파는 가나안 땅을 배정받아, 그 땅을 기업으로 삼고 살았다. 그러나 제사장들에게는 별도의 기업(땅)이 주어지지 않았으며, 하나님께서 '내가 네 분깃이요 네 기업'이라 말씀하셨다(민 18:20). 이는 곧 하나님께서 그들의 생계를 책임져 주시겠다는 뜻인데, 그 방법은 제사에 드려진 제물 중에 제사장 몫을 따로 구별해 주시는 것이었다. 그뿐 아니라 성막을 유지하기 위한 십일조 그리고 백성들이 레위인을 위해 드린 십일조 중에서도 제사장 몫을 별도로 돌리게 했다. 하나님은 지금도 하나님 나라 일꾼들을 이렇게 세심하게 챙기고 계신다.

한편 사도 바울은 사도로서 당연히 대접받을 권한을 말하면서도 아무쪼록 복음의 진보가 나타나게 하기 위해 그 권한을 쓰지 않았다(고전 9장).

사실 우리가 거두는 모든 수확(수입)은 하나님께서 은혜로 주신 것이기에 하나님 뜻대로 사용하는 것이 당연하다. 한편 성도들은 모두 구별된 레위인들이다. 비록 구약의 레위 지파는 아니지만 세상에서 구별되어 하나님께 드려진 사람들이기 때문이다. 그러므로 성도의 기업 또한 세상 것이 아닌 하나님 그분이어야 한다. 이는 많은 전리품을 호기롭게 포기하고 허전해하는 아브람에게 하신 하나님의 말씀이기도 하다.

> "아브람아 두려워하지 말라 나는 네 방패요 너의 지극히 큰 상급이니라" (창 15:1)

이런 측면에서 하나님을, 내가 원하는 세상적인 것들을 얻기 위한 수단으로

삶는 것은 잘못된 것임을 알 수 있다.

그렇다. 하나님께서 레위인이요 제사장인 성도들을 이 세상에 보내신 목적은, 우리의 힘과 생명은 세상의 것(돈, 자식, 권력 등)이 아니라 예수님이라는 것을 삶을 통해 배우고 오라는 뜻이다. 그러기에 광야(인생) 생활 40년 동안 만나를 주신 것은, 생명의 떡이며 말씀이신 예수님을 알라고 주신 것이라 명확히 말씀하고 있다.

> "너를 낮추시며 너를 주리게 하시며 또 너도 알지 못하며 네 조상들도 알지 못하던 만나를 네게 먹이신 것은 사람이 떡으로만 사는 것이 아니요 여호와의 입에서 나오는 모든 말씀으로 사는 줄을 네가 알게 하려 하심이니라" (신 8:3)

그러므로 우리는 인생을 통해 말씀으로 오신 예수님의 살과 피를 먹고 마심으로써 예수님으로만 살고, 예수님의 삶을 세상에 드러내는 제사장의 삶을 살아내야 한다.

> "예수께서 떡을 가지사 축복하시고 떼어 제자들에게 주시며 이르시되 받으라 이것은 내 몸이니라 하시고 … 이르시되 이것은 많은 사람을 위하여 흘리는 나의 피 곧 언약의 피니라" (막 14:22, 24)

성도, 하나님을 위해 거룩하게 된 자들

모세가 아론과 그의 아들들을 데려다가 물로 그들을 씻기고(8:6)

제사장 위임식을 거행하고 있다. 먼저 일상적인 제사장직 수행 시처럼 손과 발만 씻는 것이 아니라 온몸을 씻었는데, 여기서 물은 성령을 의미한다.

> "… 사람이 물과 성령으로 나지 아니하면 하나님의 나라에 들어갈 수 없느니라" (요 3:5)

> "요한은 물로 세례를 베풀었으나 너희는 몇 날이 못 되어 성령으로 세례를 받으리라" (행 1:5)

한편 성령은 삼위일체 하나님 중의 한 분으로 인간이 '오라, 가라' 할 수 있는 분이 아니며, 하나님이 택하신 자들에게 임하셔서 하나님의 일을 하게 하시는 것일 뿐, 개인이 쓸 수 있는 어떤 능력이 아니다.

계속해서 관유(기름)로 대제사장 아론의 머리에 붓고, 그 아들들에게 발랐다. 관유를 바른다는 뜻은 하나님께 쓰임받기 위해 거룩하게 구별되었다는 뜻이다. 구약에서 기름 부음을 받는(메시아흐=그리스도) 직분은 제사장, 왕, 선지자 세 가지로 이 직분들은 예수 그리스도 안에서 완성되었는데, 이 기름 부음 또한 성령의 기름 부으심을 상징하는 것이다. 한편 위임식에서도 번제와 함께 가장 먼저 속죄제가 드려졌는데, 이는 모든 일에 있어 가장 먼저 해야 하는 것은 죄의 더러움을 제거하는 것임을 알 수 있다.

또한 위임식의 숫양을 잡아 그 피를 오른쪽 귓불과 오른쪽 엄지손가락과 오른쪽 엄지발가락에 발랐는데, 이는 신체의 모든 부분이 전부 하나님께 드려졌다는 뜻이다. 이처럼 오늘날 왕 같은 제사장들인 모든 성도들은, '보고 듣고 행하는 모든 일'에 있어 거룩을 유지해야 하며, 모든 일을 주님의 영광을 위해서 해야 함을 말하는 것이다.

> "그런즉 너희가 먹든지 마시든지 무엇을 하든지 하나님의 영광을 위하여 하라" (고전 10:31)

> "너희를 권하노니 너희 몸을 하나님이 기뻐하시는 거룩한 산 제물로 드리라" (롬 12:1)

한편 구약의 모든 제도와 의식, 기구들은 하늘에 있는 것들의 모형과 그림자로서, 실체이신 예수 그리스도 안에서 모두 이루어졌으며, 그러기에 지금은 당연히 모두 사라졌다.

> "그러므로 먹고 마시는 것과 절기나 초하루나 안식일을 이유로 누구든지 너희를 비판하지 못하게 하라 이것들은 장래 일의 그림자이나 몸(실체, reality)은 그리스도의 것이니라" (골 2:16, 17)

레위기 9장

하나님이 기뻐 받으시는 예배

불이 여호와 앞에서 나와 제단 위의 번제물과 기름을 사른지라 온 백성이 이를 보고 소리 지르며 엎드렸더라(9:24)

제사장의 위임식은 7일간이나 계속되었는데, 이제 제8일에 드디어 모세가 아닌 아론에 의해 첫 제사가 드려지고 있다. 제사장 위임식이 7일간 계속해서 드려졌던 이유는, 하나님과 인간 사이를 중재하는 제사장은 하나님 앞에서 한 점 흠이 없어야 함을 암시한다. 그러나 역사는 연약한 인간은 그 역할을 완전하게 감당할 수가 없으며, 결국 참된 대제사장이신 예수 그리스도께서 오셔야 함을 보여주고 있다.

성경에서 제8일은 새로운 시작 곧 첫 창조가 아닌 '새 창조'를 의미한다. 이스라엘의 어린 아이는 태어난 지 8일 만에 할례를 받았는데, 이는 하나님과의 언약으로 말미암아 이제 몸이 죽고 영으로 새롭게 출발함을 의미한다. 한편 예수님은 안식 후 첫날, 즉 제8일에 부활하심으로 부활의 첫 열매가 되셨으며, 새 창조가 시작되었음을 보여주셨다.

> "그런즉 누구든지 그리스도 안에 있으면 새로운 피조물이라 이전 것은 지나갔으니 보라 새것이 되었도다" (고후 5:17)

이런 의미에서 오늘날 성도들 또한 성령의 기름 부음을 받은 제사장과 새로운 피조물로서 매일매일의 삶을 거룩한 산 제사로 드려야 한다.

첫 제사를 마친 아론은 백성들을 축복했는데(레 9:22), 이는 하나님의 보좌인 하늘로부터의 축복을 기대한다는 뜻이다. 왜냐하면 축복을 내리시는 분은 하나님이시므로, 아론은 다만 축복을 열망할 수 있었을 뿐인 것이다.

한편 아론은 이스라엘의 대제사장으로서 백성들을 축복하고 번제단에서 내려왔지만, 참 대제사장이신 예수 그리스도께서는 참 이스라엘 백성인 성도들을 축복하시고 하늘로 올라가셨다(행 1:9).

이렇게 첫 제사가 드려졌을 때 하늘로부터 불(성령, 행 2:3)이 내려와 모든 제물을 다 태웠는데, 이는 그들이 드린 제사를 하나님께서 기쁘게 열납하셨음을 의미한다. 이처럼 오늘날의 이스라엘 백성인 우리 성도들도 공적인 예배는 물론이요 일생동안 영과 진리로 드리는 참된 예배의 삶을 살아감으로써, 매순간을 하나님이 기뻐하시는 산 제사(living sacrifice)로 드려야 한다.

> "하나님은 영이시니 예배하는 자가 영과 진리로 예배할지니라" (요 4:24)

> "내가 하나님의 모든 자비하심으로 너희를 권하노니 너희 몸을 하나님이 기뻐하시는 거룩한 산 제물로 드리라 이는 너희가 드릴 영적 예배니라" (롬 12:1)

레위기 10장

오직 여호와의 명하신 대로

불이 여호와 앞에서 나와 그들을 삼키매 그들이 여호와 앞에서 죽은지라(10:2)

아론과 그의 아들들이 제사장으로서 제사를 드리기 시작한 지 얼마 되지 않아 나답과 아비후가 제사를 잘못 드림으로 인해 죽임을 당했는데, 그 직접적인 이유는 '다른 불'을 담아 향을 피웠기 때문이었다. 이들은 독주에 취한 상태로 분향한 것으로 보이는데(레 10:9, 너나 네 자손들이 회막에 들어갈 때는 포도주나 독주를 마시지 말아서 너희 사망을 면하라), 이때 이들은 하나님이 명하신 번제단 불을 사용하지 않고, 다른 불을 사용했던 것이다(레 16:12).

그런데 만약 이들이 그런 잘못으로 인해 죽임을 당해야 했다면, 과연 우리 중에 살아남을 자가 얼마나 있을까? 아마 하나도 없을 것 같다. 왜냐하면 인간 중에는 '의인은 없나니 하나도 없기 때문'이다(롬 3:10).

이와 유사한 사건이 신약 시대에도 발생했는데, 바로 아나니아와 삽비라 사건이다(행 5장). 이들은 땅을 팔아 헌금을 했지만 판 돈 중의 일부를 숨기고 거짓말을 했다는 이유로 즉각 죽임을 당했다. 그런데 과연 오늘날 이들보다 더 의로운 성도가 있을까?

이들이 죽임을 당할 수밖에 없었던 이유는 그 사건들이 성막 제사 초기 그리고 신약 교회 성립 초기에 발생했기 때문으로 보이는데, 만약 이런 일들을 그냥 간과했을 경우 시작부터 하나님의 법이 흔들릴 것이었기 때문이다. 그런데 더 비극적인 사실은 하나님께서 이렇게 경고하셨음에도 불구하고 나중에 보면 이스라엘 전체가 모두 타락했으며, 이보다 더 심각한 일들이 벌어졌다는 것이다.

한편 나답과 아비후 그리고 아나니아와 삽비라의 모습이 바로 오늘날 우리의 모습이며, 그러기에 우리는 모두 죽임을 당해야 마땅하다. 그런데도 우리가 죽지 않고 살아있는 유일한 이유는, 그 모든 죗값을 예수 그리스도께서 십자가에서 우리 대신 치러주셨기 때문이다(대속의 은혜).

> "너희가 알거니와 너희 조상이 물려준 헛된 행실에서 대속함을 받은 것은 은이나 금같이 없어질 것으로 된 것이 아니요 오직 흠 없고 점 없는 어린양 같은 그리스도의 보배로운 피로 된 것이니라" (벧전 1:18, 19)

한편 나답과 아비후가 이렇게 즉각 죽임을 당한 것과는 달리 엘르아살과 이다말은, 속죄 제물을 성막 안에서 먹지 않고 태워버림으로써 율법을 어겼으나 죽임을 당하지 않았다. 왜냐하면 형제가 죽임을 당한 현장에서 그 즉시 제물을 먹을 수는 없었기 때문이다. 여기서 우리는 하나님께서는 우리 마음의 중심을 보시는 분이심을 볼 수 있다.

그렇다. 성도들은 하나님 말씀(율법)을 철저히 지켜야 한다. 그러나 하나님은 율법을 주셨지만 율법에 매이는 분이 아니시기에 우리가 사랑으로 행했을 때 그 마음을 받으시고 은혜로 덮어주신다. 그러므로 오늘도 우리는 예수님의 사랑으로 서로 사랑해야 한다.

> "무엇보다도 뜨겁게 서로 사랑할지니 사랑은 허다한 죄를 덮느니라" (벧전 4:8)

레위기
11장

성도여, 거룩하라!

나는 여호와 너희의 하나님이라 내가 거룩하니 너희도 몸을 구별하여 거룩하게 하고 땅에 기는 길짐승으로 말미암아 스스로 더럽히지 말라(11:44)

좀 까탈스럽고 이해하기 어려운 규례가 나오는데, 먹을 수 있는 정한 동물과 먹을 수 없는 부정한 동물의 구분이다.

먼저 알아야 할 것은 이 모든 음식에 관련된 구약의 규례는 신약에서는 폐하여졌다는 것이다.

> "무엇이든지 밖에서 사람에게로 들어가는 것은 능히 사람을 더럽게 하지 못하되 … 이러므로 모든 음식물은 깨끗하다 하시니라" (막 7:15~19)

> "베드로가 이르되 주여 그럴 수 없나이다 속되고 깨끗하지 아니한 것을 내가 결코 먹지 아니하였나이다 한대 두 번째 소리가 있으되 하나님께서 깨끗하게 하신 것을 네가 속되다 하지 말라" (행 10:14, 15)

태초에 천지만물을 창조하신 후에 하나님께서는 계속해서 '보시기에 좋았더라'라는 말씀을 반복하셨다. 부정한 동물을 포함한 모든 창조가 완벽했다는 뜻이다.

그렇다면 왜 하나님은 그 완전한 창조물을 정한 것과 부정한 것으로 나누시는 것일까? 그 이유는 단 하나, 택하심을 받은 백성인 성도들에게 '거룩'이 무엇인가를 가르쳐 주시기 위함이다. 아직 태어나기도 전에 야곱을 사랑하시고 에서를 미워하신 것처럼, 부정한 동물들도 성도들에게 가르치기 위한 선한 목적으로 창조된 것이다. 이 얼마나 감사한 일인가!

우선 자연계를 네 부분으로 나눌 수 있는데, 정함과 부정함의 결정 기준은 피

(생명)와 죽음 그리고 완전성이다. 생명인 피째 먹는 동물과 죽음을 떠올리게 하는 동물은 부정한 동물로 규정했는데, 오늘날 성도들도 이 정신을 살려 죽음을 멀리하고, 생명을 살리고 증진하는 일에 전력을 다해야 한다.

부정한 동물의 종류

1. 공중 - 찢어서 피째 먹는 맹금류나 고기를 삼키는 육식조류(독수리, 솔개)
2. 지상 - 찢어서 피째 먹는 육식동물(사자) 및 새김질이나 굽이 갈라지지 않은 동물
3. 지표면 - 배가 지표면에 닿는 동물이나 땅속에 사는 것(땅은 부정한 것으로 여겨짐. 뱀, 두더지)
4. 수중 - 물속 밑바닥에 살거나 비늘이 없어서 기는 짐승과 비슷한 어류(뱀장어, 해파리)

이런 원칙은 12장 이하에서도 계속 유지되는데, 피의 유출은 생명의 유실을 의미하기에 출산 후 피의 유출도 부정한 것으로 간주되었다.

성도는 단어의 뜻대로 '거룩한 무리'이다. 한마디로 모든 정결법은 성도들에게 거룩이란 무엇인가를 가르쳐 주시고, 공적인 예배 때뿐만 아니라 음식을 먹는 것과 같은 일상생활 가운데서도 세상 사람들과는 다른 구별된 삶, 완전한 삶을 살도록 하시기 위해 주신 것이다.

그러므로 우리 성도들은 예수 그리스도께서 이루신 완전한 정결을 감사하며 먹고 마시는 일에 자유를 누리되, 이런 정결법의 정신을 지켜 거룩한 삶을 살도록 최선을 다해야 한다.

> "내가(하나님) 거룩하니 너희도 거룩할지어다" (레 11:45)

레위기 12장

거룩에 이르는 길

… 하나는 번제물로, 하나는 속죄제물로 삼을 것이요 제사장은 그를 위하여 속죄할지니 그가 정결하리라(12:8)

부정(ceremonially unclean)이란 '깨끗하지 않음'뿐만 아니라 바르지 못함, 정숙하지 못함, 지키지 못함(간음)도 지칭한다. 하나님이 보시기에 어긋난 것은 모두 '부정'이며, 하나님 말씀에서 벗어난 것, 하나님 신앙과 타 종교를 섞은 것 그리고 몸으로 하는 생활도 정결한 질서를 따르지 않으면 부정을 낳는다.

12장에는 출산에 관한 정결법이 기록되어 있다. 그렇다면 왜 생명을 낳는 일을 부정하다고 규정하셨을까? 정확한 이유는 성경에 밝혀져 있지 않으나 몇 가지로 볼 수 있다.

먼저 피는 생명을 의미하는데 출산 시 피의 유출은 죽음을 의미하기 때문이다. 두 번째로는 몸조리와 위생적인 측면이 있다. 성(sex)은 하나님이 허락하신 특권이지만, 출산 후 일정 기간 성적 접촉을 금지함으로써 산모의 건강을 지킬 수 있기 때문이다.

한편 남아와 여아를 출산했을 때 정결 기간이 각각 달랐는데, 그 이유가 명확지는 않지만 원죄의 책임이 여자인 하와에게 있으며(딤전 2:14), 남아의 경우 할례를 행함으로 죄가 어느 정도 감하여졌기 때문이라 볼 수 있다.

그리고 정해진 정결 기간이 끝나면(남아 40일, 여아 80일) 번제와 속죄제를 드렸다. 번제는 출산에 대한 감사와 하나님께 대한 계속적인 헌신을 의미하며, 속죄제를 드리는 이유는 피 흘림(출산 시)은 곧 죽음을 의미하고 죽음은 곧 죄의 결과이기 때문이라 볼 수 있다. 출산과 관련하여 다윗은 '내가 죄악 가운데 출생하였음이여 어머니가 죄 중에서 나를 잉태하였나이다'라고 고백했다(시 51:5).

한편 예수님을 출산한 마리아도 이 율법에 따라 산비둘기 두 마리를 드렸는데, 이를 통해 우리는 예수님께서 율법 시대(구약)에 율법하에 태어나셨다는 것과 및 이 땅에 사시는 동안 율법을 다 지키시고 십자가에 달려 죽으심으로 율법의 요구를 완전히 충족하시고 온전케 하신 분임을 알 수 있다.

> "때가 차매 하나님이 그 아들을 보내사 여자에게서 나게 하시고 율법 아래에 나게 하신 것은 율법 아래에 있는 자들을 속량하시고 우리로 아들의 명분을 얻게 하려 하심이라" (갈 4:4, 5)

이런 측면에서 오늘날의 성도들은 신약 시대를 살아가기에 이런 율법을 지키지는 않지만, 그 정신을 본받아 가정생활에서부터 생명을 존귀하게 여기며, 거룩하고 구별된 삶을 살아야 함을 알 수 있다.

> "그런즉 너희가 먹든지 마시든지 무엇을 하든지 다 하나님의 영광을 위하여 하라" (고전 10:31)

레위기 13장

악성 전염병

제사장은 그를 진찰하여서 그 환부가 희어졌으면 환자를 정하다 할지니 그는 정하니라(13:17)

하나님은 매우 세밀한 부분까지 살피시는 분이다. 왜냐하면 죄는 전염성이 강하기 때문에, 적은 누룩이 온 덩어리를 부풀리는 것처럼 죄가 우리 온몸은 물론 믿음의 공동체 전체를 오염시킬 수 있기 때문이다. 어떤 측면에서 보면 하나님께서 무서운 전염병을 허락하시는 이유는, 성도들로 하여금 죄의 무서움을 깨닫게 하시기 위함이라 볼 수 있다.

질병의 판단은 제사장들이 담당했는데, 이는 참된 제사장 되신 예수 그리스도를 예표한 것으로 그분은 인간의 죄를 판별하실 뿐만 아니라 친히 치료까지 하시는 분이심을 알려주는 것이다. 그러므로 성도들은 죄를 숨기지 말고 참된 치유자 되신 주님 앞에 나가 회개함으로 영적인 질병들을 치유받아야 한다.

한편 문둥병(한센병, 차라아뜨)은 대표적인 악성 전염병으로 기록되어 있는데, 원래 뜻은 '때려눕히다, 매질하다'로 그만큼 증세가 심하다는 것을 보여준다. 그러나 이는 죄의 무서운 속성(파괴성, 분리성, 전염성, 침투성 등)을 생생하게 드러내주기 위한 것일 뿐이며, 문둥병자들이 하나님께 버림받았음을 뜻하는 것은 절대 아니다.

제사장은 반복적인 검사를 통해 문둥병 여부를 신중하게 판단했는데, 이를 통해 성도는 타인을 함부로 판단해서는 안 되며, 혹시 누군가 죄를 범했다 할지라도 그와 함께 아파하며 조속한 회복을 위해 함께 기도해야 함을 보여준다.

반면에 문둥병이 전신에 퍼졌으면 그 사람에 대하여 오히려 '정하다' 선포했는데, 이는 환부의 딱지가 말라 떨어짐과 동시에 완쾌되었기 때문이다. 동시에 이를 영적으로 보면 사람이 범죄했을 때 그 죄를 숨기지 않고 하나님께 다 고백하고 회개하면 정결함을 받을 수 있다는 사실을 암시해 준다.

> "만일 우리가 우리 죄를 자백하면 그는 미쁘시고 의로우사 우리 죄를 사하시며 우리를 모든 불의에서 깨끗하게 하실 것이요" (요일 1:9)

또한 한센병이 무서운 이유는 팔다리가 썩어 들어감에도 고통을 전혀 느끼지 못하기 때문이다. 인간의 죄 또한 한센병과 마찬가지인데, 죄를 범할 때 고통을 느끼기는커녕 죄가 계속되면 당연한 것으로 여기고 무감각하게 된다. 그러나 그 죄의 끝은 영원한 죽음이니 어찌 통탄할 일이 아니겠는가!

그러므로 성도들은 항상 말씀 앞에 깨어 있어야 하며, 귀를 즐겁게 해주는 설교가 아니라 죄를 지적/책망하는 설교가 당장은 아프지만 나를 살린다는 사실을 명심해야 한다.

> "그가(성령) 와서 죄에 대하여, 의에 대하여, 심판에 대하여 세상(내 안에 있는 세상)을 책망하시리라" (요 16:8)

레위기
14장

정결을 위한 의식

나병에서 정결함을 받을 자에게 일곱 번 뿌려 정하다 하고 그 살아 있는 새는 들에 놓을지며(레 14:7)

나병(문둥병)으로 판명된 자는 완치 판정을 받기 전까지는 진(camp) 밖에서 살아야 했는데, 이는 죄의 전염을 막기 위한 조치다. 완치 판정 절차도 제사장이 진 밖으로 나가서 행했는데, 이는 병자와 소외된 자를 찾아 하늘 보좌를 버리고 이 땅에 오신 예수님을 예표하는 것이다.

먼저 새 한 마리를 흐르는 물 위 질그릇 안에서 잡았는데, 이는 성도들의 죄 사함을 위해 십자가에서 흘리신 예수님의 물과 피를 상징한다. 그리고 그 새의 피를 살아있는 새의 몸에 찍어 문둥병자에게 일곱 번 뿌리고 들로 날려 보냈는데, 이는 그 병자가 문둥병과 부정에서 해방되어 자유케 된 것을 선언하는 의미이며, 이는 장차 예수님의 피로 모든 성도들이 죄와 사망으로부터 해방되어 영생을 얻게 될 것을 상징한다.

이런 의식에 사용된 백향목은 광택과 향기가 나며 오래 보존되는 나무로서 죽음을 극복한 생명의 능력을 상징하며, 우슬초는 죄 및 부정으로부터 정결케 하는 능력을(시 51:7, 우슬초로 나를 정결하게 하소서), 홍색 실은 예수님의 보혈을 상징한다.

이후 이 완치된 환자는 진으로 들어올 수 있었으나 부활을 의미하는 8일 후 속건제와 속죄제, 번제와 소제를 드린 후에 비로소 집으로 돌아갈 수 있었다. 속건제는 이스라엘 공동체를 더럽힌 것에 대한 보상으로, 속죄제는 모든 죄의 용서와 의식적 부정을 제거하는 의미로, 번제는 죄 씻음을 받은 자로서의 헌신과 충성의 의미로, 소제는 봉사의 의미로 드려졌다.

속건제에서 피를 먼저 바르고 기름을 바른 이유는, 예수 그리스도의 보혈로 말미암는 속죄와 회개의 역사가 선행되지 않는다면 성령(기름 부음)께서 우리 안에 임하셔서 당신의 뜻을 이룰 수 없음을 의미한다.

이런 복잡한 의식을 통해 성도들은 항상 죄를 멀리하고 주위 환경을 청결하게 유지해야 하며, 경건한 삶을 살아야 함을 알 수 있다.

> "그런즉 사랑하는 자들아 이 약속을 가진 우리는 하나님을 두려워하는 가운데서 거룩함을 온전히 이루어 육과 영의 온갖 더러운 것에서 자신을 깨끗하게 하자" (고후 7:1)

레위기
15장

유출병

너희는 이와 같이 이스라엘 자손이 그들의 부정에서 떠나게 하여 그들 가운데에 있는 내 성막을 그들이 더럽히고 그들이 부정한 중에서 죽지 않도록 할지니라 (15:31)

우리는 흔히 죄를 한 개인의 문제로 생각하기 쉽다. 그러나 성도는 예수 그리스도를 머리로 한 한 몸의 지체 즉 유기체로 구원받은 것이기에, 성도의 모든 행위와 삶은 먼저 교회 공동체 그리고 더 나아가 피 값을 주고 우리를 사신 하나님께도 심각한 영향을 미친다. 그러기에 하나님은 모든 죄와 부정(unclean)을 철저히 제거하길 원하신다.

15장은 여러 가지 유출(몸에서 흘러나오는 것)을 모두 부정하다 하시며, 정결을 위한 방법을 제시하신다. 왜냐하면 모든 유출은 곧 신체의 파괴적인 현상 즉 생명의 파괴이며, 부패한 인간으로부터 나오는 모든 것은 다 부정하기 때문이다.

> "무엇이든지 밖에서 사람에게로 들어가는 것은 능히 사람을 더럽게 하지 못하되 사람 안에서 나오는 것이 사람을 더럽게 하는 것이니라 하시고" (막 7:15, 16)

특히 성기로부터의 유출은 성병으로 인한 경우가 많기에 부정하다 기록되어 있는데, 성적 문란은 한 공동체의 몰락의 결정적 원인임을 역사가 보여주고 있다(소돔과 고모라, 로마 등). 또한 성경은 성적인 간음을 하나님을 떠난 다른 우상과의 영적인 간음으로 보아 엄격히 금하고 있다. 이런 하나님의 말씀은 성(sex)을 상품화하고 성적인 문란의 극치를 달리고 있는 오늘날 우리 사회에 무서운 경종을 울리는 말씀이다.

이런 유출병에 대한 정결법을 통해 우리는, 하나님께서는 문둥병처럼 외부에 확연히 드러난 부정 상태뿐만 아니라 내적으로 보이지 않는 은밀한 것까지도 정결하게 유지하길 원하시며 우리 마음까지도 감찰하고 계심을 알 수 있다.

나아가 우리는, 우리가 이런 모든 죄와 부정으로부터 구원받은 것은 거저 된 것이 아니라 예수님이 우리 대신 모든 고통을 지셨음을 기억하고, 그 은혜에 감사하며 더욱 거룩한 삶을 살도록 최선을 다해야 할 것이다.

> "그는(예수) 실로 우리의 질고(질병과 고통)를 지고 우리의 슬픔을 당하였거늘 우리는 생각하기를 그는 징벌을 받아 하나님께 맞으며 고난을 당한다 하였노라" (사 53:4)

레위기 16장

대속죄일(욤 키푸르)

이 날에 너희를 위하여 속죄하여 너희를 정결하게 하리니 너희의 모든 죄에서 너희가 여호와 앞에 정결하리라(16:30)

이스라엘 백성들은 죄를 깨닫거나 부정을 범했을 때 항상 제사를 드려야 했다. 그러나 부지중이나 무의식중에 허물을 범하고 미처 속죄하지 못한 죄악들이 있기에 하나님은 일 년에 단 한 번 대속죄일을 정해 속죄할 수 있는 길을 열어주셨다. 이를 통해 우리는 모든 죄는 반드시 처리되어야 하며, 하나님은 죄를 미워하시지만 죄인을 사랑하신다는 사실을 알 수 있다.

한편 대속죄일의 모든 절차는 대제사장이 홀로 수행했는데 이를 통해 오직 예수 그리스도 한 분만이 하나님께 나아갈 수 있는 유일한 길(행 4:12)과 중보자 되심을 알 수 있다. 이렇게 오직 예수님만 하나님 앞에 나갈 수 있음에도 불구하고 성도들은 예수께서 단번에 완전한 제사를 드려주심으로 그 이름을 힘입어 하나님 앞에 나아갈 수 있는 담대함을 얻었다.

> "그러므로 형제들아 우리가 예수의 피를 힘입어 성소에 들어갈 담력을 얻었나니 그 길은 우리를 위하여 휘장 가운데로 열어 놓으신 새로운 살 길이요 휘장은 곧 그의 육체니라" (히 10:19, 20)

그리고 대속죄일에는 대제사장이 지성소에 들어가 속죄소 위와 앞에 제물의 피를 뿌렸는데, 속죄소는 인간의 죄와 불순종의 증거들(십계명 돌판, 아론의 싹 난 지팡이, 만나 항아리)이 들어 있는 증거궤를 덮고 있다. 여기서 속죄소(mercy seat) 위에 제물의 피가 뿌려진 것은 장차 예수께서 십자가에 달려 피 흘려주심으로 성도들의 모든 죄가 간과될 것임을 예표한 것이다.

한편 모든 제물은 우리 죄를 위해 죽으신 예수 그리스도를 예표한다. 그중에서도 특히 먼 광야로 보내져 죽임당한 아사셀 염소는, 성도들의 모든 죄를 사하시고 그들에게 영생을 주시기 위해 하늘 보좌를 버리고 이 광야 같은 세상에 오셔서 인간들에게 버림받고 예루살렘 밖 골고다 언덕에서 죽으신 예수님을 너무나 리얼하게 보여주고 있다. 그 은혜로 말미암아 우리 그리스도인은, 지금 그리고 앞으로도 영원히 하나님과 화평을 누리며 살게 될 것이다. 할렐루야!

> "여호와의 말씀이니라 그날 그때에는 이스라엘의 죄악을 찾을지라도 없겠고 유다의 죄를 찾을지라도 찾아내지 못하리니 이는 내가 남긴 자를 용서할 것임이라" (렘 50:20)

레위기
17장

생명은 피에 있음이라

육체의 생명은 피에 있음이라 내가 이 피를 너희에게 주어 제단에 뿌려 너희의 생명을 위하여 속죄하게 하였나니 생명이 피에 있으므로 피가 죄를 속하느니라 (17:11)

모든 생명은 하나님께서 주신 것이기에 귀하다. 그러기에 육식은 홍수 이후에나 허락되었다. 그러나 그 경우에도 '피는 먹지 말라' 하셨다(창 9:3). 피는 곧 생명을 뜻하는데 생명은 하나님의 것이며, 하나님께 속한 것이기 때문이다.

하나님이신 예수님은 '나는 길이요 진리요 생명'(요 14:6)이라 말씀하셨다. 예수가 바로 '그 생명(the life)'이라는 말씀은 예수가 있는 사람, 곧 예수를 믿는 사람은 생명이 있는 사람이요, 예수를 믿지 않는 사람들은 살았다고 하지만 실은 죽은 자임을 선언하신 것이다. 믿지 않는 사람들은 이미 생명 그 자체이신 예수와 끊어져 있기 때문이다. 그런데 생명이신 예수님께서 아담의 범죄로 인해 죽어서 태어난 성도들을 살리기 위해 십자가에 달려 '피'를 흘려주셨다. 그러기에 성도들은 말씀을 읽고 성찬을 드릴 때마다 이 사실을 기억해야 한다(고전 11:25, 내 피를 마셔라).

그렇다. 우리는 생명은 오직 하나님께 속한 것임을 통해 생명의 신성함을 알아야 하며, 살인이 얼마나 큰 죄인지를 알고 낙태나 안락사 등에 신중을 기해야 한다. 그리고 더 나아가 생명을 살리고 향상시키는 일에 최선을 다해야 한다.

그리고 하나님은 모든 희생제사는 성막에서만 드리도록 명령하신다. 이는 아무데서나 드려지던 우상 제사를 금하신 것으로 오직 하나님 한 분만이 우리 예배의 대상이시며, 사랑의 대상이심을 다시 한번 선포하신 것이다(출 20:3, 십계명 제1계명).

"예수께서 이르시되 네 마음을 다하고 목숨을 다하고 뜻을 다하여 주 너의 하나님을 사랑하라 하셨으니" (마 22:37)

그런데 예수님께서는 사마리아 여인과의 대화에서 이런 구약의 중앙성소 개념을 타파하시고, 성령과 진리(말씀) 가운데 드리는 예배만이 참 예배임을 선언하셨다(요 4:21).

그러므로 우리는 우리가 드리는 예배가 하나님이 아닌 나를 기쁘게 하고 또 형식에만 치우친 예배가 아닌지를 점검하고, 영과 진리로 드리는 참된 예배를 드려야 한다.

"아버지께 참되게 예배하는 자들은 영과 진리로 예배할 때가 오나니 곧 이때라 아버지께서는 자기에게 이렇게 예배하는 자들을 찾으시느니라 하나님은 영이시니 예배하는 자가 영(성령)과 진리로 예배할지니라" (요 4:23, 24)

레위기
18장

가증한 일들

너희도 더럽히면 그 땅이 너희가 있기 전 주민을 토함 같이 너희를 토할까 하노라(18:28)

일상적인 생활규례에 앞서 가장 먼저 성 문제를 언급한 것은 성 윤리가 모든 윤리의 기초이며 모든 타락의 출발점이기 때문이다.

성관계(sex)는 부부가 서로의 사랑을 확인하고 후손을 얻기 위한 성스러운 행위이다. 그러나 타락한 인간이 가장 흔하게 범하는 죄가 또한 성범죄이다. 이는 모든 인간은 전적으로 타락하되 생명이 시작되는 성관계부터 타락했다는 증거이며, 인간에게는 결코 해결책이 없음을 암시하고 있다.

한편 에베소서 5장 22절 이하에 남편과 아내에 대한 말씀이 나오는데, 남녀 간의 결혼(성관계) 또한 그리스도와 그의 신부인 교회 간의 관계를 설명하기 위해 주어진 것임을 알 수 있다.

> "이 비밀이 크도다 나는 그리스도(남편)와 교회(아내)에 대하여 말하노라" (엡 5:32)

그러므로 이 세상에서 잠시 나그네로 살아가는 그리스도의 신부인 성도는, 거룩하고 정결한 성생활을 통해 장차 천국에서 남편 되실 그리스도를 올바로 섬기는 법을 배워야 한다.

그리고 이스라엘 백성들이 하지 말아야 할 비정상적인 성관계로 우선 근친상간, 동성애, 수간(동물과의 성관계)을 들고 있는데, 이는 당시 사회에서 이런 부도덕한 성행위가 널리 자행되고 있었다는 반증이다. 그리고 이런 인간의 죄성은 절대로 변하지 않기 때문에 성도들은 오늘날도 이런 일들이 주위에서 비일비재하게 발생하고 있음을 명심하고, 항상 깨어있어야 한다.

이중 동성애는 하나님께서 엄히 금하신 성행위로서, 하나님의 창조 질서를 어기고 대적하는 무서운 범죄 행위이다. 그러나 '죄는 미워하되 죄인을 미워하지 말라'는 말씀처럼 우리는 동성애자들을 불쌍히 여기고 이들을 위해 기도하며, 이들이 정상적인 상태로 회복할 수 있도록 도와야 한다. 왜냐하면 그들이 그런 상태에 빠지도록 세상을 더럽힌 책임이 우리에게도 있으며, 우리 또한 매일 우리 이웃을 죽이고 있는 살인자들이기 때문이다.

> "그 형제를 미워하는 자마다 살인하는 자니 살인하는 자마다 영생이 그 속에 거하지 아니하는 것을 너희가 아는 바라" (요일 3:15)

한편 우리가 이런 살인자요 우상숭배자요 세상과 간음한 자임에도 불구하고 천국을 약속받고 아직 살아있는 이유는 오직 하나, 참 제물 되신 예수께서 우리 대신 피 흘려주셨기 때문이다. 할렐루야!

> "하물며 영원하신 성령으로 말미암아 흠 없는 자기를 하나님께 드린 그리스도의 피가 어찌 너희 양심을 죽은 행실에서 깨끗하게 하고 살아 계신 하나님을 섬기게 하지 못하겠느냐" (히 9:14)

레위기 19장

이웃 사랑

원수를 갚지 말며 동포를 원망하지 말며 네 이웃 사랑하기를 네 자신과 같이 사랑하라 나는 여호와이니라(19:18)

하나님께서는 계속 "나는 여호와니라"를 반복하시는데, 이는 '나 언약의 하나님은 너희 이스라엘을 반드시 거룩한 백성으로 만들고 말겠다'는 선언이며, 이런 하나님의 뜻은 이미 이루어진 것과 마찬가진데 하나님은 모든 언약을 반드시 이루시는 분이기 때문이다. 그러므로 우리 성도들은 거룩해지기 위해서라기보다는, 이미 '거룩하다 인정받은 자'로서 거룩한 삶을 추구하며 살아야 한다.

먼저 성도는 신체적 사회적 약자들을 잘 보살피고 도와야 한다. 그러나 그런 약자들을 위해서도 편파적인 재판을 해서는 안 되는데, 하나님은 공의로운 분이시기 때문이다. 한편 이 세상에는 가난한 자가 항상 있을 수밖에 없는데, 그 이유는 이 세상에는 예수님처럼 자기를 완전히 버리면서 이웃을 사랑할 수 있는 사람이 하나도 없기 때문이다. 그러므로 우리는 약자들을 돕되, 그들에게 복음을 선포함으로써 그들을 하나님 나라 백성으로 만드는 것으로 도와야 한다.

특히 하나님은 두 종류를 섞는 교합 행위를 엄금하셨는데(동물, 곡물, 의복 등), 이는 창조 질서를 어지럽히는 행위일 뿐 아니라 영적으로는 일종의 간음 행위이기 때문이다. 그런데 여호와 유일신 신앙에 투철했던 이스라엘 백성들도 혼합주의에 빠져 있었기에 바벨론 포로로 끌려가기 전까지 성전 제사를 드리면서도 한편으론 계속해서 우상을 섬겼다고 한다. 그 지독하고 철저한 이스라엘 백성들이 그랬다면, 요즘 성도들은 오죽하겠는가!

이런 인간의 혼합주의적 죄성과는 달리 기독교는 흑백논리이다. 빛 아니면 어둠, 생명 아니면 죽음, 복음 아니면 거짓이지 중간지대는 없다. 그러므로 성도는 모름지기 성경이 말하는 예수 그리스도만을 믿어야지, 아무리 그럴듯해 보여도 적당히 희석되고 섞인 복음은 더 이상 복음이 아니다.

> "의와 불법이 어찌 함께 하며 빛과 어둠이 어찌 사귀며 그리스도와 벨리알(사탄)이 어찌 조화되며 믿는 자와 믿지 않는 자가 어찌 상관하며" (고후 6:14, 15)

한편 '거룩'이란 모름지기 하나님 사랑과 이웃 사랑으로 나타나게 되어 있는데 이런 사랑은 스스로 주인 되고자 하는 죄성을 버리는 일과 자기부인이 되지 않고는 불가능한 일이다. 그러기에 우리는 걸레 같은 내 의가 아니라 오직 예수 그리스도의 십자가만을 의지할 수밖에 없다.

> "내가 그를 위하여 모든 것을 잃어버리고 배설물로 여김은 그리스도를 얻고 그 안에서 발견되려 함이니 내가 가진 의는 율법에서 난 것이 아니요 오직 그리스도를 믿음으로 말미암은 것이니 곧 믿음으로 하나님께로부터 난 의라" (빌 3:8, 9)

레위기
20장

예수, 우리를 거룩케 하시는 분

너희는 내 규례를 지켜 행하라 나는 너희를 거룩하게 하는 여호와이니라(20:8)

하나님은 이스라엘 백성들(성도들)에게 계속해서 '거룩하라' 말씀하신다. 이는 믿음생활의 핵심이 '거룩'이며, 거룩은 곧 죄 없음을 의미한다. 그런데 과연 우리 중에 죄가 없는 자가 있을까? 없다. 우리 중에 죄 없는 자는 하나도 없기에(롬 3:10), 살아남을 자 또한 하나도 없다. 왜냐하면 죄의 값은 사망이기 때문이다.

> "죄의 값은 사망이요 하나님의 은사는 그리스도 예수 우리 주 안에 있는 영생이니라"(롬 6:23)

그런데 예수님께서 우리를 품어 안고 십자가에서 죽고 다시 살아나심으로, 우리는 다시 살아나 새로운 피조물이 되었다. 그러므로 우리가 죄를 범치 않을 수 있는 것은 율법을 지켜서가 아니라, 생명의 성령의 법에 따라 살아가기 때문이다(롬 8:2).

또한 사형에 해당하는 죄를 다시 한번 기록하고 있는데(몰렉을 섬기는 일, 근친상간, 동성애, 수간, 복술자, 박수 등), 이런 죄들은 창조 질서를 위반하고, 하나님 대신 우상을 섬기는 패륜적인 행위이기 때문이다.

또한 부모를 저주하는 자들 역시 반드시 죽임을 당했는데, 눈에 보이는 권위의 상징인 부모를 공경하지 않고는 눈에 보이지 않는 하나님을 경외할 수 없기 때문이다. 포스트모더니즘 시대인 현대에는 이런 기본적인 율례가 지켜지지 않고 있기에 모든 면에서 질서가 무너지고 범죄가 홍수처럼 넘치고 있다.

계속해서 간음죄 역시 가차 없이 돌로 쳐 죽이라 하셨는데, 이는 육체의 간음은 곧 영적인 간음을 의미하는 것으로, 하나님을 떠나 다른 우상을 섬기는 행위는 곧 영원한 죽음임을 경고하기 위함이다.

그러나 이런 율법과는 달리 예수님은 간음한 여인을 용서해 주셨는데(요 8장), 무조건 용서하신 것이 아니라 그 여인의 죄를 예수님께서 대신 짊어지고 십자가에 죽는 방법으로 하신 것이다. 결국 우리의 죄가 하나님이신 예수님을 십자가에 못 박은 것이다. 우리는 이 사실을 명심하고 그 대속의 은혜에 감사하는 마음으로 죄와 싸워야 한다.

> "그러나 이제는 너희가 죄로부터 해방되고 하나님께 종이 되어 거룩함에 이르는 열매를 맺었으니 그 마지막은 영생이라" (롬 6:22)

레위기
21장

성도 = 성별된 제사장

너는 그를 거룩히 여기라 그는 네 하나님의 음식을 드림이니라 너는 그를 거룩히 여기라 너희를 거룩하게 하는 나 여호와는 거룩함이니라(21:8)

21장은 제사장과 대제사장의 정결 규례(規例)와 자격에 대해 말씀하고 있는데, 이는 곧 오늘날 제사장인 성도들 모두에게 적용되는 말씀이다.

> "너희는 택하신 족속이요 왕 같은 제사장이요 거룩한 나라요 그의 소유가 된 백성이니" (벧전 2:9)

레위기 전체가 이스라엘 백성의 거룩에 대한 규례인데, 제사장에게는 더 엄격한 기준이 적용되었다. 그렇다면 과연 제사장들은 이 규례를 다 지켰을까? 먼저 모세는 이방인인 구스 여인과 결혼했고, 대제사장 엘리의 아들 홉니와 비느하스는 율법을 어기고 악을 범해 죽임을 당했다.

또 스가랴 3장에 나오는 대제사장 여호수아가 입은 옷은, 더러운 옷이라는 평가를 받는다.

> "여호와께서 자기 앞에 선 자들에게 명령하사 그 더러운 옷을 벗기라 하시고 또 여호수아에게 이르시되 내가 네 죄악을 제거하여 버렸으니 네게 아름다운 옷을 입히리라 하시기로" (슥 3:4)

대제사장이 입었던 그 화려한 옷이 더러운 옷이라면, 과연 누가 하나님께 깨끗하다, 거룩하다고 인정을 받을 수 있겠는가? 이 세상에는 하나님께 나아갈 수 있는 정결한 사람, 흠 없는 사람은 하나도 없다는 뜻이다. 한 마디로 이 모든 규례(율법)는 우리로 하여금 지키라고 주신 것들이 아니라 지킬 수 없음을 인정하고, 그 모든 율법을 지키고 완성하신 '예수 그리스도를 믿으라'고 주신 것이다.

물론 지금도 우리는 거룩을 위해 피 흘리기까지 죄와 싸워야 한다. 왜냐하면 우리는 장차 죄가 전혀 없는 거룩한 하나님 나라에서 영원히 살게 될 것이며, 또 그런 거룩을 향한 열심을 통해 주님의 은혜를 더 깨닫게 되기 때문이다.

> "내가 하나님의 열심으로 너희를 위하여 열심을 내노니 내가 너희를 정결한 처녀로 한 남편이신 그리스도께 드리려고 중매함이로다" (고후 11:2)

그렇다. 성도들은 그리스도의 거룩한 신부이다. 신부가 신랑을 위해 최선을 다해 자신을 깨끗하게 하고 아름답게 꾸미듯이, 그리스도의 신부인 우리에게서도 그런 열심이 나오지 않을 수 없다. 그러나 아무리 노력을 해도 거룩 그 자체이신 하나님의 기준을 맞출 수 있는 인간은 없기에, 우리는 결국 하나님께서 입혀주시는 깨끗한 세마포 옷, 즉 어린양 예수 그리스도의 보혈에 빤 '의의 옷'을 입고 어린양의 혼인잔치에 참여할 수밖에 없다.

> "그에게 빛나고 깨끗한 세마포 옷을 입도록 허락하셨으니 이 세마포 옷은 성도들의 옳은 행실(=믿음)이로다" (계 19:8)

레위기
22장

제사보다 순종

… 여호와께 드리는 자는 기쁘게 받으심이 되도록 아무 흠이 없는 온전한 것으로 할지니 너희는 눈 먼 것이나 상한 것이나 지체에 베임을 당한 것이나 종기 있는 것이나 습진 있는 것이나 비루먹은 것을 여호와께 드리지 말며 …(22:21, 22)

완전하고 정결한 제사장만 성물(성막 안에 있는 물품들과 바쳐진 제물)에 가까이할 수 있으며, 부정한 아론의 자식들은 제물을 먹을 수 없었다.

각종 제사에 드려지는 제물(祭物) 또한 반드시 흠 없는 것만 드려져야 했다. 그런데 과연 이런 율법이 지켜졌는가? 전혀 그렇지 않았다. 이기적이고 불완전한 인간은 눈 가리고 아웅 하는 식으로 흉내만 냈고, 실용주의적(=율법주의, 인본주의) 생각으로 하나님께 드리는 제물은 어차피 태워 없어질 것이라 생각하고 흠이 있는 것을 드렸고, 좋은 것들은 본인들이 먹었다.

> "만군의 여호와가 이르노라 너희가 눈먼 희생제물을 바치는 것이 어찌 악하지 아니하며 … 너희가 내 제단 위에 헛되이 불사르지 못하게 하기 위하여 너희 중에 성전 문을 닫을 자가 있었으면 좋겠도다" (말 1:8, 10)

하나님께서는 하나님이 어떤 분인지, 하나님 백성들은 어떠해야 하는지를 가르치려 율법을 주셨는데, 사람들은 이 모든 율법을 형식/의식으로 받고 형식적으로만 지키는 척했다는 것이다. 이렇게 인간의 불가능함을 폭로하신 하나님은 성전을 완전히 파괴하신 후, 완전한 한 제물을 준비해 완전한 제사를 단번에 드려주셨는데, 그 제물은 바로 예수 그리스도이시다.

> "그리스도께서는 장래 좋은 일의 대제사장으로 오사 염소와 송아지의 피로 하지 아니하고 오직 자기의 피로 영원한 속죄를 이루사 단번에 성소에 들어가셨느니라" (히 9:11, 12)

하나님이 요구하신 완전한 제사장과 흠 없는 제물은 결국 예수 그리스도를 예표한 것이었으며, 율법을 통해 인간의 불가능함을 폭로하신 후 하나님께서 홀로 속죄와 구원을 이루셨던 것이다.

성경은 구약의 제사장들뿐만 아니라 신약의 성도들 역시 연약한 인간임을 폭로하고 있는데, 그러기에 우리는 하나님의 흠 없는 어린양이시며 유일한 참 대제사장이신 예수 그리스도를 믿고 의지해야 한다. 여기서 '믿는다'는 뜻은 '나를 부인하고 누군가를 전적으로 의지함'을 뜻하는 말로서, 내가 주인 된 상태에서 누군가의 힘을 이용하여 나를 살찌우고 나를 높이려는 행위는 믿음이라 말할 수 없다. 이런 인간들의 죄성과 거짓 믿음을 아셨기에 예수님은 "그러나 내가 (다시) 올 때에 세상에서 믿음을 보겠느냐?" (눅 18:8)라고 씁쓸하게 말씀하셨다.

요즘 세상에는 믿는다는 사람들이 정말 많다. 게다가 최근 인구센서스에 의하면 우려했던 것과는 달리 개신교를 믿는다는 사람들의 숫자가 늘었다고 한다. 그런데 이들 중에 올바른 믿음을 가진 진짜 성도가 과연 몇 명이나 될까?

그러나 그럼에도 불구하고 이 많은 사람들이 정말 자기를 부인하고 오직 예수 그리스도만을 믿고, 형식적인 제사가 아닌 말씀에 전적으로 순종하는 진정한 제사를 드리는 참 성도들이기를 기도하며 소망해 본다.

> "순종이 제사보다 낫고 듣는 것이 수양의 기름보다 나으니" (삼상 15:22)

레위기
23장

실체이신 예수님

모세는 이와 같이 여호와의 절기를 이스라엘 자손에게 공포하였더라(23:44)

하나님께서는 이스라엘에게 율법과 함께 절기를 주셨다. 실생활 속에서 하나님과 동행하며, 신앙을 지켜갈 수 있도록 하신 것이다.

결론부터 말하면 신약 시대 성도들은 이런 절기를 지킬 필요는 없다. 그러나 위에서 말한 의미를 잘 생각하며, 그 정신을 지켜나가야 한다.

> "그러므로 먹고 마시는 것과 절기나 초하루나 안식일을 이유로 누구든지 당신들을 비판하지 못하게 하십시오. 이런 것들은 실체이신 그리스도를 가리키는 그림자에 불과합니다"(골 2:16, 17, 현대인의 성경)

이 모든 것들은 '실체이신 예수 그리스도'께서 이 땅에 오심으로 다 이루어졌다는 뜻인데, 구약의 각 절기의 의미는 다음과 같다.

1. 안식일: 삶의 주인이 하나님이심을 기억하게 하는 날. 안식일의 주인은 예수 그리스도
2. 유월절: 예수의 속죄 사역을 감사, 적용, 선포하는 절기
3. 초실절: 무교절 안식일 후 첫날. 예수의 부활
4. 칠칠절(오순절): 교회의 시작. 예수의 영인 성령의 강림
5. 나팔절: 예수의 재림 및 심판 신호
6. 대속죄일: 예수의 재림을 통한 완전한 속죄
7. 초막절(장막절): 재림 예수의 통치

한편 성탄절의 경우 구약의 절기에는 없으며, 예수님이 탄생하신 날이 언제인지 성경은 함구하고 있다. 만약 그날이 우리 구원을 위해 중요하다면 분명

히 알려주시고 지키라 하셨을 텐데, 그리하지 않은 것은 예수님이 언제 오셨느냐는 그리 중요하지 않다는 뜻이다.

그렇지만 지금도 성탄절을 지키면서 성탄의 의미를 되돌아보는 것은 나쁘지 않다고 생각된다. 한편 요즘은 불신자들까지도 이날을 기뻐하며 즐기기에 바쁜데, 그리스도인들은 기뻐할지언정 믿지 않는 사람들까지 기뻐할 날이 절대 아니다. 왜냐하면 구원과 심판은 동시에 일어나는데, 예수님께서 오심으로 인해 믿지 않는 사람들의 심판이 확정되었기 때문이다.

더 나아가 이제 예수님이 재림하시면, 구원의 기회는 영원히 사라진다. 그러므로 성도들은 과연 성경에서 말씀하고 있는 예수 그리스도를 올바로 알고 올바로 믿고 있는지 점검하고, 다급하고 안타까운 마음으로 믿지 않는 이웃들에게 생명 되신 예수님을 증거하는 증인의 삶을 살아야 한다.

> "너는 말씀을 전파하라 때를 얻든지 못 얻든지 항상 힘쓰라 범사에 오래 참음과 가르침으로 경책하며 경계하며 권하라" (딤후 4:2)

레위기
24장

생명의 떡 예수

이스라엘 자손에게 명령하여 불을 켜기 위하여 감람을 찧어낸 순결한 기름을 네게로 가져오게 하여 계속해서 등잔불을 켜 둘지며(24:2)

제사장들이 성소 안에서 끊이지 말고 해야 할 일들 중에는 등불을 항상 켜는 일과 진설병 상에 떡을 놓는 일이 있었는데, 이는 생명의 빛 되시며 생명의 떡 되신 예수 그리스도를 예표하는 것이다.

먼저 무지몽매한 사람들이 신(神)으로 섬기고 있는 태양은 실은 참 빛 되신 예수를 설명하기 위해 창조된 피조물이며, 장차 그 임무를 다하면 없어지고 생명의 빛 되신 예수님이 우리를 영원히 빛으로 인도하실 것이다. 한편 성경에는 '너희는 빛이다'라는 말씀이 나오지만 사실 성도들은 빛이 아니며, 성도 안에 거하시는 참 빛 되신 예수를 드러내는 존재일 뿐이다. 그러므로 그 빛을 담고 있는 질그릇인 성도들이 깨어질 때, 즉 십자가 질 때 참 빛 되신 예수님이 드러나게 된다(고후 4:7).

또 예수님은 생명의 떡이시다. 예수님께서는 스스로 '나는 생명의 떡'이라 선포하셨으며(요 6:48), 실제로 우리에게 생명을 주시기 위해 십자가 위에서 몸이 찢기셨다.

> "내 살은 참된 양식이요 내 피는 참된 음료로다" (요 6:55)

> "예수께서 잡히시던 밤에 떡을 가지사 축사하시고 이르시되 이것은 너희를 위하는 내 몸이니 이것을 행하여 나를 기념하라 하시고" (고전 11:23, 24)

그러므로 우리 성도들은 매일 생명의 떡 되신 예수 그리스도, 곧 하나님의 말씀을 먹음으로써 생명을 유지하고 또 자라가야 한다. 또한 기독교의 원리는 예수님이 친히 생명의 떡이 되셔서 우리에게 먹히신 것처럼, 우리가 다른 사람을 위해 십자가 지는 방식으로 전파된다.

한편 이와는 반대로 사탄과 사탄의 자식들(불신자들)은 자기 자신을 위해 남을 먹고 희생시키는 방식으로 살아간다. 즉 인간은 흙으로 지어졌는데(창 3:19), 사탄은 그 흙으로 지어진 인간을 먹이로 먹고(힘을 얻고) 살아간다는 뜻이다.

> "여호와께서 뱀(사탄)에게 이르시되 … 더욱 저주를 받아 배로 다니고 살아 있는 동안 '흙'을 먹을지니라" (창 3:14)

이렇게 인간은 사탄의 자식으로 이 땅에 태어나 스스로 왕이 되어 남을 먹으며 살아간다(요 8:44, 너희는 너희 아비 마귀에게서 났으니). 문제는 이런 본성이 그리스도인이 된 후에도 쉽게 바뀌지 않는다는 것이다.

그러므로 우리는 이 사실을 인정하고 항상 주님을 의지해야 하며, 예수님이 십자가 지심으로 우리를 구원하신 것처럼 우리가 떡이 되어 남에게 먹힘으로써 즉 십자가를 짐으로써 우리의 이웃을 살려야 한다.

> "사람이 친구를 위하여 자기 목숨을 버리면 이보다 더 큰 사랑이 없나니 너희는 내가 명하는 대로 행하면 곧 나의 친구라" (요 15:13, 14)

레위기
25장

안식년, 희년

토지를 영구히 팔지 말 것은 토지는 다 내 것임이니라 너희는 거류민이요 동거하는 자로서 나와 함께 있느니라(25:23)

안식년과 희년에 대한 규례이다. 안식년은 7년마다 토지는 경작하지 말고 사람이나 가축들도 쉬게 하라는 내용이며, 더 나아가 50년마다 찾아오는 희년에는 토지를 원주인에게 돌려주고, 종들에게도 자유를 주라는 규례이다. 왜냐하면 하나님께서 먼저, 애굽의 종 되었던 이스라엘 백성들을 값없이 해방시켜 주셨기 때문이다.

> "나는 가나안 땅을 너희에게 주려고 애굽 땅에서 너희를 인도하여 낸 너희의 하나님 여호와이니라 … 그들은 내가 애굽 땅에서 인도하여 낸 내 종들이니 종으로 팔지 말 것이라" (레 25:38, 42)

유일한 구원자 되신 예수님께서는 자신을 '포로된 자에게 자유를, 눌린 자를 자유롭게 하며 주의 은혜의 해(희년)을 전파하러 오신' 분으로 선포하셨다(눅 4:18, 19).

한편 안식이란 단어는 창세기에 처음 나오는데, '쉰다'는 개념이라기보다는 완성의 개념이다. 왜냐하면 영이신 하나님은 피곤치 않으시며, 따라서 쉬실 필요가 없기 때문이다. 또한 전지전능한 하나님께서 어떤 계획(뜻)을 세우셨다는 것은 그 자체가 완성을 의미한다. 그러기에 인간이 창조된 후 맨 처음 한 것은 제7일에 그저 안식하는 것뿐이었다(창 2:1). 사실 모든 피조물이 해야 할 일은 하나님 안에서 안식하는 일밖에 없는데, 만약 인간이 범죄치 않았다면 하나님께서 모든 것을 다 공급해 주셨을 것이기 때문이다.

그러나 선악과를 따 먹고 하나님을 떠난 인간은 고난을 스스로 자초했으며, 이마에서 땀을 흘리지 않고는 살아갈 수 없는 비참한 존재가 되었다(창

3:17). 그런데 이런 인간의 범죄와 불순종에도 불구하고 하나님께서는, 모든 생명은 여전히 하나님께서 책임지고 계심을 알려 주시려고 안식일, 안식년, 희년이라는 제도를 주셨다. 그리고 안식일 전날에는 이틀 치 양식을 주시고, 안식년 전 해에는 2년 치 양식을, 희년 전 해에는 3년 치 양식을 주심으로 그 약속을 지키셨다.

그러나 이스라엘 백성들은 광야에서는 물론 가나안 땅에 들어간 후에도 탐심/탐욕으로 인해 이런 규례를 제대로 지킨 적이 한 번도 없었다.

> "탐심은 우상숭배니라" (골 3:5)

그리고 이렇게 안식년을 지키지 않은 결과 이스라엘은 바벨론에 멸망당해 모든 백성들이 70년간 포로로 끌려감으로써 가나안 땅은 사람이 살지 않는 땅이 되어 비로소 안식을 누리게 된다(레 26:34).

그렇다. 우리의 생존과 구원은 전적인 하나님의 은혜다. 그러기에 우리는 각자 두신 자리에서 최선을 다하되 세상에 대한 욕심을 버리고, 말씀에 전적으로 순종해야 한다. 그것이 곧 안식의 참된 의미이며, 그렇게 살아갈 때 하나님께서 홀로 구원에 필요한 만큼의 생존을 책임져 주신다.

> "그런즉 너희는 먼저 그의 나라와 그의 의를 구하라 그리하면 이 모든 것을 너희에게 더 하시리라" (마 6:33)

레위기
26장

율법 = 예수를 믿으라

그런즉 그들이 그들의 원수들의 땅에 있을 때에 내가 그들을 내버리지 아니하며 미워하지 아니하며 아주 멸하지 아니하고 그들과 맺은 내 언약을 폐하지 아니하리니 나는 여호와 그들의 하나님이 됨이니라(26:44)

이스라엘에게 율법을 주신 하나님은, 마지막으로 그 율법을 지켰을 때 주실 상(reward)과 지키지 않았을 때의 벌(punishment)을 천명하신다. 과연 인간이 하나님께서 요구하신 율법을 지킬 수 있을까? 한마디로 지킬 수 없다. '하나님의 법(말씀)을 지키는 것이 복'임을 선포하신 것이 선악과였는데, 아담이 그 선악과를 따 먹었기 때문이다.

먼저 상(레 26:3~13)과 벌(레 26:15~39)이 나열되고 있는데, 불순종할 때 받을 벌이 상보다 두 배나 많이 기록되어 있으며, 실제 역사는 인간의 불순종을 여실히 보여주고 있다. 불순종에 대한 벌은 노아의 홍수 사건과 소돔과 고모라의 멸망에 잘 드러나 있는데, 이는 장차 있을 최후의 심판을 미리 보여주는 사건들이다.

또한 실제로 미리 경고하신대로 많은 벌이 내려져 심지어 부모가 자식을 삶아 먹는 끔찍한 일들도 벌어졌는데(왕하 6:24 이하), 이는 인간이 얼마나 자기만을 섬기는 이기적인 존재인가를 극명하게 보여주고 있다.

그렇다면 하나님께서는 왜 지킬 수도 없는 율법을 주신 것인가? 그 이유는 인간의 힘으로는 율법을 지킬 수 없음을 인정하고, 참 하나님이시며 동시에 참 인간으로서 모든 율법을 완벽하게 지키신 예수 그리스도를 믿으라는 것이다.

> "이같이 율법이 우리를 그리스도께로 인도하는 초등 교사가 되어 우리로 믿음으로 말미암아 의롭다 함을 얻게 하려 함이라 믿음이 온 후로는 우리가 초등 교사 아래에 있지 아니하도다"(갈 3:24, 25)

한편 지금도 믿지 않는 사람들은 율법 아래에 있으며, 지킬 수도 없는 그 법을 열심히 지키다가(지키는 척하다가) 영원한 죽음에 떨어지게 된다. 그러나 예수를 믿는 우리 성도들은 율법의 저주에서 벗어나 이미 참된 자유를 거저 얻었다.

> "진리(예수)를 알지니 진리가 너희를 자유케 하리라" (요 8:32)

예수님께서는 율법의 완성은 하나님 사랑과 이웃 사랑이라 말씀하셨다. 한마디로 율법은 '하라, 하지 말라'는 명령이 아니라 '예수의 마음으로 이웃을 사랑하라'는 뜻이다.

결론적으로 율법을 주신 목적은 인간은 도저히 이웃을 사랑할 수 없는 존재임을 인정하고, 이 땅에 선한 사마리아인으로 오셔서 유대인들(율법주의자들 = 인본주의자들 = 자기만 사랑하는 자들 = 나)에게 맞아 죽고 구원의 근거를 완성하신 예수 그리스도를 믿으라고 주신 것이다.

> "예수께서 이르시되 네 마음을 다하고 목숨을 다하고 뜻을 다하여 주 너의 하나님을 사랑하라 하셨으니 이것이 크고 첫째 되는 계명이요 둘째도 그와 같으니 네 이웃을 네 자신같이 사랑하라 하셨으니 이 두 계명이 온 율법과 선지자의 강령이니라" (마 22:37~40)

레위기
27장

서원 예물

이스라엘 자손에게 말하여 이르라 만일 어떤 사람이 사람의 값을 여호와께 드리기로 분명히 서원하였으면 너는 그 값을 정할지니(27:2)

레위기에는 거룩한 하나님의 백성 이스라엘이 반드시 지켜야 할 율법들이 규정되어 있다. 그런데 이 모든 규정을 다 지킨다는 것은 사실상 불가능한 일이다. 그럼에도 불구하고 하나님은 그 율법에 더하여 '서원'에 대해 말씀하시는데, 이를 통해 하나님은 우리에게 율법을 지키는 것 이상을 요구하고 계심을 알 수 있다. 왜냐하면 서원이란, '자원하여' 율법의 요구 이상을 하나님께 약속하는 것이기 때문이다.

> "우리가 마음에 뿌림을 받아 악한 양심으로부터 벗어나고 몸은 맑은 물로 씻음을 받았으니 참 마음과 온전한 믿음으로 하나님께 나아가자" (히 10:22)

하나님은 영(靈)이시며 스스로 존재하시는 분이기에 무엇인가에 의존해서 살아가야 하는 피조물과는 다르다. 그러므로 그분이 성도들에게 원하시는 것은 송아지나 양 같은 어떤 물질이 아니라 '순종하는 마음'이다. 그런데 지금까지의 역사는 인간은 도저히 순종할 수 없는 존재, 율법을 온전히 지킬 수 없는 존재임을 명확히 증명해 주고 있다.

그렇다면 어쩌란 말인가? 결론은 '너희가 그렇게 불가능한 존재임을 인정하고, 예수 그리스도를 믿으라'는 것이다. 한마디로 순종이란 율법의 세목(details)을 다 지키는 것이 아니라, '나는 율법을 지킬 수 없음을 인정하는 것'이다. 율법의 목적이 원래 그런 용도였는데, 이스라엘 백성들(특히 바리새인들)은 그 모든 율법을 지킴으로 '의롭다' 함을 인정받겠다고 나섰으며, 결국은 자신들의 의로움을 부정하는 예수님을 죽이고 말았던 것이다.

사실 한낱 연약한 피조물에 지나지 않는 인간이 전지전능한 하나님을 죽일

수는 없다. 그렇지만 '나는 하나님 없이도 스스로 살 수 있다' '스스로 하나님이 되겠다' 생각하며 사는 것이 바로 하나님을 살해하는 일이다. 하나님 앞에서 스스로 하나님이 되겠다는 것은 하나님이란 존재를 부정하는 것이요, 하나님을 믿지 않는 것이기 때문이다.

그러므로 우리는 레위기로 대표되는 율법을 통해 우리의 불가능함을 절실히 깨닫고 경험하며, '스스로 하나님이 되겠다'는 모든 시도를 즉시 중단하고, 유일한 구원자 되신 예수 그리스도 앞에 나아가 무릎을 꿇고 그분의 은혜를 구하고 그분만을 믿고 의지해야 한다.

> "믿음의 주(主)요 온전하게 하시는 이인 예수를 바라보자" (히 12:2)

민수기

NUMBERS

민수기
1장

새 출발

이스라엘 중 이십 세 이상으로 싸움에 나갈 만한 모든 자를 너와 아론은 그 진영별로 계수하되(1:3)

드디어 모든 군사 이론, 즉 성막과 율법은 다 받았다. 그리고 이제 대적과 싸워야 하는데, 가장 먼저 해야 할 일은 전열을 가다듬는 일과 배운 대로 능히 싸울 수 있도록 훈련하는 것이다. 물론 광야에서도 전투가 있지만 본격적인 싸움은 가나안 땅에서 이루어진다. 그러므로 우리는 이 광야(인생)에서 대장되신 예수님의 명령에 전적으로 순종하는 법을 배워야 한다. 왜냐하면 명령에 순종하면 승리요 복이며, 불순종하면 곧 패배요 저주이기 때문이다. 그리고 순종을 배워야 하는 이유는 실제로 싸우시는 분은 예수 그리스도이시며, 우리가 광야에서 하는 전투는 그 예수님이 어떤 분인가를 배우는 과정일 뿐이기 때문이다.

그렇다면 누가 과연 우리의 적인가? 바로 나 자신이다. 가나안 족속으로 대표되는 대적은 곧 나 자신인데, 우리는 출애굽한 이후에도 끊임없이 애굽(세상)을 사랑하며 '자기 자신'이라는 우상을 섬기며 살고 있기 때문이다.

그렇다면 왜 40년씩이나 광야에서 훈련을 받아야 하는가? 그만큼 우리의 질긴 죄성이 잘 바뀌지 않기 때문이다. 왜 군대 가서 제일 먼저 전투에는 아무 소용이 없는 제식훈련을 받는가? 그 이유는 상관 명령에 대한 절대 복종(순종)을 훈련함으로써, 그동안 배운 전투 기술을 오직 적을 없애는 데만 쓰도록 정신 교육을 하기 위함이다.

또한 '지피지기 백전불태(적을 알고 나를 알면, 백번 싸워도 위험하지 않다)'라는 고사성어처럼 적을 알고 나를 아는 것이 승리의 관건인데, 우리는 싸우기 전에 먼저 이것들을 알아야 하고, 그것을 알아가는 기간이 광야 생활, 곧 우리 인생인 것이다.

우리는 지금 인생이라는 긴 광야 여정 중 또다시 새해라는 전장터(戰場터)를 받았다. 이 시점에 우리는 다시 한번 우리 대장은 예수 그리스도시며, 우리 대적은 외부에 있는 대적으로 상징되는 '나 자신'이라는 것을 떠올려야 한다.

한편 이 전투에서 승리하는 방법은 매우 간단하다. 하나님의 전신갑주를 입고, 대장 되신 예수 그리스도를 무조건 믿고 순종하면 된다. 물론 때론 실패하게 될 것이다. 그러나 결코 좌절할 필요는 없다. 우리 성도들은 예수님이 이미 십자가에서 이기신 싸움을 어떻게 싸우셨는지 그 재방송을 보고 있는 것이기 때문이다.

올해 남은 기간 그리고 우리가 앞으로 살아내야 할 인생 동안 우리 대장 되신 예수님의 인도하심을 따라 하나님의 전신갑주를 입고 마귀로 상징되는 자신과의 싸움에서 승리함으로써, 예수 그리스도의 복음과 평강을 전하는 우리 모두가 될 수 있기를 기대해 본다.

> "누구든지 나를 따라오려거든 자기를 부인하고 자기 십자가를 지고 나를 따를 것이니라" (막 8:34)

민수기
2장

오직 예수님 중심으로

이스라엘 자손은 각각 자기의 진영의 군기와 자기의 조상의 가문의 기호 곁에 진을 치되 회막을 향하여 사방으로 치라(2:2)

하나님의 명령에 따라 이스라엘 자손의 숫자가 계수되고(民數記) 이제 행군을 시작하는데, 하나님은 진영을 어떻게 배치할지를 정확히 지시해 주신다. 하나님은 질서의 하나님이시기 때문이다.

반면에 포스트모더니즘 시대인 요즘은 모든 질서가 무너져 버렸다. 모든 교육과 사회생활의 기초인 가정에서부터 질서가 무너지니 법질서를 포함한 모든 체계가 무너지기 시작했는데, 그 배후에는 사탄의 무서운 궤계가 숨겨져 있다. 그러기에 우리는 먼저 말씀을 통해 질서를 세우고, 스스로 질서를 지켜 나가야 한다.

진(陣) 중앙에는 회막(=성막=예수)이 위치하고, 그 주위에 레위 지파가 배치되어 성막으로의 무분별한 접근을 막았으며, 동서남북 각 방면으로 3개 지파씩 배치되었다. 이런 진영은 행군할 때나 머물 때 똑같이 유지되었는데, 그 진의 중앙에는 항상 성막이 위치해 있었다.

광야(인생)는 저명한 지형지물이 없는, 그래서 방향을 잡기 어려운 황량한 곳이다. 그러기에 백성을 올바로 인도할 지도자가 필요했는데, 그 지도자가 바로 성막(예수)이었다. 실제로 광야 생활 40년 동안 이스라엘 백성들은 성막 위에 떠 있던 구름기둥과 불기둥의 인도에 따라 행군했으며, 마침내 가나안 땅에 도착하게 된다.

이스라엘 백성뿐 아니라 믿음의 조상인 아브라함도 갈 바를 알지 못한 채 오직 말씀을 따라 나아갔으며, 노아가 탔던 방주에도 방향을 잡아주는 방향키가 없었다. 왜냐하면 망망대해와 같은 홍수 속에서 그들을 생명으로 인도해 주실 분은 오직 하나님 한 분이셨기 때문이다.

오늘날 광야라는 인생길에서 우리를 인도하고 보호해주실 분도 오직 예수님뿐이다. 그러기에 우리는 항상 주님의 인도하심을 구하고 그분 말씀에 순종해야 한다. 그러기 위해서 먼저 해야 할 일은 자신을 정결케 하는 일인데 이는 곧 죄를 멀리하고, 내 뜻을 내려놓고 주님의 뜻을 구하며 그분의 뜻에 순종키로 결단하는 것이다. 한편 그렇게 살아가는 우리에게 최후 승리(=구원, 영생)는 이미 확정되어 있는데, 우리 대장 예수님은 전지전능하신 하나님이며(almighty), 십자가에서 이미 우리 대적 사탄의 머리를 깨부순 분이시기 때문이다.

> "하나님이 그 성중에 계시매 성이 흔들리지 않을 것이라 새벽에 하나님이 도우시리로다" (시 46:5)

민수기
3장

레위인들 = 성도들

보라 내가 이스라엘 자손 중에서 레위인을 택하여 이스라엘 자손 중에 태를 열어 태어난 모든 자를 대신하게 하였은즉 레위인은 내 것이라(3:12)

레위는 야곱의 셋째 아들로서, 여동생 디나가 세겜에게 강간당했을 때 형 시므온과 함께 모든 세겜 족속을 잔인하게 살해했으며, 이런 이유로 아버지 야곱으로부터 저주에 가까운 축복을 받은 아들이다.

> "시므온과 레위는 형제요 그들의 칼은 폭력의 도구로다 그들이 분노대로 사람을 죽이고 혈기대로 소의 발목 힘줄을 끊었음이로다 그 노여움이 혹독하니 저주를 받을 것이요 그들을 이스라엘 중에서 흩으리로다" (창 49:5~7)

이런 레위 지파가 어떻게 하나님을 가까이서 섬기는 거룩한 일을 감당하게 되었을까? 그 이유는 오직 하나님의 은혜일뿐 다른 이유는 없다.

한편 오늘날의 성도가 바로 레위 지파 사람들이다. 레위처럼 우리들도 자신의 이익을 위해서는 눈 하나 깜빡하지 않고 남을 죽일 수 있으며, 또 실제로도 죽이고 있다. 성경은 '형제를 미워하는 것도 살인'이라고 말씀하고 있으며(요일 3:15), 또 하나님께서 일반 은총(도덕, 윤리, 사회 체계 등)으로 막지 않으신다면 우리는 언제든지 살인을 감행할 수 있는 자들이기 때문이다. 그럼에도 불구하고 우리는 오직 값없이 주시는 주님의 은혜로 하나님의 자녀가 되었다. 우리가 이 사실을 안다면 어찌 감사하지 않을 수 있으며, 또 똑같은 은혜를 받은 형제를 사랑하지 않을 수 있겠는가!

더 나아가 하나님께서는 레위의 후손으로 아론과 모세를 주셨으며, 아론의 후손들로 하여금 대제사장과 제사장의 임무를 수행토록 하시고, 레위의 세 아들 게르손, 고핫, 므라리의 후손들로 하여금 각각 아론의 직무와 온 회중을 위한 직무를 맡도록 하셨다. 그리고 나중에 가나안 땅을 점령한 후에 이들은 이스라엘 전역으로 흩어져 백성들을 지도하는 역할을 맡았는데, 오늘날 우리 성도들도 각자 두신 자리에서 하나님을 섬기도록 보냄을 받은 자들임을 명심하고, 항상 세상과 구별된 거룩한 삶을 살아야 한다.

한편 출애굽기에 보면 장자 재앙 때 애굽의 모든 첫 새끼들이 다 죽임을 당했다. 이때 애굽 사람들과 똑같은 죄인이었던 이스라엘 백성들 역시 죽임을 당해야 마땅했지만, 어린양이 대신 죽임을 당하고 그 피를 대문에 바름으로써 살아남았다. 그리고 하나님은 이 사실을 근거로 이스라엘의 처음 난 모든 것은 하나님 것임을 천명하시고, 이들 처음 난 자들 대신에 레위인들을 하나님 것으로 선포하셨다.

이런 의미에서 오늘날의 레위인인 성도들은 당연히 하나님의 것이다. 내 인생의 주인은 내가 아니라 우리를 죽음에서 값없이 건져주신 하나님이신 것이다. 그러므로 우리 성도들도 하나님께 바쳐진 레위인들처럼 오로지 하나님만을 위해서 살아야 한다.

> "그런즉 너희가 먹든지 마시든지 무엇을 하든지 다 하나님의 영광을 위하여 하라" (고전 10:31)

민수기
4장

대제사장 예수

곧 삼십 세 이상으로 오십 세까지 회막의 일을 하기 위하여 그 역사에 참가할 만한 모든 자를 계수하라(4:3)

성막(회막)을 섬기는 일을 할 수 있는 레위인들의 나이는 30세 이상 50세까지로 제한되었는데, 이는 성막 봉사가 단순히 젊은 힘과 패기에 의하지 않고 육체적 정신적인 성숙함과 신중함이 요구되는 일이기 때문이다. 이런 정신을 이어받아 신약시대에도 하나님을 섬기는 일은 영적인 전투(딤전 1:18)이며 십자가 군병(딤후 2:3)으로 부름받는 일이기에, 하나님의 집인 교회를 섬기는 집사와 장로를 임직할 때는 신중에 신중을 기했다.

> "그러므로 감독(장로)는 책망할 것이 없으며 한 아내의 남편이 되며 절제하며 신중하며 … 새로 입교한 자도 말지니 … 이와 같이 집사들도 정중하고 일구이언하지 아니하고" (딤전 3:1~13)

한편 다윗도 30세에 이스라엘의 왕으로 즉위했으며, 예수님께서도 30세에 공생애를 시작하시므로 대제사장이심을 나타내셨다. 이를 통해 우리는 예수님은 구약시대에 율법 아래 태어나셨으며(갈 4:4), 율법의 요구를 완전히 지키신 흠 없는 대제사장이셨음을 알 수 있다.

한편 행군 시 성막의 모든 기구들은 정해진 규례에 따라 포장되고 운반되었다. 이 중 다른 성물(聖物)들을 하늘의 영광과 권위를 상징하는 '청색 보자기'로 덮은 것과는 달리 진설병 상(床)은 '홍색 보자기'로 덮었는데, 이는 우리를 위해 십자가에서 찢기신 그리스도의 살과 그 상처에서 쏟아진 보혈을 연상케 한다. 또한 제물을 불태웠던 번제단은 '자색 보자기'로 덮었는데, 이는 만왕의 왕 되신 예수 그리스도의 영광과 권위와 부요함을 상징한다.

또한 이 모든 일은 반드시 제사장들의 관리 감독하에 완벽하게 이루어졌는데, 이는 완전하신 하나님의 성품을 반영한 것이다. 오늘날 우리 성도들의 인생도 이 완전하신 삼위일체 하나님에 의해 한 치의 오차도 없이 인도되고 보호되고 있으며, 그러기에 반드시 가나안 땅에 입성할 것임을 믿어야 한다. 왜냐하면 하나님께서는 지금도 성도들의 구원을 위해 온 우주만물을 운행하고 계시기 때문이다. 할렐루야 !

> "그러므로 함께 하늘의 부르심을 받은 거룩한 형제들아 우리가 믿는 도리의 사도이시며 대제사장이신 예수를 깊이 생각하라" (히 3:1)

민수기
5장

이르신 대로 행하였더라

이스라엘 자손이 그같이 행하여 그들을 진영 밖으로 내보냈으니 곧 여호와께서 모세에게 이르신 대로 이스라엘 자손이 행하였더라(5:4)

하나님 말씀은 반드시 지켜져야 하며, 만약 어겼을 경우 반드시 대가를 치러야 한다. 왜냐하면 하나님 나라는 말씀에 절대적으로 순종하는 사람들로 이루어지는 나라이기 때문이다. 문제는 어느 인간도 말씀대로 살아낼 수 있는 인간이 없다는 것이며, 이 사실을 인정하는 것이 믿음의 시작이며 기초이다.

어쨌든 이스라엘 자손들은 진군(進軍)에 앞서 모든 문둥병자와 유출병 환자들을 진 밖으로 내보내는 등 말씀대로 정결을 시행했다. 또 죄를 범했을 경우 죄를 자복할 뿐 아니라 오분지 일을 더하여 배상케 함으로써 하나님을 향한 회개의 진정성은 배상(賠償)이라는 구체적인 행위로 확증되어야 함을 말씀하셨다.

더 나아가 '의심의 소제'라는 규례를 통해, 겉으로 드러나는 제의적 정결뿐만 아니라 눈에 보이지 않는 마음의 정결까지도 요구하고 계시는데, 남편이 아내의 불륜이 의심될 때에는 제사장에게 의뢰하여 최종적으로 하나님의 초월적인 판단을 받도록 했다. 사람은 알 수 없지만 하나님께서는 진실을 아시기에, 실제로 죄를 범한 여인은 하나님께 그에 따른 처벌을 받았으며, 반대로 죄가 없을 경우 남편의 의심에서 벗어날 수 있었다. 예수님께서도 '마음에 음욕을 품고 여자를 보는 자마다 이미 간음하였다'(마 5:28) 말씀하신 것에서 우리는, 참된 정결이 무엇인가를 유추해 볼 수 있다.

"마음이 청결한 자는 복이 있나니 그들이 하나님을 볼 것임이요"(마 5:8)

그렇다면 과연 이렇게 마음까지도 정결/청결한 사람이 있을 수 있을까? 아무도 없다. 사람에게 상대적으로 청결하다는 평가를 받을 수 있을지는 모르나,

아무리 완벽한 인간이라도 완전하신 하나님 앞에서는 그저 '더러운 옷'을 입고 있을 뿐이다(슥 3:3).

그러므로 우리 모두는 저주를 받으며 '죄의 값은 사망'이라는 법에 따라 죽임을 당하고 지옥에서 영원히 고통당해야 한다. 그럼에도 불구하고 우리가 그 저주에서 벗어난 것은 예수 그리스도께서 우리 대신 십자가에서 그 모든 저주를 다 받으셨기 때문이다. 결론적으로 우리는 예수 그리스도를 믿고 그분만을 의지할 수밖에 없는 것이다.

> "우리가 아직 죄인 되었을 때에 그리스도께서 우리를 위하여 죽으심으로 하나님께서 우리에 대한 자기의 사랑을 확증하셨느니라" (롬 5:8)

민수기
6장

참 나실인 예수

… 나실인의 서원을 하고 자기 몸을 구별하여 여호와께 드리려고 하면 포도주와 독주를 멀리하며 포도주로 된 초나 독주로 된 초를 마시지 말며 포도즙도 마시지 말며 생포도나 건포도도 먹지 말지니(6:2, 3)

율법을 지키는 것에서 더 나아가 스스로 자신을 하나님께 드리는 서원이 나실인의 서원이다. 대표적인 나실인은 사무엘, 삼손, 세례 요한이지만, 참 나실인은 예수 그리스도 한 분뿐이다. 그분은 나사렛 예수로 불렸는데, '나사렛'이란 이름은 '성별되어 하나님께 바쳐지다'라는 '나자르'에서 파생된 단어로서, 예수님은 태어나면서부터 하나님께 바쳐진 나실인으로 사셨다. 한편 나사렛이란 동네는 사람들에게 멸시와 천대를 받던 지역으로 예수님의 삶 역시 멸시와 천대로 점철되었는데, 그 이유는 죄인인 우리에게 내려질 저주를 대신 받으셨기 때문이다.

나실인이 지켜야 할 대표적인 규례는 포도주와 독주를 마시지 못함은 물론 포도의 씨나 껍질조차 먹지 못했는데, 포도주(향락과 기쁨)는 곧 모든 육적인 유혹과 기쁨을 추구하는 의미로 해석되었기 때문이다. 이와 반대로 나실인은 자신을 기쁘게 하는 자가 아니라 오직 하나님을 자신의 최고의 기쁨으로 여기며 살기로 결단한 자였기에 이런 것들로부터 구별되어야 했다.

한편 오늘날 우리 성도들 모두 나실인들인데, 예수 그리스도 안에서 성령으로 구별되어 새로이 거듭난 심령으로서 하나님의 소유된 백성이기 때문이다.

> "이제는 우리가 얽매였던 것에 대하여 죽었으므로 율법에서 벗어났으니 이러므로 우리가 영의 새로운 것으로 섬길 것이요" (롬 7:6)

> "너희는 왕 같은 제사장들이요 거룩한 나라요 그의 소유가 된 백성이니" (벧전 2:9)

그러므로 모든 성도는 일상에서부터 구별된 삶을 살아야 함은 물론이요, 하나님을 내 뜻을 이루는 도구나 방법으로 쓰는 것이 아니라 자신을 하나님의 뜻을 이루는 도구와 통로로 내어드리는 나실인의 삶을 살아야 한다.

한편 하나님은 아론과 그 아들들에게 백성을 축복하도록 명령하시는데, '여호와' 이름을 반복하게 하심으로써 여호와 하나님만이 진정한 축복의 선포자요 수여자이심을 강조하신다.

> "여호와는 네게 복을 주시고 너를 지키시기를 원하며 여호와는 그의 얼굴을 네게 비추사 은혜 베푸시기를 원하며 여호와는 그 얼굴을 네게로 향하여 드사 평강 주시기를 원하노라" (민 6:24~26)

민수기
7장

성령의 기름 부으심

모세가 장막 세우기를 끝내고 그것에 기름을 발라 거룩히 구별하고 또 그 모든 기구와 제단과 그 모든 기물에 기름을 발라 거룩히 구별한 날에(7:1)

장막(성막, 회막)은 이미 세워졌다(출 40:33). 그러나 민수기 앞부분에서 율법을 추가적으로 설명하고, 이제 광야 진군을 위한 준비로서의 장막 봉헌 내용을 다시 언급하고 있다.

먼저 모든 성물에 기름을 발라 거룩하게 구별하였다. 단순히 기름을 바르는 행위 자체로 어떤 것이 거룩하게 되는 것은 아니지만 기름을 바른다는 뜻은, 그 발라진 대상이 하나님의 소유가 되었음과 그 대상에게 신적인 권위가 부여되었음을 의미한다. 이렇게 '기름 부음'은 곧 성령과 그분의 사역을 비유한 것인데, 예수님께서도 공생애를 시작하기 전에 성령의 기름 부음을 받으셨다.

> "하나님이 나사렛 예수에게 성령과 능력을 기름 붓듯 하셨으매" (행 10:38)

이를 통해 우리는, 성도들이 행하는 모든 사역과 예배와 헌신은 스스로 할 수 있는 일이 아니며, 오직 성령의 감동을 통해서만 참된 의미를 가질 수 있음을 알 수 있다.

한편 족장들이 여러 가지 헌물(獻物)을 자원하여 드렸는데 두 족장이 수레 하나씩을 드린 것으로 보아, 하나님께서는 우리에게 무리한 요구를 하는 분이 아니며, 또한 우리가 서로 함께 협력하길 바라신다는 것을 알 수 있다.

> "각각 은사를 받은 대로 하나님의 여러 가지 은혜를 맡은 선한 청지기같이 서로 봉사하라" (벧전 4:10)

이후 12일 동안 12 지파 족장들이 하나님께 드린 예물들의 목록들이 길게 반복해서 기록되고 있다. 이를 통해 우리는 하나님은 성도들을 하나의 언약 공동체로 보시고 동시에 성도 한 사람 한 사람에게 관심을 가지고 계시며, 그들과 개인적인 관계를 맺기 원하신다는 것을 알 수 있다.

그렇다. 오늘날 우리 성도들에게 있는 모든 것, 심지어 생명까지도 하나님께서 주신 것이며, 이 모든 것들은 결국 이 땅에 놓고 갈 것들이다. 그러기에 성도들은 하나님께서 마음껏 쓰시도록 모든 것을 다 내어드려야 한다.

> "너희는 자신의 것이 아니라 값으로 산 것이 되었으니 그런즉 너희 몸으로 하나님께 영광을 돌리라" (고전 6:19, 20)

헌신(獻身)

아론이 이스라엘 자손을 위하여 레위인을 흔들어 바치는 제물로 여호와 앞에 드릴지니 이는 그들에게 여호와께 봉사하게 하기 위함이라(8:11)

하나님께서는 먼저 아론에게 봉헌된 등잔대를 켜도록 명령하시는데, '등불을 등잔대 앞으로 비취게 하라' 말씀하신다. 한편 등잔대 앞에는 이스라엘 12지파를 상징하는 열두 덩이의 진설병이 놓여있었는데, 이는 빛 되신 예수님께서 이들에게 항상 진리와 생명의 빛을 비추고 계시며, 또한 불꽃같은 눈으로 그들을 돌보고 계심을 의미한다(계 2:8).

이후에는 레위인의 직무 위임식이 나온다. 먼저 예수님의 보혈을 의미하는 '속죄의 물'을 몸에 뿌리고 온몸을 삭도로 밀게 했는데, 이는 문둥병자가 완전히 치유되어 정결함을 선언받을 때 하는 의식과 같다. 이를 통해 우리는 모든 인간의 죄는 마치 문둥병자처럼 심각하고 추악하기에 예수님의 보혈의 은혜 없이는 아무도 하나님 앞에 설 수 없으며, 동시에 하나님께 헌신된 자에게는 어떤 흠이나 티도 용납될 수 없는 온전한 성결이 요구됨을 알 수 있다.

또한 의복도 깨끗이 빨게 하셨는데, 이는 장차 어린양의 피에 자신의 예복을 빨아야만 하나님과 교제할 수 있음을 예표하는 규례이다.

> "그가 나에게 이르되 이는 큰 환난에서 나오는 자들인데 어린양의 피에 그 옷을 씻어 희게 하였느니라" (계 7:14)

이렇게 정결의식을 마친 레위인들은 '요제(搖祭)'로 하나님께 드려졌는데, 요제란 하나님께 먼저 드린 후 하나님이 다시 돌려주시는 제사이다(레 8:29). 이때 레위인들은 이스라엘 백성들을 대표해 먼저 하나님께 바쳐졌으며, 하나님은 다시 제사장들에게 이들을 돌려주심으로 그들은 제사장들을 도와 하나님을 섬기는 일에 종사했다(민 8:19).

한편 오늘날 모든 성도들 역시, 하나님만 섬기도록 세상으로부터 선택되고 구별된 레위인이요 왕 같은 제사장들이다(벧전 2:9). 그러므로 항상 겉과 속을 말씀으로 씻고, 하나님을 섬기는 일에 전심을 다해야 한다.

> "이는 곧 물로 씻어 말씀으로 깨끗하게 하사 거룩하게 하시고 자기 앞에 영광스러운 교회로 세우사 티나 주름 잡힌 것이나 이런 것들이 없이 거룩하고 흠이 없게 하려 하심이라" (엡 5:26, 27)

민수기
9장

오직 순종

곧 그들이 여호와의 명령을 따라 진을 치며 여호와의 명령을 따라 행진하고 또 모세를 통하여 이르신 여호와의 명령을 따라 여호와의 직임(order)을 지켰더라(9:23)

이제 모든 진군 준비가 끝났다. 성막은 완성되고, 성막에서 섬길 제사장들과 레위인들이 위임되었으며, 그들이 준수해야 할 율법도 주어졌다. 이제 가나안 땅을 향해 진군만 하면 된다. 그런데 하나님은 행군을 시작하기에 앞서 유월절(逾越節)을 지키라 명하신다. 너희가 어떻게 이 자리까지 오게 되었는가를 생각하고 절대로 잊지 말라는 뜻이다.

그렇다면 이스라엘 백성이 어떻게 이 자리까지 오게 되었는가? 오직 어린양 예수의 값없는 은혜 덕분이다. 그들은 혈통적으로는 야곱(이스라엘)의 후손들이었으나, 생활방식이나 사고방식은 애굽 사람과 전혀 다를 바가 없었다. 무려 430년간 애굽에서 살았기에, 이스라엘이라는 정체성을 잊었던 것이다. 또한 그들은 세상의 주인 노릇을 하고 있던 바로(Pharaoh=사탄)의 노예로 살아 왔다. 그저 그렇게 하루하루 생존을 위해 살다가 죽는 것이 그들의 인생이라고 생각했던 것이다.

그런데 하나님은 그런 그들을 찾아오셔서 '너희들이 살 곳은 애굽(세상)이 아니며 젖과 꿀이 흐르고 완전하신 하나님이 다스리는 가나안 땅' 임을 알려주셨다. 그리고 그들의 죄의 대가를 어린양 예수께서 대신 치러주시고 애굽에서 해방시키셨으며, 이 사실을 가나안 땅에 들어갈 때까지 반드시 기억하라는 뜻으로 유월절을 지키라 명하신 것이다.

그러면서 유월절을 지키지 않은 자는 '그 백성 중에서 끊어지리라' 선언하신다. 백성 중에서 끊어진다는 뜻은 축출, 출교, 사형 등의 뜻을 포함하는 말인데, 내가 어떻게 애굽에서 구원받았는지를 모르는 사람, 즉 어린양(예수)의 은혜로 구원받았다는 사실을 모르는 사람, 다시 말해서 예수 그리스도를 똑바로 알지 못하고 그래서 예수를 믿지 못하는 사람은 이미 죽은 사람이라는 뜻이다.

그렇다면 교회를 다니고 있는 소위 성도라는 사람들은 유월절의 의미를 제대로 알고 있을까?

유월절은 곧 예수 그리스도의 십자가를 의미하며, 동시에 우리가 져야 할 십자가를 의미한다. 주님의 십자가로 우리가 죄와 사망으로부터 해방된 것은 맞지만, 그게 끝이 아니라 바로의 종으로 살던 죄성에서 벗어나려면 광야라는 인생길에서 자기 부인(否認)이라는 십자가를 져야 한다는 뜻이다. 이제는 내가 주인 되어 내 생각대로 살았던 생활에서 벗어나, 오직 여호와의 명령을 따라 사는 훈련을 해야 하는 것이다.

물론 끊임없이 내가 주인 되어 살고자 하는 본성을 거슬러 오직 하나님 말씀대로, 가라 하시면 가고 서라 하시면 서는 삶이 결코 만만치 않으며, 어쩌면 죽기보다 어렵다. 그러나 그렇게 하나님 말씀대로 순종하지 않으면 결코 가나안 땅에 들어갈 수 없다. 왜냐하면 인생이라는 광야는 구름 기둥과 불기둥으로 상징된 성령의 인도 없이는 굶어 죽든지 목말라 죽든지 사탄이라는 짐승에게 잡아먹힐 수밖에 없는 곳이기 때문이다.

오직 순종, 그것이 이 광야라는 인생에서 우리가 살아남는 길이다. 그러나 우리는 결코 그럴 수 없는 존재들이기에, 십자가에 죽기까지 순종하신 예수 그리스도를 믿고, 그분을 바라봐야 한다.

> "믿음의 주요 또 온전하게 하시는 이인 예수를 바라보자 그는 그 앞에 있는 기쁨을 위하여 십자가를 참으사 부끄러움을 개의치 아니하시더니 하나님 보좌 우편에 앉으셨느니라" (히 12:2)

민수기 10장

나팔을 불라

또 너희 땅에서 너희가 자기를 압박하는 대적을 치러 나갈 때에는 나팔을 크게 불지니 그리하면 너희 하나님 여호와가 너희를 기억하고 너희를 너희의 대적에게서 구원하시리라(10:9)

하나님께서는 마지막 진군 준비로 은나팔을 만들게 하신다. 나팔은 주로 회중에게 어떤 행동을 요구하는 신호(10:3, 4) 또는 하나님의 주의를 끌기 위해 사용되었다(민 10:9). 한편 믿음 생활은 매 순간이 사탄과의 영적 전쟁의 연속이다. 그러기에 하나님은 이스라엘 백성(성도들)을 '군대(軍隊)'라 부르신다. 그리고 전쟁의 승리는 군대가 지휘관의 명령에 따라 일사불란하게 움직일 때 가능하기에, 하나님의 군대인 성도들은 하나님의 말씀(나팔소리)을 잘 듣고 또 잘 전해야 한다.

> "만일 나팔이 분명하지 못한 소리를 내면 누가 전투를 준비하리오"(고전 14:8)

한편 하나님은 백성들과 항상 함께하고 계시지만, 나팔을 통해 하나님의 주의를 끎으로써 문제의 해결이 하나님으로부터 왔음을 확인하게 하신다. 실제로 하나님은 이스라엘 백성들이 애굽에서 고역으로 탄식하며 부르짖을 때, 그 소리를 듣고 응답하셨다(출 2:23, 24).

지금 대한민국은 대내외적으로 절체절명(絶體絶命)의 위기에 처해 있다. 심지어 국가의 존립이 위협받고 있는 상황이다. 이때 성도들이 가장 먼저 해야 할 일은 하나님 앞에 엎드려 회개하고, 하나님께서 들으시도록 '기도의 나팔'을 크게 부는 것이다.

> '하나님, 이 나라와 이 무지몽매한 백성을 불쌍히 여기시고 살려 주시옵소서. 다시 한번 기회를 주옵소서. 오직 주만 바라봅니다.'

이렇게 기도할 때 하나님이 우리를 긍휼히 여겨 주시지 않겠는가!

이렇게 준비를 마친 이스라엘은 드디어 광야 행군을 시작하는데, 그 선두에는 언약궤가 앞장선다(민 10:33). 언약궤는 곧 하나님의 임재를 뜻하는 것으로, 하나님께서 친히 백성들을 인도하고 계심을 알 수 있다. 한편 맨 앞에 나가는 진(陣)은 '장자인 르우벤의 진'이 아닌 '유다의 진'임을 알 수 있는데, 이는 장차 유다 지파의 다윗의 후손으로 우리를 가나안 땅(하나님 나라)으로 인도하실 예수님이 오실 것을 예표하고 있다.

그렇다. 우리 성도들은 믿음의 조상 아브라함의 후손으로서 광야(인생)를 걷고 있는 나그네임과 동시에, 수많은 대적들과 싸워야 하는 군대이다. 이중 가장 큰 대적은 애굽(세상)에서 바로(사탄)의 종노릇하며 살던 '나의 옛 사람'이다. 그리고 이 싸움은 우리가 이 세상을 떠나거나 주님이 나팔을 울리며 다시 오시는 그 날(재림)까지 계속될 것이다.

그렇다면 이 싸움에서 어떻게 승리할 수 있을 것인가? 오직 하나님의 전신갑주를 입고, 말씀으로 그리고 성령으로 지금 우리와 함께하고 계신 우리 대장 예수 그리스도를 전적으로 믿고 따르는 방법밖에는 없다.

> "믿음의 주요 또 온전케 하시는 이인 예수를 바라보자" (히 12:2)
>
> "Let us fix our eyes on Jesus, the author and perfecter of our faith"

민수기
11장

탐욕의 무덤

고기가 아직 이 사이에 있어 씹히기 전에 여호와께서 백성에게 대하여 진노하사 심히 큰 재앙으로 치셨으므로 그 곳 이름을 기브롯 핫다아와라 불렀으니 욕심을 낸 백성을 거기 장사함이었더라(11:33, 34)

이스라엘 백성들은 여호와의 명령대로 모든 준비를 마치고, 언약궤의 인도에 따라 힘차게 진군을 시작했다. 그러나 작심삼일이라고 했던가? 출발한 지 삼일 만에 원망하기 시작했고, 이 원망을 들으신 하나님은 불을 내려 진영(camp) 끝을 불사르셨는데, 이에 모세가 기도하매 그 불이 꺼졌다. 만약 모세가 기도하지 않았다면, 아마도 모든 진영이 다 불에 타 버렸을 것이다.

그런데 이들의 이런 완악한 모습이 바로 오늘날 우리의 모습이다. 아무 일이 없을 때는 믿음이 있어 보이지만, 작은 일이라도 생기면 금방 본색이 드러나 '내가 그동안 하나님을 어떻게 섬겼는데, 이러실 수가 있느냐?' 원망하고 삿대질을 하지 않는가? 이럴 때 만약 중보자 되신 예수께서 계시지 않는다면 우리는 어떻게 되겠는가? 영원한 불못에 떨어져 불에 타게 되는 것이다.

이렇게 모세의 중보기도로 재앙을 면한 이들은 금방 고기를 달라고 또다시 울기 시작한다. 이들은 마치 부모가 가장 좋은 것을 주심에도 불구하고 불량식품을 달라고 울며 떼를 쓰는 어린아이와 같다. 이렇게 이들은 무조건 원망부터 시작하는데, 그 이유는 겉으로는 순종하는 척하고는 있지만, 근본적으로 하나님을 믿지 못하기 때문이다. 그 결과 하나님께서 고기를 주시기는 하셨지만, 씹기도 전에 큰 재앙이 내려 많은 백성들이 죽임을 당했다.

물론 우리는 아버지 하나님께 우리의 필요를 아뢰어야 한다. 그래야 그 응답이 아버지께로부터 온 것임을 알 수 있기 때문이다. 그러나 절대로 원망부터 해서는 안 된다. 왜냐하면 하나님은 우리에게 필요한 것을 가장 잘 아시며, 그 필요한 것을 가장 적합한 때에 주시는 분이시기 때문이다. 나아가 혹시 우리 간구대로 응답되지 않더라도 감사해야 하는데, 거절 또한 우리를 위한 응답 중의 하나이기 때문이다.

흔히들 기도는 우리가 원하는 것을 얻어내는 수단으로 생각하고, 때로는 40일 금식을 통해 하나님을 협박하기도 한다. 그러나 하나님은 우리 안에 그분의 뜻을 이루는 분이지, 절대로 그분의 뜻을 바꾸시는 분이 아니다. 만약 불완전한 우리 요구에 따라 수시로 계획과 뜻을 바꾸시는 분이라면, 어떻게 우리가 그런 하나님을 믿고 따를 수 있겠는가?

그렇다. 기도는 내 뜻을 이루기 위해서가 아니라, 하나님 뜻을 알고 그 뜻에 순종하기 위해서 하는 것이다. 그리고 나라와 민족이 사면초가와 같은 상황에 처해있는 지금은 우리 모두가 원망하지 말고, 여호사밧 왕 때처럼 '우리를 치러오는 이 큰 무리를 우리가 대적할 능력이 없고 어떻게 할 줄도 알지 못하옵고 오직 주만 바라보나이다' (대하 20:12) 하며 엎드려 기도할 때이다.

> "너희가 얻지 못함은 구하지 아니하기 때문이요 구해도 받지 못함은 정욕으로 쓰려고 잘못 구하기 때문이라" (약 4:2, 3)

민수기 12장

시기(교만)의 결국

이에 미리암이 진영 밖에 이레 동안 갇혀 있었고 백성은 그를 다시 들어오게 하기까지 행진하지 아니하다가(12:15)

11장에서는 이스라엘 백성들과 잡족들이 원망했다면, 이제 그 불순종이 지도자들에게까지 번졌음을 알 수 있다. 이처럼 죄는 전염성이 강하기에 성도들은 말과 행동에 있어 항상 조심해야 한다. 교회는 한 몸이며 한 운명공동체이기 때문인데, 이들의 이런 불신앙으로 말미암아 온 백성들의 행군이 7일 동안이나 멈췄던 것이다.

모세의 형 아론과 누나 미리암이 모세가 이방인인 구스 여인과 결혼한 것을 이유로 모세를 비방했는데, 이는 모세의 권위에 대한 도전임과 동시에 모세를 세우신 하나님께 대한 반역이었다. 이로 인해 미리암은 죽음은 면했으나 문둥병에 걸렸으며, 모세의 중보 기도로 7일 만에 회복되었다.

사실 하나님은 온갖 죄악에 물들었던 가나안 백성과의 결혼을 금했을 뿐, 이방인과의 결혼을 금하신 적이 없다. 모세가 구스 여인과 결혼한 것은 구속사적으로 볼 때도 큰 의미가 있는데, 이는 장차 이방인들이 하나님의 은혜로 예수님의 신부가 될 것임을 예표한 것이다. 아가서에 보면 솔로몬도 오직 검은 피부를 가진 술람미 여인만을 사랑하는데, 이는 온갖 죄악으로 검게 물든 우리를 사랑하시는 예수님의 일방적인 사랑을 상징하는 것이다.

한편 아론과 미리암의 이런 행동은 질투심에서 나온 것인데 이는 자신을 잘 알지 못하는 교만에서 시작된 것이다. 그런데 교만은 선악과 사건에서 볼 수 있듯이 모든 죄의 근원이며, 그 끝은 패망과 사망이다.

"교만은 패망의 선봉이요 거만한 마음은 넘어짐의 앞잡이니라" (잠 16:18)

한편 이와는 대조적으로 모세는 '온유함이 지면의 모든 사람보다 더하더라' 라는 평가를 받고 있는데, 온유함은 우리 노력으로 나올 수 있는 것이 아니며, 오직 성령이 맺으시는 열매 중 하나일 뿐이다. 그러므로 성령을 받은 성도들은 모름지기 자기를 부인하고, 성령충만 받기를 사모하고 또 구해야 한다.

"술 취하지 말라 이는 방탕한 것이니 오직 성령으로 충만함을 받으라" (엡 5:18)

민수기 13장

육의 눈 vs 믿음의 눈

갈렙이 모세 앞에서 백성을 조용하게 하고 이르되 우리가 곧 올라가서 그 땅을 취하자 능히 이기리라 하나(13:30)

바란 광야에 도착한 이스라엘 백성들은 가나안 땅 정탐을 위해 12 지파에서 각각 한 명씩 젊고 용맹스런 족장 12명을 뽑아 보냈으며, 그들은 40일 동안 정탐한 내용을 모세와 백성들에게 보고한다. 보고 내용은 fact였지만, 향후 대책에 대해서는 의견이 서로 대립한다. 한쪽은 그곳에 아낙 자손과 같은 거인들이 있어 매우 강하고 성읍은 견고하기 때문에 공격하지 말자는 의견이며, 갈렙은 fact는 맞지만 하나님께서 그 땅을 주시겠다 약속하셨기에 공격하자는 의견이었다(창 12:7, 출 3:8).

이처럼 상황을 바라보는 눈에는 육(肉)의 눈과 믿음의 눈, 두 가지가 있다. 우리는 믿음의 사람들이기에 마땅히 '믿음의 눈'으로 봐야한다. 그러나 그것은 '긍정의 힘'과 같은 책에서 말하는 긍정적인 사고방식이나 신념과는 다르다. 믿음으로 본다는 뜻은 단순히 '잘될 것'이라는 긍정적인 사고를 갖는 것이 아니라, '하나님의 약속을 바라보는 것'을 말한다. 어떤 개인적인 신념에서 나온 것을 '믿음'이라고 하지 않는데, 그런 경우는 오히려 하나님이 아니라 자신을 의지한 것이기에 믿음과는 반대인 '믿음 없음'과 '불신앙'이다.

히브리서는 '믿음은 바라는 것의 실상이요 보이지 않는 것들의 증거'라 말한다(히 11:1). 육의 눈으로 보는 것은 이미 존재하는 것을 보는 것이기에 믿음이 아니라 '인식(認識)'이라고 한다. 이와는 달리 믿음은 보이지 않는 것을 있는 것으로 믿는 것이다. 성도들은 천국이 있다는 것을 어떻게 가서 보지 않고도 믿을 수 있는가? 성도들에게는 믿음이 있기에 그 '믿음의 눈으로' 천국을 보고, 그곳을 소망하게 되는 것이다. 10명의 정탐꾼들은 육의 눈으로 본 대로 판단하여 진군을 멈추자 했고 갈렙은 그 땅을 주시겠다는 약속을

'믿음으로' 붙잡고 진군을 주장했으며, 결국 '믿음대로' 가나안 정복은 이루어졌다.

오늘날 우리가 매일 직면하고 있는 상황들은, 어쩌면 이스라엘 정탐꾼들이 맞닥뜨린 아낙 자손들보다 더 크고 두렵기만 하다. 당신은 이런 상황을 그저 육의 눈으로 인식하고 이성으로 판단하는가, 아니면 하나님 말씀에 근거하여 믿음의 눈으로 보고 행동하고 있는가? 육의 눈을 가진 자들은 왜소한 자신과 장대한 원수를 비교하지만 믿음의 눈을 가진 성도는 전능하신 하나님과 원수를 비교하는데, 그럴 때 그 싸움은 이미 끝난 것이다. 왜냐하면 하나님 말씀에 근거한 믿음은 확실한 최후의 승리를 보장하기 때문이다.

> "세상에서는 너희가 환난을 당하나 담대하라 내가 세상을 이기었느니라" (요 16:33)

민수기 14장

불순종의 결과는 죽음

다만 여호와를 거역하지는 말라 또 그 땅 백성을 두려워하지 말라 그들은 우리의 먹이라 …(14:9)

12명의 정탐꾼들의 보고를 받은 백성들은 밤새도록 소리 지르며 통곡한다. 그러나 그 부르짖음은 하나님께 도움을 구하는 것이 아니라 지도자들에 대한 원망이었다. 싸워 보기도 전에 패배 의식과 자기 연민에 빠져 모든 책임을 모세와 아론에게 돌리고 있는데, 이는 불신과 믿음 없음의 결과이며 또한 그들을 세우신 하나님께 대한 반역이었다.

한편 정탐꾼 중 하나였던 갈렙은 그들을 막아서며, '그들은 우리의 먹이이니 두려워 말자' 말한다. 그들이 크고 강한 것은 맞지만 여호와께서 우리와 함께 계시기에, 그들은 이스라엘의 필요를 채우는 먹이(영양제나 금고 같은 역할)라는 것이다. 믿음의 유무에 따라 상황을 보는 관점이 이렇게 완전히 달라진다.

그렇다. 모든 환경과 역사는 하나님에 의해 한 치의 오차도 없이 계획되고 운행되고 있다. 참새 한 마리도 하나님의 허락 없이는 땅에 떨어질 수 없다. 그럼에도 불구하고 하나님은 우리에게 여러 가지 문제와 환난을 허락하신다. 우리를 하나님만 온전히 믿고 순종하는 백성으로 만드시기 위해서다.

한편 광야라는 인생을 사는 동안 우리들은 끊임없이 떠나온 애굽(세상)을 그리워하며 그곳으로 돌아가려 한다(민 14:3). 우리는 마귀의 자녀로 태어났고, 지금도 마귀가 다스리는 세상에 살고 있기 때문이다. 그러나 마귀의 종으로 사는 삶은 잠시 동안 편하고 익숙할지는 모르나, 그 끝은 영원한 죽음(지옥)이다. 그러기에 비록 광야 생활(세상살이)이 힘들고 괴로워도 불기둥과 구름기둥(말씀, 성령)으로 인도하시는 하나님께 순종하는 삶을 살아야 한다. 만약 순종하지 않으면 하나님은 진노하신다.

"이 백성이 어느 때까지 나를 멸시하겠느냐 어느 때까지 나를 믿지 않겠느냐" (민 14:11)

그리고 그 진노의 결과 출애굽 1세대는 광야에서 전부 죽었다. 문제는 우리 또한 이들처럼 하나님 말씀을 믿지 못하는 불순종의 자식들이라는 사실이다. 그러나 우리는 그들과 다른데 그 이유는 예수 그리스도께서 죽기까지 순종하시고, 그 순종을 우리에게 전가시켜주셨기 때문이다. 그러기에 우리는 그 예수님을 믿고 순종해야 하며, 어차피 인생을 통해 순종하는 자로 지어져 갈 것이기에 광야(인생)에 사는 동안 순종을 훈련받아야 한다.

또한 자신의 과오나 실수를 만회하기 위해 섣부른 변명이나 노력을 해서는 안 되는데, 하나님이 명하시지 않은 공격을 하는 바람에 이들은 대적에게 대패하고 쫓기게 되었다(40절 이하). 이는 하나님 없는 종교적 열심은 오히려 심판을 자초한다는 좋은 예이다. 광야를 지나는 동안 우리에게 요구되는 것은 섣부른 행위가 아니라 말씀에의 철저한 순종이다.

"순종이 제사보다 낫고 듣는 것이 숫양의 기름보다 나으니" (삼상 15:22)

민수기 15장

오직 믿음으로

이스라엘 자손에게 말하여 그들에게 이르라 너희는 내가 주어 살게 할 땅에 들어가(15:2)

하나님의 계획은 결코 실패할 수 없다. 그러기에 하나님은 출애굽 1세대가 광야에서 다 죽게 될 것임을 천명하신 후에, 또다시 그 땅에 들어가서 지켜야 할 율법을 주신다. 이는 그 땅에 들어갈 백성들이 있다는 뜻이며, 택하신 백성들은 하나님께서 끝까지 책임지신다는 선언이시다.

또한 하나님께서는 '너희에게 명한 모든 것을 … 너희의 대대에 지키지 못하여 회중이 부지중에 그릇 범죄하였거든'(22절 이하)이라 언급하심으로 이스라엘 백성들이 결코 율법을 완전히 지킬 수 없을 것임을 이미 알고 계셨으며, 그러기에 '오직 믿음으로 구원받는 또 다른 법'을 이미 준비하셨음을 알 수 있다. 할렐루야!

> "이는 그리스도 예수 안에 있는 생명의 성령의 법이 죄와 사망의 법(=율법)에서 너를 해방하였음이라"(롬 8:2)

이렇게 우리 힘으로는 절대로 율법을 완전히 지킬 수 없음을 볼 때, 율법은 지키라고 주신 것이 아니라 하나님의 마음 즉 하나님의 사랑을 알고, 자기를 부인하고 하나님만 절대적으로 믿고 의지해야 함을 배우라고 주신 것임을 알 수 있다.

> "누구든지 나를 따라오려거든 자기를 부인하고 자기 십자가를 지고 나를 따를 것이니라"(막 8:34)

동시에 그런 하나님의 마음을 알지 못하고 자신의 유익을 위하여 스스로 살고자 하는 행위가 곧 죽음임을 가르쳐 주시려고, 안식일에 나무를 한 사람을

'돌로 쳐 죽이라' 명령하셨다. 그리고 시청각 교재를 이용하여 다시 한번 말씀에 순종할 것을 강조하시는데, 옷단 귀에 술을 달고 또 그 끝에 청색 끈을 달게 하심으로써 항상 '여호와의 모든 계명을 기억하고 준행할 것'을 명령하신다.

그러나 지금까지의 역사는 인간은 그런 의식(儀式)들은 잘 지켰지만 결국은 자기라는 우상을 결코 버리지 못하는 연약한 존재임을 여실히 보여주고 있다. 그러므로 그 엄한 율법하에서 살아남기 위해서 우리는 율법을 완성하신 예수 그리스도를 믿을 수밖에 없다는 결론을 또다시 내리지 않을 수 없다. 그리고 이렇게 오직 믿음으로 사는 자들만이 '의롭다' 여김을 받을 것이며, 장차 이들에게 천국이 주어질 것이다.

> "오직 의인은 믿음으로 말미암아 살리라 함과 같으니라" (롬 1:17)

민수기
16장

분수를 아는 삶

… 그 때에 여호와께서 택하신 자는 거룩하게 되리라 레위 자손들아 너희가 너무 분수에 지나치느니라(16:7)

가데스 바네아에서의 원망과 불순종으로 인해 정탐꾼 10명이 현장에서 죽임을 당했으며, 출애굽 1세대 전부가 가나안 땅에 들어가지 못하고 광야에서 죽게 되리라는 무서운 심판을 받았다. 그런데 얼마 지나지 않아 이스라엘 백성들은 또다시 모세와 아론을 원망하며, 두 사람의 권위에 도전한다.

그런데 이번에는 같은 레위 지파 안에서 반역이 일어난다. 모세와 아론은 레위의 세 아들 중 고핫의 후손인데, 같은 고핫의 후손으로 이들의 조카인 고라가 주축이 된 세력들이 반항한다. '우리도 똑같은 고핫의 후손인데 왜 너희들만 제사장 직분을 맡고 우리는 너희를 돕는 자리에 있어야 하느냐?'는 것이 이들의 도전 이유였다. 일견 일리가 있어 보인다. 그러나 모세와 아론 스스로 그 직분을 맡은 것이 아니라 하나님께서 지명하며 부르신 것인데, 이들은 이 사실을 간과했거나 그렇게 하신 하나님의 처사에 반발한 것이다. 이런 반역에 대하여 모세는 하나님께 판결을 청했으며, 그 즉시 땅이 갈라져 반역에 앞장섰던 고라와 다단 및 아비람 일가족과 모든 재물을 집어삼켰으며, 함께 대적했던 250명 모두는 그 즉시 여호와의 불에 타 죽고 만다.

한편 죄의 근원은 선악과 사건인데, 선악과는 내가 남들 위에, 심지어 하나님보다 높아지려는 교만한 마음에서 시작된 것이다. 결국 모든 범죄는 하나님이 허락하신 상황을 인정하지 못하고(분수를 알지 못하고) 남을 시기하고 질투하는 데서 발생한다. 이에 반해 천국은 서로가 서로를 위해 낮아지고 희생하며 섬기는 곳이다.

> "무릇 자기를 높이는 자는 낮아지고 자기를 낮추는 자는 높아지리라" (눅 14:11)

한편 고라 일당들의 모습은, 남의 얘기가 아니라 바로 오늘날 우리들의 모습이다. 그렇다면 과연 얼마나 많은 징계와 심판을 받아야 우리가 하나님 말씀에 전적으로 순종할 것인가? 성경은 이 땅에서는 그런 날은 결코 오지 않을 것임을 선언하고 있다.

> "구스인(흑인)이 그 피부를, 표범이 그 반점을 변하게 할 수 있느냐? 할 수 있을진대 악에 익숙한 너희도 선을 행할 수 있으리라" (렘 13:23)

한마디로 인간의 힘이나 의지로는 순종하는 일이 불가능하기에 하나님께서 직접 하시겠다는 것이다.

> "내가 그들에게 한 마음을 주고 그 속에 새 영을 주며 그 몸에서 돌 같은 마음을 제거하고 살처럼 부드러운 마음을 주어" (겔 11:19)

이 약속대로 예수님이 이 땅에 오셔서 십자가에서 죽고 부활하신 후 우리에게 성령을 보내주셨다. 우리 그리스도인들은 예수 그리스도의 은혜로 새 영(성령)을 받은 거룩한 무리(성도)인 것이다.

그렇다면 오늘 우리는 반역과 불순종의 자리에 설 것인가, 아니면 겸손과 순종의 자리에 설 것인가?

민수기
17장

참 대제사장 예수

이튿날 모세가 증거의 장막에 들어가 본즉 레위 집을 위하여 낸 아론의 지팡이에 움이 돋고 순이 나고 꽃이 피어서 살구 열매가 열렸더라(17:8)

하나님께서는 고라의 반역사건으로 인해 고라 일당뿐만 아니라 모든 이스라엘 백성을 다 죽이려 하셨다(민 16:45). 반역의 뿌리가 고라 일당에게만 있는 것이 아니라 모든 이스라엘 백성에게 똑같이 있었기 때문이다. 그래서 염병(지독한 전염병)을 보내 백성들을 죽이기 시작하셨다. 그러자 모세는 아론에게 즉시 향을 피워 백성들에게 달려가도록 했고, 아론은 향로를 들고 하나님 앞에 엎드렸다. 한마디로 '백성을 용서하시고 살려달라'고 죽음의 불구덩이에 직접 뛰어든 것이다. 그 결과 하나님께서는 진노를 멈추셨으며, 그때까지 죽임 당한 백성은 무려 14,700명이나 되었다. 이래저래 인생이라는 광야는 죽음의 길이며, 가나안 땅(천국)은 말씀에 불순종하는 나의 옛 사람이 죽지 않고는 결코 들어갈 수 없는 곳이다.

이스라엘 백성들뿐만 아니라 오늘날 우리 성도들 역시 하나님 말씀에 항상 불순종하는 자들이므로 모두 죽임을 당해야 마땅하다. 그런데 아론이 향로를 들고 산 자와 죽은 자 사이에 선 것처럼, 예수 그리스도께서 하나님과 성도들 사이에 서서 우리에게 내려질 하나님의 모든 저주와 진노를 다 받고 죽으셨다. 그 결과 우리의 모든 죄가 사해졌으며, 우리는 살리심을 받았다. 이런 측면에서 아론은 참 대제사장이신 예수 그리스도의 예표이다.

이 일 후에 하나님은 각 지파 두령들의 지팡이를 가져다 언약궤 앞에 놓으라 명하셨다. 누가 하나님께서 택하신 대제사장인지를 직접 보여주시겠다는 것이다. 몇 년씩 지니고 다니던 바짝 마른 지팡이에 무슨 변화가 일어날 수 있겠는가? 그런데 이게 웬일인가?! 12개의 지팡이 중 오직 아론의 지팡이에서만 꽃이 피고 살구 열매가 열리는 표적(表跡, sign)이 일어났던 것이다. 이를 통해 하나님께서는 하나님이야말로 모든 생명의 주인이시며, 아론만이 하나님이 택하신 대제사장임을 선포하셨던 것이다.

한편 오늘날 우리 성도들 역시 하나님께서 직접 택하신 왕 같은 제사장들이다(벧전 2:9). 그러므로 하나님의 능력으로 마른 살구나무가 살아나 열매를 맺었듯이, 우리 성도들은 생명 되신 예수 그리스도를 전함으로 죄로 인해 죽어있는 사람들을 살리는 삶을 살아야 한다. 그리고 그 삶은, 살구나무(솨케드; 깨어있다)라는 단어가 의미하는 것처럼 영적으로 항상 깨어있어 파수꾼의 역할을 담당하며, 아론처럼 남들을 살리기 위해 목숨까지 내놓는 희생적인 삶을 의미한다.

> "친히 나무에 달려 그 몸으로 우리 죄를 담당하셨으니 이는 우리로 죄에 대하여 죽고 의에 대하여 살게 하려 하심이라 그가 채찍에 맞음으로 너희는 나음을 얻었나니" (벧전 2:24)

민수기
18장

여호와는 나의 기업

여호와께서 또 아론에게 이르시되 너는 이스라엘 자손의 땅에 기업도 없겠고 그들 중에 아무 분깃도 없을 것이나 내가 이스라엘 자손 중에 네 분깃이요 네 기업이니라(18:20)

하나님께서는 가나안 땅을 분배할 때 레위 지파에게는 땅을 주지 않으면서 '내가 네 분깃이요 기업'이라 말씀하신다. 실제로 레위 지파에게는 땅이 분배되지 않았으며, 이스라엘 백성들이 내는 십일조와 거제물 그리고 요제물만 주셨다. 왜냐하면 이들은 전 이스라엘을 대표하여 성막에서 하나님을 섬기는 일을 맡았기 때문이다. 모든 그리스도인들 역시 하나님이 택하신 레위인들이요 제사장들이다. 그러므로 우리의 기업(基業) 역시 세상이 주는 것이 어떤 것이 아니라, '하나님 그분'이어야만 한다.

그렇다면 하나님께서는 왜 우리에게 광야라는 인생을 허락하셨는가? 짧고 힘든 이 세상(광야)의 삶이 우리 인생의 전부란 말인가?

No! 광야 생활(인생살이)은 참 생명은 오직 하나님께만 있으며, 공중 권세 잡은 자가 다스리는 이 세상은 도저히 살 만한 곳이 아님을 경험하고 하나님만 꼭 붙잡도록 훈련받는 곳이며, 천국에 가기 위한 과정일 뿐 끝은 아니다.

> "네 하나님 여호와께서 이 사십 년 동안에 네게 광야 길을 걷게 하신 것을 기억하라 이는 너를 낮추시고 너를 시험하사 네 마음이 어떠한지 그 명령을 지키는지 지키지 않는지 알려 하심이라" (신 8:2)

너무 명확하지 않은가? 인생살이는, 나를 낮추고 하나님만 높이는 자가 되기 위해 훈련받는 곳인 것이다. 왜냐하면 천국은 하나님 뜻에 전적으로 순종하는 사람들만 사는 곳이기 때문이다. 그러므로 우리는 생존을 위해 세상의 떡을 구할 것이 아니라, 영원한 생명을 얻기 위해 생명의 떡 되신 예수 그리스도를 먹어야 한다(=믿어야 한다). 그리고 하나님은 영생을 구하는 자들에게 이 세상에서의 그 모든 과정이 끝날 때까지 필요한 일용할 양식을 공급해 주신다.

> "그러므로 염려하여 이르기를 무엇을 먹을까 무엇을 마실까 무엇을 입을까 하지 말라 너희 하늘 아버지께서 이 모든 것이 너희에게 있어야 할 줄을 아시느니라" (마 6:31, 32)

또한 우리가 기억해야 할 것은, 이렇게 하나님 나라 백성이 되어가고 하나님을 섬기는 데는 남녀노소나 상하귀천의 구분이 없다는 사실이다. 아론이 대제사장이 되고 레위인이 성막에서 섬기게 된 것은 그들이 남들보다 뛰어나거나 잘나서가 아니라, 다만 하나님께서 그들을 그 일에 부르셨기 때문일 뿐이다.

교회생활에서도 마찬가지인데, 모든 그리스도인들은 하나님 앞에서 평등하며, 하나님께서 맡기신 일이 다를 뿐이다. 그러므로 모든 그리스도인들은 그리스도의 몸인 교회를 섬기는 데 있어서 무슨 일을 맡았든, 그 일을 맡겨주신 것에 감사하며 기쁜 마음으로 최선을 다해 섬겨야 한다. 그럴 때 하나님께서 '잘했다, 충성된 종아'(마 25:21) 칭찬하시며, 모든 그리스도인에게 영생을 허락해 주실 것이다.

> "그리고 맡은 자들에게 구할 것은 충성이니라" (고전 4:2)

민수기
19장

붉은 암송아지 = 예수 그리스도

동시에 제사장은 백향목과 우슬초와 홍색 실을 가져다가 암송아지를 사르는 불 가운데에 던질 것이며(19:6)

고라 일당의 반역으로 많은 백성들이 죽임을 당한 후 하나님은 새로운 율법, 즉 붉은 송아지의 재를 만들어 놓고 부정(不淨)을 제거하라는 규례를 주셨다. 그동안 이스라엘 백성의 반역과 죄악이 증가해 왔고 이로 인해 죽임을 당한 자들이 많아졌다. 그리고 이제 곧 가나안 족속과의 본격적인 전쟁이 시작될 것인데 그러면 많은 시체가 발생하고 이로 인해 부정한 자들이 대량으로 발생할 것이기에, 이를 정결케 할 대책이 필요했기 때문이다. 여기서 우리는 모든 것을 미리 아시고 준비하시는 하나님, 그리고 우리 죄악이 커질수록 그것을 덮어주시는 크신 주님의 은혜를 다시 한번 알 수 있다.

"그러나 죄가 더한 곳에 은혜가 더욱 넘쳤나니" (롬 5:20)

그러나 은혜를 더 받겠다고 일부러 죄를 더 지을 필요는 없다. 우리는 수천만 번 죽고도 남을 만큼의 죄를 이미 범했기 때문이다. 그런 면에서 지금 우리에게 필요한 것은, 내가 얼마나 큰 죄인인가를 처절하게 인식하는 일뿐이다.

한편 진 밖에서 태워진 붉은 송아지는 예루살렘 성 밖 골고다 언덕에서 십자가에 못 박혀 죽으심으로 우리 죄를 대속하신 예수 그리스도를 예표하는데, 그분이 흘리신 물과 피로 말미암아 우리의 모든 죄가 깨끗이 씻겨지고 사해졌다.

"그러므로 예수도 자기 피로써 백성을 거룩하게 하려고 성문 밖에서 고난을 받으셨느니라" (히 13:12)

정리하면 붉은 송아지의 붉은 색과 그 피는 예수 안에 있는 생명을, 송아지와 함께 불살라진 백향목은 능력과 불멸성, 우슬초는 죄를 정화하고 정결케 하시는 능력, 홍색 실은 그분의 왕 되심과 더러움을 제거하는 능력을 상징한다.

한편 하나님은 거룩 그 자체이시기 때문에, 부정한 자가 하나님이 계신 성소(聖所)에 나아가면 그 즉시 죽임을 당했다. 그러나 그리스도 예수를 믿는 성도들은 예수의 보혈의 공로로 이미 정결한 자가 되었으며, 그래서 언제든지 은혜의 보좌 앞에 담대히 나아갈 수 있다. 그러므로 우리는 매 순간 주님 앞에 나아가 그분의 은혜를 구해야 한다. 왜냐하면 우리는 주님의 은혜 없이는 한순간도 살 수 없는 죄인들이기 때문이다.

> "그러므로 우리는 긍휼하심을 받고 때를 따라 돕는 은혜를 얻기 위하여 은혜의 보좌 앞에 담대히 나아갈 것이니라" (히 4:16)

민수기
20장

오직 믿음으로

아론의 옷을 벗겨 그의 아들 엘르아살에게 입히라 아론은 거기서 죽어 그 조상에게로 돌아가리라(20:26)

어느덧 세월이 흘러 출애굽한 지 40년이 지났다(민 33:38). 12 정탐꾼들의 불신앙과 반역으로 인해 이스라엘 백성들에게 내려졌던 광야에서의 방랑생활이 이제 끝날 때가 된 것이다. 그러기에 구세대의 상징이었던 모세의 누이 미리암과 형 아론이 각각 죽어 조상에게로 돌아간다.

한편 40년 동안 방랑했던 백성들은 돌고 돌아 반역의 장소 가데스에 다시 돌아왔다. 그런데 그곳에 있을 것으로 예상했던 물이 없었고, 그러자 이들은 또다시 40년 전과 똑같이 원망을 늘어놓는다.

> "이곳에는 파종할 곳도 없고 무화과도 없고 포도도 없고 석류도 없고 마실 물도 없도다" (민 20:5)

어쩌면 40년 전과 이리도 똑같단 말인가! 온통 '없다'는 원망의 소리뿐, 하나도 바뀐 것이 없다. 사실 그들에게는 가장 중요한 것들 즉 하나님의 임재, 하나님의 약속 그리고 가나안 땅에 대한 소망이 있었다. 그런데도 그들은 감사하지 못하고 원망만 했던 것이다.

그렇다. '의인은 없나니 하나도 없으며', 우리 인간에게는 가망이 전혀 없다. 그리고 이런 사실은 모세의 모습을 통해 다시 한번 증명된다. 백성들에게 율법을 전했고, 그래서 율법 준수의 모범을 보여야 할 모세까지도 그 율법을 어기는 사건이 발생했으니 말이다.

사건의 전말은 이렇다. 백성들의 원망을 들으신 하나님은 모세에게 '반석에게 명령하여 물을 내라 하라' 명하신다(민 20:8). 그런데 모세는 백성들에 대한 화를 참지 못하고 두 번씩이나 반석을 '쳐서' 물이 나오게 했으며, 이런 모습은 마치 모세가 '자신의 능력으로' 힘껏 내리쳐서 물을 낸 것처럼 백성들에게 보였다. 이런 모세의 모습을 보신 하나님께서는 '너희가(아론과 모세) 나를 믿지 아니하고 이스라엘 자손의 목전에서 내 거룩함을 나타내지 않았다'며 진노하시고, 모세 역시 가나안 땅에 들어가지 못할 것임을 선언하신다.

이를 통해 우리는, 인간은 율법을 완전히 지킬 수 없다는 사실과 율법 준수의 한계를 볼 수 있다. 모세의 예에서 보는 바와 같이 율법을 다 지키다가 그중에 하나를 어겨도 모두 다 어긴 것이 되기 때문이다(약 2:10, 누구든지 온 율법을 지키다가 그 하나를 범하면 모두 범한 자가 되나니). 그러기에 우리에게는 율법을 온전히 다 지키시고 완성하신 예수님의 은혜가 필요한 것이다.

한편 모세가 가나안 땅에 들어가지 못한 것이 그가 구원받지 못했다는 의미는 아니다. 성경은 모세가 변화산에서 엘리야와 함께 예수님과 대화를 하는 모습을 기록하고 있기 때문이다(마 17:3).

결론적으로 오늘날 우리 성도들은 율법을 대표하는 모세가 가나안 땅에 들어가지 못했다는 사실을 통해, 율법으로는 결코 하나님 나라에 들어갈 수 없으며, 오직 복음 그 자체이신 예수 그리스도(여호수아)를 믿음으로써만 들어갈 수 있음을 배워야 한다.

> "그러므로 사람이 의롭다 하심을 얻는 것은 율법의 행위에 있지 않고 믿음으로 되는 줄을 우리가 인정하노라" (롬 3:28)

민수기
21장

쳐다본즉 다 살더라

모세가 놋뱀을 만들어 장대 위에 다니 뱀에게 물린 자가 놋뱀을 쳐다본즉 모두 살더라(21:9)

40년간 광야를 방황했고 조금 전에는 물이 없다고 원망했던 이스라엘 백성들은 하루빨리 가나안 땅에 들어가고 싶었다. 그런데 에돔 족속이 그 앞을 턱 가로막는 바람에 먼 길을 돌아갈 수밖에 없게 된다. 그러자 이들은 제 버릇 개 못 주고 이제는 모세뿐만 아니라 하나님까지 원망을 하고, 마침내 40년 동안 그들을 먹여 살렸던 만나까지 '이 하찮은 음식'이라고 비하한다(민 21:5).

이에 하나님께서 불뱀을 보내 이들을 물게 하시니, 많은 사람들이 죽고 또 죽어가기 시작한다. 그러자 백성들은 뻔뻔스럽게 모세에게 또다시 기도를 요청하고, 모세의 기도를 들으신 하나님은 또다시 자비와 은혜를 베풀어 불뱀을 만들어 장대 위에 달게 하시고 '그것을 보는 자는 다 살게 해' 주셨다.

한편 예수님은 요한복음 3장에서 이렇게 말씀하신다.

> "모세가 광야에서 뱀을 든 것 같이 인자(人子)도 들려야 하리니 이는 그를 믿는 자마다 영생을 얻게 하려 하심이니라" (요 3:14, 15)

다시 말해서 창세기부터 뱀에 물려 죽어가는 성도들을 구하기 위해 죄 없으신 예수님께서 저주의 놋뱀이 되셔서 장대에 달려 죽으러 이 땅에 오셨다는 것이다. 그리고 이 말씀대로 예수님은 십자가(장대)에 높이 달려 돌아가셨으며, 그 은혜로 독사의 새끼로 태어나 영원히 지옥에서 고통받아야 할 우리가 다시 살아나게 되고, 더 나아가 하나님의 자녀가 되었다. 그런데 그런 은혜를 받은 우리는 오늘날 그 예수님에게 무엇을 요구하며, 무엇이 부족하다고 원망을 하고 있는가?

하나님께서는 이스라엘 백성들을 가나안 땅으로 들어가게 하시려 40년 동안 광야 생활을 하게 하셨다. 그 하나님께서 우리 성도들에게 광야 같은 인생을 허락하신 이유는 딱 하나, 하나님 백성으로 만드시기 위해서이다.

한편 광야 생활은 고난의 연속일 수밖에 없는데 하나님께서 그런 고난을 허락하시는 이유는, 능력이 없으셔서가 아니라 우리가 하나님 자녀가 되어가는 일에 꼭 필요하기 때문인 것이다.

그러기에 우리는 고난 가운데서도 하나님을 원망하지 말고, 십자가에 달리신 구원자 예수 그리스도를 바라보아야 한다. 그럴 때 장대에 달린 놋뱀을 바라본 이스라엘 백성들이 살아났던 것처럼 우리도 영생(永生)을 얻게 될 것이다.

"믿음의 주(Lord)요 온전하게 하시는 이인 예수를 바라보자" (히 12:2)

민수기
22장

악을 선으로 바꾸시는 하나님

… 하나님이 내 입에 주시는 말씀 그것을 말할 뿐이니이다(22:38)

이스라엘은 하나님의 도우심으로 시혼과 옥을 점령하고 계속해서 모압을 향해 진군한다. 한편 이스라엘이 무섭게 진격하는 것을 본 모압인들과 그들의 왕 발락은 심히 두려워 떨며, 그들과 정면승부 할 경우 승산이 없음을 알고, 신통한 능력이 있다고 알려진 발람이라는 이방인 선지자를 시켜 이스라엘을 저주토록 사주한다.

발람은 모든 세상의 거짓 선지자들이 그렇듯이 재물을 엄청 밝히는 자이기에, 하나님께서 분명히 가지 말라 하셨음에도 불구하고 재물의 유혹에 빠져 그들을 따라나선다. 하나님께서는 다시 한번 여호와의 사자를 보내 그 앞길을 막으시며, '네가 가기는 가되 반드시 여호와께서 주신 말씀만 하라'고 재차 경고 및 당부를 하신다.

이 과정에서 하나님께서 나귀를 통해 발람을 꾸짖는 장면이 나오는데, 이는 하나님 말씀을 듣지 못하거나 듣지 않는 자는 나귀보다 못한 자임을 보여주시는 것이다. 한편 성도들도 원래는 발람처럼 말 못 하는 짐승보다 못한 자들이었는데, 하나님 은혜로 말미암아 하나님 말씀을 듣게 된 것이다.

> "내가 이같이 우매무지하므로 주 앞에 짐승이오나 내가 항상 주와 함께하니 주께서 내 오른손을 붙드셨나이다" (시 73:22, 23)

그러므로 이제 은혜로 말씀을 들을 수 있게 된 모든 성도들은 주님과 동행하며, 그 말씀에 순종할 의무가 있다.

한편 눈앞에 있는 자신의 이익을 위해 모압 왕에게로 간 발람은 하나님의 계속되는 경고에 겁을 먹고, 이스라엘을 저주하기는커녕 오히려 축복하게 된다. 이를 통해 우리는 악인들도 하나님 손에 붙들려 하나님의 도구로 쓰일 수 있음을 볼 수 있는데, 나중에 발람은 그의 잘못된 욕심으로 말미암아 결국 죽임을 당하게 된다(수 13:22). 악인은 이렇게 하나님 일에 쓰일 수는 있으나 결국 비참한 최후를 맞게 되는데, 그 대표적인 인물이 애굽 왕 바로와 발람이다. 이를 통해 우리는 악한 자는 반드시 심판을 받게 되며, 동시에 재물로 대표되는 세상의 힘을 향한 욕심은 헛된 것이며 결국 자신을 패망케 하는 지름길임을 알아야 한다.

> "욕심이 잉태한즉 죄를 낳고 죄가 장성한즉 사망을 낳느니라" (약 1:15)

그러므로 하나님 나라 백성인 성도들은 세상적인 것들에 대한 욕심을 끊고, 끊임없이 '위의 것'을 바라봐야 하는데, 그곳에는 우리 주 예수 그리스도께서 하나님 우편에 앉아 계시며, 우리도 장차 주님과 함께 그곳에 앉게 될 것이기 때문이다.

> "그러므로 너희가 그리스도와 함께 다시 살리심을 받았으면 위의 것을 찾으라 거기는 그리스도께서 하나님 우편에 앉아 계시느니라" (골 3:1)

민수기
23장

언약을 지키시는 하나님

하나님은 사람이 아니시니 거짓말을 하지 않으시고 인생이 아니시니 후회가 없으시도다 어찌 그 말씀하신 바를 행하지 않으시며 하신 말씀을 실행하지 않으시랴(23:19)

여호와 하나님은 믿는 자들의 하나님이실 뿐 아니라 온 우주 만물의 주관자이시다. 그분은 죽이기도 하시며 살리기도 하시며 또 모든 만물을 뜻대로 사용하신다(신 32:39). 그러기에 우리 성도들은 하나님께서 사탄을 잠시 성도들을 위해 쓰고 계신 것이지, 사탄이 너무 강해서 없애지 못하시는 것이 아님을 반드시 알아야 한다. 사탄까지도 마음대로 쓰시는 분이 어찌 그 졸개들인 거짓 선지자를 사용하지 못하시겠는가!

지금 교회 안에도 자기 이익을 위해 사탄의 종노릇하는 거짓 선지자들이 너무나 많다. 한편 그들 역시 하나님께 쓰임받고 있는데, 하나님은 그들의 거짓말을 통해 가짜 성도들을 골라내고 계신 것이다. 그러므로 우리는 올바른 말씀과 기도로 무장함으로써 거짓 선지자들의 거짓말(인본주의적, 율법주의적 설교)에 넘어가지 않도록 항상 깨어 있어야 한다.
이런 의미에서 거짓 선지자인 발람 또한 하나님께 쓰였는데, 모압 왕 발락의 돈을 받고 이스라엘을 저주하려 했으나 오히려 이스라엘을 위해 축복을 선포하는 도구로 사용되었던 것이다.

한편 모압 왕 발락이 거짓 선지자 발람을 통해 이스라엘을 저주하기 전에도 사실 이스라엘 백성들은, 그들의 불신앙과 불순종으로 인해 저주를 받고 심판을 받아야 마땅한 자들이었다. 그런데 하나님은 그들의 허물과 반역을 보지 않으신다.

> "야곱의 허물을 보지 아니하시며 이스라엘의 반역을 보지 아니하시는도다" (민 23:21)

그러나 어찌 공의로운 하나님이, 마땅히 죽임당해야 할 허물과 반역을 그냥 용서하실 수 있겠는가? 그들이 용서받은 것은 근거 없이 받은 것이 아니라, 예수 그리스도께서 그들(=성도들)의 모든 죗값을 십자가에서 치러주셨기 때문이다.

> "그는 새 언약의 중보자시니 이는 첫 언약 때에 범한 죄에서 속량하려고 죽으사" (히 9:15)

> "율법 아래 있는 자들을 속량하시고 우리로 아들의 명분을 얻게 하려 하심이라" (갈 4:5)

속량(贖良 redemption)은 몸값을 받고 죄인을 풀어 자유인이 되게 한다는 뜻이다.
그렇다. 반드시 언약을 지키시는 하나님의 은혜로 예수 그리스도께서 이미 우리 죄의 값을 치르심으로 우리는 속량함을 입었다. 이 사실을 안다면, 어떻게 거룩한 성도들인 우리가 개가 그 토한 것을 도로 먹는 것같이 고의적으로 죄 가운데 살 수 있겠는가?(잠 26:11)

물론 아무리 성도들이라도 이 세상에 사는 동안 죄로부터 완전히 자유로울 수는 없다. 그러나 진짜 성도들에게서는 거룩을 향한 열심이 반드시 나오게 되어있다는 뜻이다.

그러기에 예수님의 십자가 은혜로 이미 하나님의 자녀가 된 우리는, 오늘도 우리 안에 계신 성령 하나님의 도우심을 힘입어 거룩을 향해 열심을 다해 나아가야 한다.

> "나는 너희의 하나님이 되려고 너희를 애굽 땅(세상)에서 인도하여 낸 여호와라 내가 거룩하니 너희도 거룩할지어다" (레 11:45)

민수기
24장

참된 예언(預言)은 곧 복음

가령 발락이 그 집에 가득한 은금을 내게 줄지라도 나는 여호와의 말씀을 어기고 선악간에 내 마음대로 행하지 못하고 여호와께서 말씀하신 대로 말하리라 하지 아니하였나이까(24:13)

흔히 예언이라고 하면 생사화복을 미리 알려주는 fortune telling으로 생각한다. 그러나 성경에서의 예언(prophecy)은 하나님의 영(성령)에 사로잡혀서 하는 구원과 관련한 말씀을 뜻하며, 이런 의미에서 성경은 예언 중의 예언이다. 그러기에 성경의 모든 예언은 한 자도 빠짐없이 모두 이루어졌으며, 앞으로도 반드시 이루어질 것이다. 성경 말씀은 곧 하나님의 약속이기 때문이다.

이런 의미에서 볼 때 오늘날에도 예언자나 신 사도(使徒)가 있다는 주장은 헛된 것이다. 이미 하나님의 예언인 성경 66권이 완성되고 선지자와 사도들이 전한 말씀 위에 교회가 든든히 세워졌는데, 더 이상 무슨 예언이 필요하단 말인가! 성경은 이런 거짓 예언을 하는 자들을 돌로 쳐 죽이라 명한다(신 13:5, 10). 그러나 오늘날에는 그렇게 할 수 없기에 성도들은 그런 주장을 하는 자들을 멀리해야 한다(신 18:14, 마 7:15).

한편 발람은 비록 거짓 선지자지만 잠시 성령에 사로잡혀 하나님의 일에 쓰임을 받는데, 이스라엘을 구체적으로 축복한다.

먼저 이스라엘 백성들이 장차 지금 있는 삭막한 광야와는 완전히 다른 동산 같은 곳에 살게 될 것임을 예언한다. 이는 이스라엘 백성들이 이제 곧 젖과 꿀이 흐르는 가나안 땅에 들어가 살게 될 것을 예언하는 것으로, 장차 모든 성도들이 천국에 들어가 영원히 살게 될 것임을 예표하는 것이다.

> "여호와가 너를 항상 인도하여 메마른 곳에서도 네 영혼을 만족하게 하며 …
> 너는 물 댄 동산 같겠고 물이 끊어지지 아니하는 샘 같을 것이라" (사 58:11)

물론 인생이라는 광야는 성도들이 순종을 훈련받는 곳이기에 지금 당장은 괴롭고 힘들다. 그러나 모든 성도들은 마침내 에덴동산보다 더 좋은 곳에서 주님과 함께 영원히 살게 될 것이다.

이와는 반대로 발람은 이스라엘 대적들의 멸망을 예언하는데, 실제로 그의 예언대로 이스라엘의 대적들은 모두 멸망당했다. 그리고 이는 장차 성도들의 모든 대적들이 '한 홀(笏), 한 별'로 예표된 다윗의 후손 예수 그리스도에 의해 완전히 멸망될 것을 말씀하는 것이다.

그렇다. 사탄과 그 세력들은 성도들을 정금 같은 믿음을 가진 자로 만들기 위해 하나님이 잠시 사용하고 계신 존재들일 뿐이며, 그 용도가 끝나면 불못에 영원히 던져질 것이다.

> "또 그들을 미혹하는 마귀가 불과 유황 못에 던져지니 거기는 그 짐승과 거짓 선지자도 있어 세세토록 밤낮 괴로움을 받으리라" (계 20:10)

그러므로 영광스런 승리가 확정되어 있는 우리 성도들은, 일생을 사는 동안 '믿음으로 인해 받는' 고난을 두려워하지 말아야 한다.

> "우리가 잠시 받는 가벼운 고난은 그 무엇과도 비교될 수 없는 크고 엄청난, 영원한 영광을 우리에게 가져다 줄 것입니다" (고후 4:17, 현대인의 성경)

민수기 25장

구세대의 배교와 소망

그와 그의 후손에게 영원한 제사장 직분의 언약이라 그가 그의 하나님을 위하여 질투하여 이스라엘 자손을 속죄하였음이니라(25:13)

하나님의 강권적인 은혜로 거짓 선지자 발람으로부터 저주가 아닌 축복을 받은 이스라엘은 모압 땅 싯딤에 잠시 머물게 된다. 그런데 이게 웬일인가? 가나안 땅에 들어가기도 전에 이방 여인들과 음행을 하고 이방인들의 우상인 바알브올을 섬기며, 심지어 하나님의 임재를 상징하는 성막이 있는 거룩한 진영 안으로 이방 여인을 데리고 들어온다. 비록 하나님의 개입으로 이스라엘을 저주하는 데는 실패했지만 재물이 탐났던 발람은 우회적인 방법으로 이스라엘을 실패케 했는데, 그의 궤계로 백성들이 이방여인들과 함께 음행과 우상숭배에 빠졌던 것이다.

이렇게 사탄과 그의 졸개들인 거짓 선지자들은 예나 지금이나 성도들을 넘어뜨리기 위해 동분서주하고 있는데, 심지어 다윗의 아들 솔로몬까지도 타락시키는 데 성공했다. 즉 그들의 궤계로 인해 솔로몬은 비빈을 천 명을 두고 그들을 위해 우상의 제단을 세웠으며, 그들의 우상들을 섬기기까지 했던 것이다. 솔로몬이 이 정도였으니 오늘날 성도들은 얼마나 더 깨어 있어야 하겠는가!

> "근신하라 깨어라 너희 대적 마귀가 우는 사자 같이 두루 다니며 삼킬 자를 찾나니" (벧전 5:8)

오늘날도 사탄의 목표는 성도들을 넘어뜨려 천국에 들어가지 못하게 하는 것이다. 그런데 그들이 쓰는 방법은 공갈이나 협박 또는 순교케 하는 것이 아니라, 오히려 성도들로 하여금 정욕대로 살도록 유혹하는 것이다. 즉 온갖 세상 정욕을 부추기며 자기 자랑에 빠지게 함으로써 하나님을 바라보지 못하게 하는 방법을 쓴다(요일 2:16). 그러므로 성도들은 항상 깨어있지 않으면 언제든지 사탄의 달콤한 유혹에 넘어갈 수 있음을 명심해야 한다.

한편 하나님께서는 이 음행으로 다시 대노하셔서 염병을 보내신다. 그리고 대제사장의 아들 비느하스가 음행하는 두 연놈을 한 창에 찔러 죽이자 비로소 염병이 그치게 되는데, 그때까지 염병으로 죽은 사람이 24,000명이었다. 2차 인구조사 때 시므온 지파의 숫자가 1차 때의 절반 이하로 줄어들었는데, 그 이유는 이방 여인을 진(陣)으로 끌고 들어온 자가 시므온 지파였기 때문인 것으로 보인다.

이렇게 죄는 무서운 결과를 가져온다. 왜냐하면 우리의 모든 죄는 예수의 대속의 은혜로 사함을 받았지만, 죄로 인한 고통은 반드시 당사자가 받게 되어 있기 때문이다. 이런 면에서 우리는 죄와 악은 아무리 사소한 것이라도 멀리해야 한다. 왜냐하면 습관적으로 짓는 작은 죄가 죄에 대해 점점 무디게 하고, 더 큰 죄를 짓게 만들기 때문이다.

> "악(惡)은 어떤 모양이라도 버리라" (살전 5:22)

한편 이런 백성들의 배교와 우상숭배에도 불구하고 하나님께서는 비느하스와 제사장 계약을 맺으심으로, 이스라엘 백성들을 반드시 가나안 땅으로 이끌이 가실 것과 제사장 나라로 만드실 것을 재차 확인해 주신다.

그렇다. 패역한 우리 스스로의 힘으로는 결코 천국에 들어갈 수 없다. 그러나 그럼에도 불구하고 한번 하나님께 택함 받은 백성은, 예수님의 은혜로 반드시 천국에 들어가게 되어 있다(성도의 견인(堅忍)). 할렐루야!

> "내가 확신하노니 사망이나 생명이나 천사들이나 … 어떤 피조물이라도 우리를 우리 주 그리스도 예수 안에 있는 하나님의 사랑에서 끊을 수 없으리라" (롬 8:38, 39)

민수기
26장

'그러나'의 은혜

땅이 그 입을 벌려서 그 무리와 고라를 삼키매 그들이 죽었고 당시에 불이 이백오십 명을 삼켜 징표가 되게 하였으나 고라의 아들들은 죽지 아니하였더라 (26:10, 11)

모든 인간은 원죄로 인해 다 죽어야만 한다. 하물며 눈에 띄는 실질적인 죄를 범한 사람이야 말해 무엇하겠는가! 고라는 무리를 지어 하나님께서 지명하신 모세의 권위에 도전하는 반역을 범했으며, 그 결과 그에게 속한 모든 사람과 함께 땅에 삼킴을 당했다(민 16:32). '그러나' 그런 와중에서도 고라의 아들들은 죽임을 면했으니, 이는 오직 긍휼하신 하나님의 은혜일뿐이다. 더 나아가 그 후손 중에 사무엘 선지자가 나오는 등의 은혜를 입게 된다. 이를 통해 우리는 흔히 말하는 '가계(家係)에 흐르는 저주'라는 개념은 성경에 없으며, 각 개인은 독립된 개체로서 하나님의 심판대 앞에 서게 됨을 알 수 있다.

> "아버지가 신 포도를 먹었으므로 그의 아들의 이가 시다고 함은 어찌 됨이냐 … 모든 영혼이 다 내게 속한지라 아버지의 영혼이 내게 속함같이 그의 아들의 영혼도 내게 속하였나니 범죄하는 그 영혼은 죽으리라" (겔 18:2~4)

한편 고라처럼 성도들 또한 불신자들과 똑같은 죄인이며, 그래서 영원한 불못에 떨어져야 할 자들이었다. 그럼에도 불구하고 주님의 크신 은혜로 고라의 아들들처럼 구원을 받았다.

> "너희는 그 은혜에 의하여 믿음으로 말미암아 구원을 받았으니 이것은 너희에게서 난 것이 아니요 하나님의 선물이라" (엡 2:8)

한편 아비의 침상을 더럽히고 모세에게 반란을 일으킨 르우벤 지파와 며느리와 근친상간을 범한 유다 지파는 땅을 기업으로 받은 반면, 레위 지파는 한 평의 땅도 기업으로 받지 못했다. '그러나' 하나님께서는 레위 지파에게 제사장 직분과 함께 땅보다 더 큰 선물을 주셨는데, 그것은 바로 '하나님의 함께하심' 이다.

> "나는 이스라엘 자손 중에 네(레위 지파) 분깃이요 네 기업이라" (민 18:20)

오늘날 왕 같은 제사장인 우리에게도 하나님께서는 이렇게 말씀하신다.

> "나는 포도나무요 너희는 가지니 저가 내 안에, 내가 저 안에 있으면 이 사람은 과실을 많이 맺나니 나를 떠나서는 너희가 아무것도 할 수 없음이라" (요 15:5)

그러기에 우리가 진짜 성도가 맞는다면 우리 안에 계신 그리스도의 영인 성령께서 친히 하나님께서 원하시는 열매를 맺어 가실 것이다.

> "오직 성령의 열매는 사랑과 희락과 화평과 오래 참음과 자비와 양선과 충성과 온유와 절제니" (갈 5:22, 23)

민수기
27장

모세, 순종의 사람

그로 그들 앞에 출입하며 그들을 인도하여 출입하게 하사 여호와의 회중이 목자 없는 양과 같이 되지 않게 하옵소서(27:17)

민수기 26장의 인구 계수는 각 지파별 땅의 분배를 위한 것이었는데, 불행히도 므낫세 지파의 슬로보핫은 아들이 없이 죽고 말았다. 이에 그의 딸들이 모세를 찾아와 자신들에게도 기업(땅)을 나눠줄 것을 요구했으며, 모세는 하나님께 물은 후 딸들에게도 땅을 분배하도록 했다.

그렇다. 가나안 땅으로 상징되는 천국에 들어가는 데는 남녀노소나 상하귀천의 차별이 있을 수 없다. 이 세상 그 어느 누구도 자격이나 공로로 천국에 들어갈 수 없으며, 오직 은혜, 오직 믿음으로 들어가게 되기 때문이다. 이것이 진실인데 아직도 천국에 들어가는 데 있어 사람마다 차이가 있다거나 천국에 들어간 후에도 사람마다 상급(賞給)이 서로 다르다고 말하는 거짓 선지자들(목사들)이 많다. 물론 성도들의 열심을 끌어내기 위한 의도도 있다는 점은 안다. 그러나 그런 거짓 가르침은, '오직 은혜' '오직 믿음'으로 구원받는다는 성경의 가르침에 어긋나는 무서운 이단사설(異端邪說)이다.

한편 땅을 포함해 우리에게 있는 것들은 모두 하나님으로부터 받은 것으로, 성도들은 그 모든 것을 하나님 뜻대로 그리고 내 영광이 아닌 하나님의 영광을 위해 사용해야 하는 청지기들이다.

> "그런즉 너희가 먹든지 마시든지 무엇을 하든지 다 하나님의 영광을 위하여 하라" (고전 10:31)

계속해서 12절 이하에는 새로운 리더십이 세워지는 장면이 나온다(모세에서 여호수아로). 새 포도주는 새 부대에 담아야 한다는 말씀처럼(마 9:17), 구세대를 대표하는 모세(율법)로서는 새로운 세대(출애굽 2세대)를 가나안 땅(천국)으로 인도해 들어갈 수가 없기 때문이다.

물론 모세는 어찌 보면 역사상 가장 유명한 선지자요 지도자다. 그러기에 지금도 그와 관련된 많은 서적들과 영화들이 만들어지고 있다. 그러나 그 모든 일들은 하나님께서 모세를 통해서 하신 일일뿐이며, 모세 본인이 한 일들은 아무 것도 없다. 그럼에도 불구하고 그가 위대한 것은 자신을 온전히 비우고 하나님의 말씀에 철저히 순종한 사람이기 때문이다. 그러기에 출애굽기, 레위기 그리고 민수기에는 다음과 같은 문장이 수없이 나온다.

> "여호와께서 모세에게 명하신대로 하였더라"

모세는 하나님 집의 하인으로서 주인이신 하나님의 뜻을 따라 충실하게 행했던 것이다(히 3:5). 이것이 바로 오늘날 성도들에게 요구되는 순종이며, 그 순종을 훈련하기 위해 우리에게 인생이라는 광야가 주어진 것이다.

그렇다. 천국은 하나님 뜻에, 하나님 말씀에 100% 순종하는 사람들이 사는 곳이다. 그리고 그 천국으로 가는 길은 예수 그리스도를 따라가는 길인데, 그 길은 곧 자기를 부인하고 자기 십자가를 지고 가는 길이다.

> "아무든지 나를 따라오려거든 자기를 부인하고 날마다 제 십자가를 지고 나를 따를 것이니라" (눅 9:23)

민수기
28장

날마다 드리는 향기로운 화제

또 그들에게 이르라 너희가 여호와께 드릴 화제는 이러하니 일 년 되고 흠 없는 숫양을 매일 두 마리씩 상번제로 드리되(28:3)

레위기에 기록된 제사와 절기의 내용이 다시 반복되고 있는데, 이제 곧 들어가게 될 가나안 땅에서 이스라엘 백성이 해야 할 가장 중요한 일이 바로 하나님을 예배하는 것이기 때문이다.

> "우리 하나님 여호와께 희생을 드리고자 삼일 길 광야로 가기를 허락하라" (출 3:18)

출애굽의 가장 큰 목적이 하나님을 예배하는 것이었기에, 이 사실을 다시 상기시킬 필요가 있었던 것이다.

그렇다. 하나님이 우리를 위해 존재하시는 것이 아니라, 우리 인간이 하나님을 위해 창조되고 또 존재하는 것이다. 오늘날 이 사실을 아예 잊어버리거나 강조하지 않기 때문에 교회 안에서조차 인본주의와 기복주의가 기승을 부리고 있고, 기독교가 무너질 위기에 처해 있는 것이다.

> "이 백성은 내가 나를 위하여 지었나니 나를 찬송하게 하려 함이라" (사 43:21)

> "그 기쁘신 뜻대로 우리를 예정하사 예수 그리스도로 말미암아 자기의 아들들이 되게 하셨으니 … 그의 은혜의 영광을 찬송하게 하려는 것이라" (엡 1:5, 6)

찬송은 곧 예배드리는 삶을 말하며, 예배란 예배당에 모여 드리는 공적 예배를 넘어서 모든 일상에서 하나님 뜻대로 살아가는 것을 말한다. 이 사실을 기억하기 위해 이스라엘 백성들은 매일 아침저녁으로 상번제(常燔祭, regular burnt offering)를 드렸던 것이다.

또한 온 회중이 함께 드리는 희생제사에 앞서 백성 하나하나가 하나님 앞에서 거룩한 삶을 살아내야 했다. 왜냐하면 하나님과의 매일매일의 동행이 의로울 때에만 하나님 안에서의 큰일들이 의로울 수 있기 때문이며, 고라나 아간 사건의 경우처럼 개인의 죄가 온 공동체를 망치기 때문이다.

> "그러므로 형제들아 내가 하나님의 모든 자비하심으로 너희를 권하노니 너희 몸을 하나님이 기뻐하시는 거룩한 산 제물로 드리라 이는 너희가 드릴 영적 예배니라" (롬 12:1)

그러나 죄악에 물든 우리들은 어차피 향기로운 제물이 될 수가 없다. 하지만 우리가 예수 그리스도라는 향기로운 제물의 옷을 입고 나아갈 때, 하나님께서는 우리를 향기로운 제물로 받아주신다. 그러므로 우리는 오늘도 우리 대제사장이신 그리스도 예수를 힘입어 은혜의 보좌 앞에 담대히 나아가야 한다.

> "그러므로 우리는 긍휼하심을 받고 때를 따라 돕는 은혜를 얻기 위하여 은혜의 보좌 앞에 담대히 나아갈 것이니라" (히 4:16)

민수기
29장

아무 일도 하지 말라

일곱째 달 열흘 날에는 너희가 성회로 모일 것이요 너희의 심령을 괴롭게 하며 아무 일도 하지 말 것이니라(29:7)

일곱째 달은 민간력으로 새해를 시작하는 1월이며, 이 달에는 나팔절, 대속죄일, 장막절 절기를 지켰는데, 특히 각 절기 당일 그리고 초막절의 첫날과 제 8일째 날에는 '아무 노동도 하지 말라'는 명령이 주어졌다.

성경은 인간의 노동을 매우 중요하게 여기며, 그러기에 '누구든지 일하기 싫어하거든 먹지도 말게 하라'는 말씀도 있다(살후 3:10). 그런데 이날에 일하지 말라는 말씀은, 우리 성도들에게는 일하는 것보다 더 중요한 일, 더 마음을 집중시켜야 할 일이 있다는 뜻인데, 그 일은 바로 하나님을 예배하는 일이다.

인간은 제6일에 창조되었는데, 그때 이미 모든 것이 완벽하게 준비되어 있었기에, 창조된 다음 날부터 인간이 해야 할 일은 안식(安息)밖에 없었다. 그런데 아담의 죄로 말미암아 그 안식이 깨졌고, 그때부터 노동은 기쁨이 아닌 의무가 되고 말았다.

> "땅은 너로 말미암아 저주를 받고 너는 네 평생 수고하여야 그 소산을 먹으리라" (창 3:17)

그런데 하나님은 '절기에 아무 일도 하지 말라'는 규례를 통해 다시 한번 인간이 해야 할 일은, 의무로서의 노동이 아니라 기쁨으로 하나님을 찬양하는 것임을 알려주신다. 그리고 참된 안식은 인간이 아무리 노력해도 얻을 수 없으며, 오직 하나님 은혜로만 된다는 것을 광야 생활 40년을 통해 계속해서 경험케 하셨던 것이다(안식일, 안식년, 희년).

한편 이제 예수님의 십자가로 말미암아 대속죄일의 속죄제사가 완전히 드려졌으며, 초막절로 예표되었던 것처럼 성도들은 장차 삼위일체 하나님과 함께 천국에서 영원히 살게 될 것이다. 그 천국에서 우리는 과연 무엇을 하면서 살게 될 것인가? 그저 매일 먹고 마시며 노래만 하고 있을 것인가?

아니다. 그곳에서도 우리는 분명히 노동을 하게 될 것이다. 왜냐하면 이 땅에서의 우리의 인생은 천국에서의 삶의 그림자인데, 이 세상에 노동이 있다는 사실은 천국에도 노동이 있음을 의미하기 때문이다. 다만 지금까지는 사망의 종으로 죽지 않기 위해서 노동을 했다면, 천국에서는 하나님의 말씀을 순종하는 과정 속에서 자발적으로, 기쁨으로 일하게 될 것이다.

한편 '노동을 하지 말라'는 말씀과 함께 금식이 선포되고 있는데, 금식이란 단순히 음식을 먹지 않는 데서 더 나아가 '내 생각과 정욕을 끊고 하나님만 바라보겠다'는 의미임을 알아야 한다.

> "내가 기뻐하는 금식은 흉악의 결박을 풀어주며 멍에의 줄을 끌러 주며 압제 당하는 자를 자유하게 하며 모든 멍에를 꺾는 것이 아니겠느냐" (사 58:6)

민수기 30장

하나님이 받으시는 서원

그러나 그의 남편이 들은 지 얼마 후에 그것을 무효하게 하면 그가 아내의 죄를 담당할 것이니라(30:15)

성경은 쓰일 당시 상황에 맞게 주어진 것이기에, 당시 상황을 잘 이해해야 원래의 의미를 제대로 파악할 수 있다. 그러나 한편으론 하나님께서 하나님의 뜻을 알리려 그런 상황을 허락하시고, 그 상황에 따른 규례와 율법을 주셨다고 이해해야 한다. 왜냐하면 전지전능한 하나님께서는 항상 뚜렷한 목적과 완전한 계획을 가지고 일하시는 분이기 때문이다.

오늘 본문은 서원(誓願, vow)에 관한 규례로서 딸의 서원은 아버지가 그리고 아내의 서원은 남편이 좌지우지하는 듯한 내용이기에, 요즘 같은 남녀평등시대에는 맞지 않는 전근대적인 규례로 생각할 수 있다. 그리고 만약 그것이 사실이라면, 우리는 구약 성경 대부분을 폐기처분해야 할지도 모른다. 그러나 반대로 그렇지 않다면, 우리는 본문에서 영원히 변치 않는 구원에 필요한 진리를 찾아내야 한다. 왜냐하면 성경은 모든 시대에 걸쳐 구원을 위해 주어진 유일한 책이기 때문이다.

> "성경은 능히 너로 하여금 그리스도 예수 안에 있는 믿음으로 말미암아 구원에 이르는 지혜가 있게 하느니라" (딤후 3:15)

또한 이 땅에서의 성도들의 모든 삶은 장차 살게 될 하늘나라에서의 삶의 모형과 그림자로서 주어진 것이기에 그에 맞도록 해석되어야만 한다.

> "그들이 섬기는 것은 하늘에 있는 것의 모형과 그림자라 모세가 장막을 지으려 할 때에 지시하심을 얻음과 같으니" (히 8:5)

먼저 서원은 자신의 신앙을 자랑하고자 하는 그릇된 동기에서 비롯되어서는 안 되며, 오직 하나님의 은혜에 대한 자발적인 신앙의 표현이어야 한다. 하나님은 사람의 심장과 폐부를 살피시는 분이시기 때문이다(렘 17:10).
한편, 성경은 여호와 하나님을 성도들의 아버지요 남편이라 부른다.

> "여호와의 말씀이니라 배역한 자식들아 돌아오라 나는 너희 남편임이라" (렘 3:14)

> "땅에 있는 자를 아버지라 하지 말라 너희의 아버지는 한 분이시니 곧 하늘에 계신 이시니라" (마 23:9)

> "이는 남편이 아내의 머리 됨이 그리스도께서 교회의 머리 됨과 같음이니 그가 바로 몸의 구주시니라" (엡 5:23)

한마디로 하나님께서는 딸 또는 아내로 표현된 불완전한 우리 성도들의 서원이 아니라, 오직 우리 남편이시며 머리 되신 예수 그리스도의 서원만 받으신다는 뜻이다.

> "여호와의 모든 백성 앞에서 나의(예수) 서원을 여호와께 갚으리로다" (시 116:14)

그리고 예수님은 이 서원대로, 성도들이 섣불리 말하고 지키지 못한 모든 서원에 대한 책임을 지고 십자가에 달려 죽으셨다. 그러므로 성도들은 우리의 모든 말과 행동에 대한 전적인 책임을 주님께서 지신다는 사실을 명심하고, 모든 일을 주 앞에서 그리고 주께 하듯 해야 한다.

> "서원하고 갚지 아니하는 것보다 서원하지 아니하는 것이 나으니" (전 5:5)

> "무슨 일을 하든지 마음을 다하여 주께 하듯 하고 사람에게 하듯 하지 말라" (골 3:23)

민수기
31장

고난, 죄와의 전쟁

모세가 백성에게 말하여 이르되 너와 함께 있는 사람들 가운데서 전쟁에 나갈 사람들을 무장시키고 미디안을 치러 보내어 여호와의 원수를 갚되(31:3)

모세에게 주어진 마지막 임무는 미디안을 치는 것이었다. 왜냐하면 싯딤에서 이스라엘 백성을 유혹해 바알브올이라는 우상을 섬기게 했던 미디안 족속에 대한 징벌이 아직 이루어지지 않았기 때문이다. 그런데 모세는 미디안을 치는 일을 '여호와의 원수를 갚는 일'로 표현하고 있다.

그렇다. 이스라엘의 원수는 곧 하나님의 원수인데, 그들은 곧 미디안과 같이 우상숭배를 부추기는 세력을 말한다. 그러기에 이 전쟁에는 대제사장 엘르아살의 아들로서, 싯딤에서 진영 안에까지 들어와 음행했던 두 남녀를 찔러 죽였던 비느하스가 앞장서고 있다. 이는 앞으로 있을 가나안 땅에서의 전쟁의 성격을 보여주는데, 가나안 정복이 단순한 영토 확장이나 전리품 획득을 위한 것이 아니라 죄와 우상을 없애는 전쟁임을 의미한다. 더 나아가 이스라엘 백성으로 상징된 그리스도인들이 애굽, 광야, 가나안 땅으로 상징된 이 세상에서 싸워야 할 싸움도 곧 죄와 우상과의 싸움임을 보여주고 있다.

그리고 이 싸움에는 각 지파에서 천 명씩 참여했는데, 전쟁에서 회득한 전리품은 전쟁에 참여한 군사와 그렇지 않은 모든 사람들에게 공평하게 분배되었다. 이는 죄와의 싸움에 교회 공동체 모두가 함께 참여해야 하며, 그 결과도 동일하게 누리게 됨을 알 수 있다. 왜냐하면 교회는 예수 그리스도의 몸으로서, 한 운명공동체이기 때문이다.

한편 어린아이를 포함한 모든 미디안 남자와 남자를 아는 여자들은 다 죽임을 당했다. 이는 미디안은 곧 죄의 세력을 그리고 미디안 남자는 그 씨를 가진 자를 의미하기에, 남자 및 그 씨를 받은 여자는 다 죽여야 했던 것이다. 그런데 이렇게 철저하게 죽였음에도 불구하고 미디안 족속의 일부는 끝까지 살아남아 계속해서 이스라엘을 괴롭힌다(삿 6장). 그러므로 우리는 죄와 싸우되 끝까지 철저하게 싸워야 함을 알 수 있다. 그리고 이 전쟁에서 거짓 선지자 발람 역시 죽임을 당했는데, 죄의 세력은 아무리 끈질겨도 하나님의 불꽃 같은 눈을 벗어날 수 없으며, 마침내 죽임을 당하게 됨을 보여주고 있다(민 31:8, 계 2:14).

그렇다면 미디안으로 대표된 죄의 세력은 지금 어디에 있는 것인가? 물론 세상에도 있다. 그러나 가장 큰 죄의 세력, 곧 여호와의 원수는 선악과를 입에 물고 태어나 스스로 왕이 되어 살고자 하는 '우리 자신'이다. 그러기에 예수님은 오늘도 백마를 타고 철장을 들고, 우리 안에 굳건하게 진지를 구축하고 있는 죄의 세력을 죽이기 위해 '우리를 향해' 달려오신다.

> "또 내가 하늘이 열린 것을 보니 보라 백마와 그것을 탄 자가 있으니 그 이름은 충신과 진실이라 그가 공의로 심판하며 싸우더라" (계 19:11)

물론 전쟁은 힘들고 괴롭다. 그러나 내 안에 죄를 가지고서는 절대로 천국에 들어갈 수 없다. 그러기에 모든 미디안 남자 전쟁포로를 다 진멸하고 모든 전리품들을 불과 물(피)로 정결케 했던 것처럼, 하나님께서는 우리 안에 있는 죄를 하나도 남김없이 씻어내실 것인데, 그 과정에 고난이 없을 수가 없다. 죄와의 싸움이 아프다고 죄를 남겨두었다가 죄와 함께 영원히 지옥에 던져질 것인가, 아니면 괴롭고 힘들지만 오늘도 죄와의 싸움을 계속해 나갈 것인가, 그 선택이 지금 우리 앞에 놓여있다.

> "죄의 삯은 사망이요 하나님의 은사는 그리스도 예수 우리 주 안에 있는 영생이니라" (롬 6:23)

민수기
32장

경계선에 사는 자들

르우벤 자손과 갓 자손은 심히 많은 가축 떼를 가졌더라 그들이 야셀 땅과 길르앗 땅을 본즉 그 곳은 목축할 만한 장소인지라(32:1)

이제 이스라엘은 하나님께서 약속하신 가나안 땅으로의 진입만을 남겨두고 있다. 그런데 르우벤과 갓 그리고 므낫세 반(半) 지파가 요단 동쪽 땅이 기름진 것을 보고는 그 땅에 머물기를 원했다. 그곳은 실제로 비옥하고 초지가 많아 목축에 알맞은 땅이었다. 그러기에 인간적인 측면에서 볼 때 그들이 그 땅을 원했던 것은 어쩌면 당연한 일인지도 모른다.

그러나 하나님께서 제사장 나라로 택하신 이스라엘이 아닌가? 그렇다면 이들은 인간의 생각이나 감정이 아니라 하나님의 약속과 명령에 따라 살아야 했다. 아담이 하나님께서 금하신 선악과를 따먹은 이유가 무엇인가? 바로 육신의 정욕, 안목의 정욕, 이생의 자랑 때문이었다.

> "여자가 그 나무를 '본즉' 먹음직도 하고 보암직도 하고 지혜롭게 할 만큼 탐스럽기도 한지라" (창 3:6)

르우벤과 갓 지파 역시 그 땅이 목축에 적합한 땅인 줄을 '본즉' 그 땅에 머물고 싶은 욕심이 생겼고, 그 욕심 따라 행동했다. 그리고 이런 하나님 말씀과 세상적인 욕심 사이를 오가는 경계선상의 삶을 통해 그들에게 수많은 악한 일들이 벌어졌다.

먼저 그런 말이 나오자마자 이스라엘 안에 논란이 시작되고, 서로 마음이 나뉘었다. 다른 지파들은 그 땅이 좋다는 것을 왜 몰랐겠는가? 그런데도 그들은 약속을 붙잡고 가나안 땅으로 진군하려 했는데, 이 두 지파 반이 그들의 욕심에 불을 지르고 만 것이다.

두 번째로 하마터면 이스라엘 민족 간에 큰 살육이 벌어질 뻔했다(수 22:12~19). 가나안 전쟁을 끝낸 두 지파 반이 요단강 강가에 큰 단을 쌓았는데, 이 단을 우상을 섬기는 제단으로 오해한 아홉 지파 반이 두 지파 반을 공격하려 했으며, 이후에도 이들 간에 이와 유사한 일들이 많이 벌어지고 서로 죽이는 일들이 발생했다.

세 번째로 이들 요단 동편 지파들은 지형적인 원인으로 말미암아 끊임없이 외침을 받았으며, 결국은 12지파 중에서 가장 먼저 멸망당했다(왕상 22:3).

오늘도 사탄은 '정욕을 부추기는 교묘한 방법'으로 성도를 공격한다. 또한 이런 사탄의 꾐에 넘어가 예수를 믿는다고 하면서도 세상과 분리되지 못하고 세상의 사고방식대로, 세상과 어울리며 경계선상에 사는 자들이 많다. 그리고 이들은 교회 공동체에 큰 위협과 해악을 끼치다가 결국 가장 먼저 멸망당하게 된다.

그러므로 우리는 오늘 말씀을 보며 두 가지 중의 하나를 택해야 한다. 하나님의 약속을 붙잡고 살 것인가, 아니면 내 정욕대로 살다가 멸망당할 것인가?

> "만일 여호와를 섬기는 것이 너희에게 좋지 않게 보이거든 … 너희가 섬길 자를 오늘 택하라 오직 나와 내 집은 여호와를 섬기겠노라" (수 24:15)

민수기
33장

이스라엘(성도)의 노정

모세와 아론의 인도로 대오를 갖추어 애굽을 떠난 이스라엘 자손들의 노정은 이러하니라(33:1)

33장에는 이스라엘 백성들의 40년간 광야 여정이 기록되어 있는데, 그들이 진을 쳤던 장소가 정확히 40개다. 성경에서 40이란 숫자는 시험과 고난을 의미하는데, 지난 40년 동안 그들은 수많은 시련과 고난을 겪으며 이 자리까지 온 것이다. 물론 성공보다는 실패가 더 많은 시간이었지만, 그 여정을 통해 그들은 자신들이 얼마나 불순종의 자식들인지 그리고 하나님의 은혜 없이는 얼마나 아무것도 할 수 없는 무력한 자들인가를 뼈저리게 경험했다.

사실 하나님께서 40년을 광야에서 방황토록 허락하신 이유는, 이들의 고통을 모르셨기 때문도 아니요 이들을 도울 힘이 없어서는 더더욱 아니었다. 하나님은 출애굽과 광야 생활을 통해 이스라엘로 하여금 자신들의 무능력과 하나님의 전지전능, 그리고 그런 가운데서도 반드시 약속을 지키시며, 그들의 패역함에도 불구하고 끝까지 붙들어 주시는 자비와 긍휼을 경험케 하셨던 것이다.

우리 인생도 마찬가지다. 우리 그리스도인들은 창세전에 택함 받은 백성들로서, 우리가 영원히 살 곳은 이 광야 같은 세상이 아니다. 출애굽의 목적지가 광야가 아니라 가나안 땅이었던 것처럼, 그리스도인들의 목적지는 이 세상이 아니라 하나님 나라인 것이다. 만약 목적지가 이 세상이라면 하나님은 우리에게 고통을 허락해서는 안 된다. 왜냐하면 택하신 백성들에게 하나님과 방불한 삶을 살게 하시려는 것이 인간 창조의 목적이기 때문이다. 반대로 이 세상에 고통이 있다는 사실은 이곳이 최종 목적지가 아니며 성도들이 궁극적으로 가야 할 곳이 있다는 뜻인데, 그곳이 바로 하나님의 나라인 것이다.

그러므로 성도들은 이 세상에서 벌어지는 일들에 일희일비할 필요가 없다.

그 모든 일들은 우리를 하나님의 자녀로 만드는 데 꼭 필요하기에 하나님께서 허락하신 일들이기 때문이다.

> "그의 뜻대로 부르심을 입은 자들에게는 모든 것이 합력(合力)하여 선을 이루느니라" (롬 8:28)

그렇다. 하나님 나라는 하나님께서 홀로 만드시는 나라이며, 그곳에서 하나님 다음으로 중요한 존재는 하나님 뜻에 완전하게 순종하며 사는 성도들이다. 우리는 때론 내 뜻대로 되지 않는다고 불평을 한다. 그렇다면 하나님과 인간 중 누가 더 의로우며 더 완전한지를 한번 생각해 보라. 우리 인간이 아니라 사랑 그 자체이신 하나님이라는 것이 명약관화하며, 그러기에 그분의 뜻대로 사는 그곳이 바로 천국이다.

그렇다면 그 천국에서 살기 위해서 우리가 해야 할 일은 무엇인가? 오직 하나, 하나님 말씀에의 자발적이고 완전한 순종이다. 그 순종의 훈련을 위해, 우리를 순종하는 사람으로 만들기 위해 하나님께서는 오늘도 우리를 침 삼킬 시간도 주지 않고 단련하고 계시다. 불순종하다가 광야에서 멸망당한 출애굽 1세대가 될 것인가, 아니면 자발적인 순종으로 여호수아(예수)의 인도하에 가나안 땅(천국)으로 들어갈 것인가?

> "네 하나님께서 이 사십 년 동안에 네게 광야 길을 걷게 하신 것은 네 마음이 어떠한지 그 명령을 지키는지 지키지 않는지 알려 하심이라" (신 8:2)

민수기
34장

이미 그러나 아직

모세가 이스라엘 자손에게 명령하여 이르되 이는 너희가 제비 뽑아 받을 땅이라 여호와께서 이것을 아홉 지파 반 쪽에게 주라고 명령하셨나니(34:13)

이스라엘은 아직 요단강 동편 모압 평지에 있고 가나안 전쟁을 시작하지도 않았기에, 아직 그 땅을 점령하지 못했다. 그러나 여호와는 모세를 통해 그 땅을 각 지파에게 나눠주라고 명령하신다. 왜냐하면 하나님은 모든 땅의 주인이시며, 그분의 약속(계획)은 반드시 이루어지기 때문이다.

하나님은 창 12:7에서 가나안 땅을 처음 밟은 아브람에게 '이 땅을 네 후손에게 주겠다' 약속하셨고 횃불 언약(창 15:12~21)을 통해 다시 한번 구체적으로 약속하셨는데, 이제 그 약속이 이루어지기 직전인 것이다.

그렇다. 하나님의 약속은 반드시 이루어진다. 물론 때론 더디다고 느껴질 때도 있다. 그러나 그 늦어지는 이유는 하나님의 능력이 부족하거나 그분의 계획이 수시로 바뀌어서가 아니며, 그 늦어짐을 통해 우리의 실체를 보여주심으로 우리에게 가르치려는 것이 있기 때문이다. 그것은 바로 우리의 불순종과 믿음 없음 그리고 우리는 하나님의 도움 없이는 한 시도 살아갈 수 없는 존재라는 사실이다. 그러기에 이 사실을 깨닫고 하나님 말씀에 전적으로 순종하는 자가 된다면, 광야 40년(우리 인생)은 결코 헛된 과정이 아니며, 오히려 올바른 길을 간 것이다. 왜냐하면 가나안 땅(천국)은 이스라엘 백성들의 힘과 능력이 아니고, 오직 하나님의 능력과 은혜로 들어가는 곳이기 때문이다.

또한 이처럼 하나님의 약속이 단계적으로 구체화되는 것을 통해 우리는 구원과 계시의 점진성을 볼 수 있는데, 젖먹이 수준의 믿음이 온전한 믿음이 되기 위해서는 많은 시간과 경험이 필요하기 때문이다.

"때가 오래되었으므로 너희가 마땅히 선생이 되었을 터인데 … 단단한 음식

은 못 먹고 젖이나 먹어야 할 자가 되었도다" (히 5:12)

한편 이스라엘 백성이 오직 여호와의 은혜로 가나안 땅에 들어간 것처럼, 모든 그리스도인들은 오직 어린양 예수의 피의 공로로 하나님 나라에 들어가게 될 것이다. 그리고 그때까지 이스라엘 백성들이 보였던 그런 불순종과 불신앙의 모습이 우리에게서도 나올 것이다. 그러나 그럼에도 불구하고 우리는 실망하거나 낙심하지 말아야 한다. 왜냐하면 천국까지 우리를 이끌어 가시는 분은 우리 자신이 아니라 천지를 지으시고 창세전에 우리를 택하신 하나님이시기 때문이다.

우리 모습은 '아직' 온전한 모습과는 거리가 멀지만, 우리는 예수 그리스도 안에서 '이미' 하나님 나라 백성들이 되어 있다. 왜냐하면 우리에게 믿음을 주신 하나님은 어제나 오늘이나 동일하신 분이시며, 약속에 신실하신 분이시기 때문이다.

"하나님의 약속은 얼마든지 그리스도 안에서 예(yes)가 되니 그런즉 그로 말미암아 우리가 아멘 하여 하나님께 영광을 돌리게 되느니라" (고후 1:20)

민수기
35장

도피성 되신 예수

너희를 위하여 성읍을 도피성으로 정하여 부지중에 살인한 자가 그리로 피하게 하라(35:11)

레위인들에게는 땅이 기업으로 주어지지 않았는데, 그들의 기업은 여호와 그분 자신이기 때문이다(민 18:20). 그러나 그들에게도 거주에 필요한 최소한의 성읍과 가축을 기르기 위한 들판이 주어졌는데, 그 수는 도피성(逃避城)을 포함하여 48개였다. 48이라는 숫자는 하나님 백성의 수인 12와 사방위(四方位)를 뜻하는 4가 곱해진 숫자로서, 이는 레위인들이 이스라엘 백성들이 사는 곳에 골고루 퍼져 살았으며, 백성들에게 율법과 종교 교육을 시켰다는 것을 보여준다. 여기서 우리는 단순히 생계를 유지하는 것보다 더 중요한 것은 영생을 얻기 위한 믿음 생활임을 알 수 있다.

한편 요단강 동서 편에 각 3개씩, 도합 6개의 도피성이 세워졌는데, 부지(不知) 중에(accidentally) 살인한 자가 합당한 재판을 받기까지 도피할 수 있도록 허락된 곳이었다. 이는 잘못된 피의 보복을 막기 위한 제도지만, 고의적으로 살인한 자까지 보호받지는 못했다. 피의 값은 피로 갚을 수밖에 없기 때문이다.

> "다른 사람의 피를 흘리면 그 사람의 피도 흘릴 것이니 이는 하나님이 자기 형상대로 사람을 지으셨음이니라" (창 9:6)

이는 반드시 보복하라는 뜻이 아니라 생명, 특히 사람의 생명을 귀하게 여기라는 뜻이다. 한편 도피성에 피했다 할지라도 고의적인 살인의 경우에는 사형에 처해졌으며, 고의성이 없는 경우에도 대제사장이 죽을 때까지 자기 땅으로 돌아갈 수 없었다. 비록 고의성이 없었다 할지라도 생명을 죽인 것에 대한 책임을 져야 했기 때문이다.

한편 모든 인간은 죄 아래 태어난 죄인이다. 죄를 범해서 죄인이 아니라 죄인으로 태어나기 때문에 죄를 지을 수밖에 없으며, 또 실제적으로도 누구나 매 순간 살인을 하며 살고 있다.

> "그 형제를 미워하는 자마다 살인하는 자니" (요일 3:15)

그러기에 살인자인 우리 모두는 죽음에 처해져야 마땅하다. 그런데 대제사장 되신 예수 그리스도께서 우리의 죄를 부지중에 범한 죄로 인정해 주셨고, 더 나아가 우리를 대신해 십자가에서 죄의 값을 전부 치러주셨다.

> "예수께서 이르시되 아버지 저들을 사하여 주옵소서 자기들이 하는 것을 알지 못함이니이다" (눅 23:34)

그리고 그 결과 우리는 죄 사함, 즉 구원을 받게 되었다. 도피성 되신 예수께 피하는 자는 생명을 얻게 되는 것이다. 그러나 만약 부지중에 살인한 자라 할지라도 도피성으로 피하지 못하면 보복자에게 붙잡혀 살해당할 수밖에 없었는데, 이는 임박한 진노를 알면서도 도피성으로 피하지 않는 자는 사망을 피할 수 없음을 의미한다.
위에서 본 바와 같이 모든 인간은 살인자이며, 즉시 도피성으로 피하지 않으면 죽임을 당할 수밖에 없다. 세례 요한은 이런 우리의 상태를 '도끼가 이미 나무뿌리에 놓였다' 말한다(눅 3:9).

당신은 지금 도피성이신 예수 안에 들어와 있는가? 그리고 대제사장이신 예수 그리스도를 올바로 알고, 올바로 믿고 있는가? 그렇다면 당신의 자녀들은, 이웃들은 어떠한가? 예수의 은혜로 구원받은 우리는 이제 자신뿐만 아니라 그들에게도 복음을 전해야 하며, 이제 하루하루의 생존이 아니라 영생에 관심을 두어야 한다.

> "살리는 것은 영이니 육은 무익하니라 내가 너희에게 이른 말이 영이요 생명이라" (요 6:63)

민수기
36장

슬로브핫의 딸들

슬로브핫의 딸들이 여호와께서 모세에게 명령하신 대로 행하니라(36:10)

26장에서 슬로브핫의 딸들은 아들이 없이 죽은 아버지의 딸들에게도 기업(땅)을 달라고 요청했으며, 여호와께서는 그들의 요청을 들어주셨다. 그러나 또 다른 문제가 발생했으니 아버지의 기업을 받은 딸들이 다른 지파로 시집갈 경우 그 기업이 다른 지파로 넘어가게 되고, 이는 곧 모든 땅은 하나님의 것이며, 처음 분배받은 지파에 속한다는 원칙에 어긋나는 일이었다. 이에 슬로브핫이 속한 므낫세 장로들이 다시 질문을 했고, 하나님께서는 기업을 받은 딸들은 반드시 동일한 지파 사람들과만 결혼케 하심으로 기업(基業)을 지키도록 하셨다.

민수기는 이렇게 맥없이(?) 끝나고 만다. 한마디로 광야 40년은 불신, 반란, 배교, 음란과 피 흘림으로 얼룩진 방황이었다. 감당할 수 없는 하나님의 엄청난 기적과 은혜를 체험했는데, 도대체 왜 출애굽한 이스라엘 백성들은 약속의 땅을 눈앞에 두고 한 줌의 먼지로 비참하게 소멸되어야만 했는가?

그 이유는 그들이 하나님이 누구신지를 몰랐다는 것과 그 무지로 인한 하나님에 대한 불신 때문이었다. 한마디로 광야의 삶이 요구하는 것은 오직 믿음과 순종이었다. 왜냐하면 하나님께서는 생존에 필요한 모든 것을 그들에게 공급해 주셨기 때문이다.

그렇다. 광야(인생)는 우리의 최종적인 목적지가 아니고, 믿음과 순종을 훈련하는 곳이다. 그러기에 민수기는 미천한 여인들이 약속의 땅 가나안을 미리 분배받는 이야기로 끝을 내고 있다. 그 딸들은 약속의 땅에 대한 소망을 가졌기 때문인데, 그 소망은 바로 광야 같은 이 세상에서 생존에 관련된 지극히 작은 것들에서 눈을 떼고 하나님의 약속을 바라보는 믿음과 순종이기 때문이다.

결론적으로 그리스도인들이 인생이라는 광야에서 해야 하는 일은, 스스로의 힘으로 어떤 훌륭한 업적이나 공로를 쌓아 하나님을 돕는 것이 아니다. 왜냐하면 하나님은 전지전능하시기에 결코 우리의 도움이 필요하지 않기 때문이다. 그것이 아니라 이 세상(광야)에서 우리는, 하나님이 어떤 분이신가를 배우며 그분에 대한 믿음과 하나님 나라에 대한 소망을 가지고, 매 순간 두신 곳에서 말씀에 순종하는 삶을 사는 훈련을 해야 한다.

> "영생(구원)은 유일하신 하나님과 그가 보내신 자 예수 그리스도를 아는 것이니이다" (요 17:3)

신명기
DEUTERONOMY

신명기
1장

순종 또 순종

이 일에 너희가 너희의 하나님 여호와를 믿지 아니하였도다(1:32)

하나님께서는 모세가 가나안 땅에 들어갈 수 없음을 이미 선언하셨다. 그러기에 지금 모세는 가나안 땅을 바로 눈앞에 둔 요단강 동편 모압 평지에서 이스라엘 백성들에게 고별사를 하고 있다. 모세는 지금 자신의 120년간의 삶, 특히 이스라엘 백성의 지도자로 살았던 지난 40년간을 돌아보며 유언을 하고 있는 것이다. 한마디로 신명기는, 모세와 출애굽 1세대가 광야 생활 40년간 경험한 내용과 교훈을, 이제 곧 가나안 땅으로 진군해 들어가 그곳에서 살아갈 2세대에게 일러준 내용이다. 이는 또한 하나님께서, 오늘이라는 시간에 광야라는 인생을 살아가고 있는 우리 그리스도인에게 주시는 말씀이기도 하다.

모세는 가데스 바네아에서 있었던 일부터 다시 한번 언급하며 그 실패 원인을 말하고 있는데, 한마디로 여호와에 대한 불신앙 때문이었다.

'너희가 여호와를 믿지 아니하였도다'

물론 그들의 이성으로는 하나님의 약속을 믿을 수가 없었을 것이다. 어떻게 메뚜기같이 허약한 그들이 아낙 자손처럼 장대한 거인들과 싸워 승리할 수 있겠는가? 그러나 그들이 간과했던 것은, 전쟁은 여호와께 속한 것이라는 것과 그 아낙 자손을 이 땅에 보내고 그들을 다스리는 분이 여호와 하나님이라는 사실이었다.

우리 삶 가운데도 아낙 자손보다 더 큰 대적이나 문제가 찾아올 수 있다. 그러나 그럴 때 우리가 기억해야 할 것은, 그런 문제를 허락하시는 분이 하나님이시며, 허락하신 목적 또한 우리를 괴롭히기 위한 것이 아니라 우리로 하여금 하나님만 바라보고 그분만 의지하는 하나님 자녀로 만드시기 위한 것이라는 사실이다.

한편 하나님의 약속/계획은 절대로 실패할 수 없기에 하나님께서는 이런 1세대의 불신앙과 불순종에도 불구하고, 제2세대에게 이미 가나안 땅을 주셨음을 상기시키신다.

> "너희 자녀들 그들은 그리로 들어갈 것이라 내가 그 땅을 그들에게 주어 산업이 되게 하리라" (신 1:39)

그렇다. 믿음생활이란 내가 무엇인가를 하는 것이 아니라 하나님만 의지하는 것이며, 내 영광이 아니라 하나님의 영광을 구하는 것이요(요 5:44), 내 욕심을 버리는 것이다(약 1:15, 욕심이 잉태한즉 죄를 낳고). 그리고 눈앞에 보이거나 만져지는 것을 인식하는 것이 아니라, 보이지 않는 것을 소망하며 믿음으로 보는 것이다(히 11:1, 믿음은 바라는 것들의 실상이요 보이지 않는 것들의 증거니).

지금 우리 앞에는 국내외적으로 이스라엘 백성들이 마주쳤던 아낙 자손보다 몇 배나 더 크고 무서운 대적들(문제들)이 있다. 이럴 때일수록 우리에게 필요한 것은, 살아계신 하나님에 대한 굳건한 믿음과 그분 말씀에 대한 철저한 순종이다. 그럴 때 하나님께서 친히 일하실 것이다.

> "오직 여분네의 아들 갈렙은 온전히 여호와를 순종 하였은즉 그는 그것을 볼 것이요 그가 밟는 땅을 내가 그와 그의 자손에게 주리라" (신 1:36)

신명기 2장

여호와의 전쟁

… 네 하나님 여호와께서 그를 네 손에 넘기시려고 그의 성품을 완강하게 하셨고 그의 마음을 완고하게 하셨음이 오늘날과 같으니라(2:30)

우리가 믿는 하나님은 천지만물을 지으셨을 뿐 아니라 지금도 주관하고 계신 분이다. 참새 한 마리도 그분이 허락하지 않으시면 땅에 떨어지는 일이 없다는 것이다. 하찮은 미물의 생사도 하나님이 주관하실진대 인간의 역사야 말해 무엇 하겠는가?

한편 이스라엘이 가나안 땅까지 진군하는 동안 하나님께서는 에돔, 모압, 암몬 땅은 그냥 지나가도록 하셨다. 그렇게 하신 이유는 야곱의 형 에서와 아브라함의 조카 롯의 후손들에게 주신 땅이었기 때문이기도 했지만, 이스라엘 백성(하나님 나라 백성)은 세상을 의미하는 '에서의 땅'에 거해서는 안 되었기 때문이다.

그러나 헤스본 왕 시혼과 바산 왕 옥의 땅은 점령하도록 하셨는데, 이런 전투에서의 승리를 통해 장차 가나안 땅에서 있게 될 아모리 족속과의 본격적인 싸움에서도 승리하게 될 것임을 미리 경험하게 하시기 위한 하나님의 세심한 배려였다. 그리고 하나님은 애굽의 바로에게 하셨던 것처럼 그들의 마음을 강퍅하게 내버려두심으로 이스라엘이 그들의 땅을 지나가지 못하도록 막게 하셨고, 그 결과 그들은 이스라엘에게 멸망을 당하게 된다.

한편 하나님은 회전하는 그림자도 없으시고 예나 지금이나 동일한 분이시기에, 지금도 일하시는 방법은 똑같다. 다시 말해서 불신자를 포함한 이 세상 모든 만물은 성도를 훈련시키기 위해 존재하는 것이며, 하나님은 그들을 사용해 성도들을 정금 같은 믿음으로, 오직 주님만 의지하는 자들로 만들어가고 계신 것이다. 이 얼마나 놀랍고 감사한 일인가!

그러기에 우리가 광야라는 인생을 살아가는 동안 기억해야 할 것은, 하나님은 항상 우리와 함께하고 계시다는 사실이다. 이와 관련해 모세는 다음과 같이 회고한다.

> "네 하나님 여호와께서 이 사십 년 동안을 너와 함께하셨으므로 네게 부족함이 없었느니라" (신 2:7)

물론 살아가는 동안 부족하다고 느낄 때도 있다. 그러나 그것은 우리의 욕심과 탐욕 때문일 뿐, 우리보다도 우리를 더 잘 아시는 하나님께서 꼭 필요한 만큼, 딱 알맞게 주시는 분이심을 믿어야 한다. 사도 바울이 긴 창으로 옆구리를 찌르는 것 같은 고통으로 인해 병을 낫게 해달라고 죽기 살기로 기도했을 때, 하나님은 그 병을 고쳐주시는 대신 '내 은혜가 네게 족하다' 말씀하셨다. 전지전능한 하나님께서 고쳐주시면 좀 어때서 그렇게 답하셨을까? 그 질병은 마치 말(馬)의 재갈 같아서, 바울이 바울이 되게 하는데 꼭 필요했기 때문이었다(고후 12:7~9).

당신은 스스로 그리스도인임을 확신하는가? 그렇다면 내 맘에 들지 않는 상황이나 고난까지도 하나님께서 '나를 위해' 허락하고 계시다는 사실을 믿어야 한다. 우리를 자녀로 택하신 하나님께서는 절대로 우리를 떠나지 않으시며, 정금 같은 거룩한 자녀로 만드시기 위해 우리를 단련하실 것이기 때문이다.

그렇다. 여호와의 전쟁 그 대상은 밖에 있는 것이 아니라 바로 '내 안에 있는 세상'이다.

> "네 하나님 여호와 그가 너와 함께 가시며 결코 너를 떠나지 아니하시며 버리지 아니하실 것임이라" (신 31:6)

신명기 3장

거절을 통한 하나님의 사랑

구하옵나니 나를 건너가게 하사 요단 저쪽에 있는 아름다운 땅, 아름다운 산과 레바논을 보게 하옵소서 하되 … 내 말을 듣지 아니하시고 내게 이르시기를 그만해도 족하니 이 일로 다시 내게 말하지 말라(3:25, 26)

하나님의 도우심으로 이스라엘은 요단강 동편 땅을 한 명의 사상자도 없이 점령하고, 그곳을 르우벤, 갓 그리고 므낫세 반 지파의 요청에 따라 그들에게 분배했다. 그런데 결국 이들 지파는 온갖 외세의 침략을 계속 받은 끝에 가장 먼저 멸망당하고 말았다.

그렇다. 어리석은 우리가 고집을 부리면, 하나님은 우리 정욕대로 하도록 마지못해 허락하신다. 그러나 잘못된 불순종은 뼈아픈 대가를 반드시 치르게 되어 있다. 하나님은 분명히 요단 동편이 아닌 서편 가나안 땅을 약속하셨다. 그렇다면 그들은 안목의 정욕대로 판단할 것이 아니라, 하나님의 약속에 따라 행동해야 했다. 요단강을 건너 가나안 땅으로 들어간 나머지 므낫세 반 지파처럼 말이다.

오늘 우리 앞에도 보기 좋은 세상 것들이 펼쳐져 있고, 동시에 아직 손에 잡히지 않은 하나님의 약속이 있다. 이 둘 중에 우리는 어느 것을 택할 것인가? 일시적인 번영인가 아니면 영원한 생명인가?

한편 모세는 '나로 건너가게 하사 요단 저편에 있는 아름다운 땅을 보게 하옵소서' 기도한다. 지난 40년 동안 오직 그 땅을 밟는 날을 꿈꾸며 달려왔는데, 왜 그런 마음이 들지 않겠는가? 그러나 하나님은 '그만해도 족하니 이 일로 다시 내게 말하지 말라' 말씀하시고, 이후 모세도 다시 요청하지 않는다. 하나님이 너무 야박하다고 생각되지 않는가?

아니다. 하나님께서 하시는 모든 일은 당장은 이해가 가지 않더라도 무조건

'선하다.' 우리 인간이 생각하기에 '선(善)' 이어서 선이 아니라, 하나님의 모든 뜻과 행하심은 선 그 자체이기 때문이다. 다시 말하면 아무리 선해 보여도 하나님 뜻에 의한 것이 아니라면 무조건 '악' 이다.

> "예수께서 가라사대 어찌하여 선한 일을 내게 묻느냐 선한 이는 오직 한 분이시라" (마 19:17)

우리는 때론, 아니 많은 경우 기도가 거절당하는 경험을 하게 되고, 그럴 때 하나님을 원망하게 된다. 그러나 모세는 하나님을 원망하지 않았다. 그는 그의 인생 120년을 통해 하나님께서 항상 옳고 선하신 분이라는 것을 경험했기 때문이다.

열심히 기도하자. 기도는 성도들이 살아가기 위한 영적인 호흡이기 때문이다. 그러나 무엇보다 먼저 나를 철저히 부인하고 비우자. 자신을 부인하는 비움이 선행되지 않는 기도는 참된 기도가 아니기 때문이다.

> "내 아버지여 만일 할 만하시거든 이 잔을 내게서 지나가게 하옵소서 그러나 나의 원대로 마옵시고 아버지의 원대로 하옵소서" (마 26:39)

신명기 4장

질투하시는 하나님

이스라엘아 이제 내가 너희에게 가르치는 규례와 법도를 듣고 준행하라 그리하면 너희가 살 것이요 너희 조상의 하나님 여호와께서 너희에게 주시는 땅에 들어가서 그것을 얻게 되리라(4:1)

군 훈련소에 입소 후 가장 먼저 하는 것은 실제 전투와는 관계가 없어 보이는 제식훈련이다. 왜냐하면 가르친 전투 기술과 무기가 자기 마음대로 사용된다면 흉기가 될 것이기 때문에, 상관의 명령에 절대 복종하는 훈련을 먼저 하는 것이다.

한편 이 세상 역시 창세전에 택함 받은 천국 백성들을 천국에 합당한 자로 만들기 위한 훈련소이다. 그렇다면 이 세상에서 그리스도인들이 배워야 할 것은 무엇인가? 오직 한 가지 하나님께 대한 절대적인 순종이다. 그러기에 모세는 '법도를 듣고 준행하라' '지켜 행하라' '청종할 것이라' '지키라' '알게 하라' 등등 말씀에의 순종을 계속해서 강조하고 있다.

문제는 과거 이스라엘 역사가 보여주고 있는 바와 같이 인간에게는 하나님 말씀을 지켜낼 능력이 없다는 것이다. 비록 가장 적지만 가장 뛰어난 민족이요 율법(하나님 말씀)을 지키려는 열심이 특심이었던 이스라엘(유태인)이 실패했다면, 과연 어느 민족이 그 율법을 완전히 지킬 수 있겠는가?

그렇다. 율법은 장차 하나님 나라에 들어가 지켜야 할 법이기에, 성도들은 이 땅에서도 지키려 노력해야 한다. 그러나 율법주의에 빠져서는 안 되며, 오히려 그 지키려는 노력을 통해 '지킬 수 없음'을 뼈저리게 경험하고, 그 모든 율법을 완성하신 '예수 그리스도를 믿어야' 한다. 그것이 하나님께서 이 땅에서 우리에게 율법을 주시고 지키라 하신 목적이다.

"이와 같이 율법이 우리를 그리스도께로 인도하는 초등 교사가 되어 우리로

믿음으로 말미암아 의롭다 함을 얻게 하려 함이라" (갈 3:24)

실제로 율법을 지키지 못했던 이스라엘은 다음 예언의 말씀대로 가나안 땅에서 속히 전멸당했다.

"너희가 요단을 건너가서 얻은 땅에서 속히 망할 것이라 너희가 거기서 너희 날이 길지 못하고 전멸될 것이니라" (신 4:26)

왜냐하면 하나님은 소멸시키시는 불이시며 질투하시는 분이기 때문이다. 그러므로 우리는 하나님을 사랑할 것인가 아니면 세상(나 자신)을 사랑할 것인가, 둘 중의 하나를 선택해야 한다. 우리 남편이신 하나님은 자기 신부인 성도들이 다른 남자(=세상, 사탄, 자기 자신)를 사랑하는 꼴을 참지 못하고 질투하시며, 그래서 그것들을 불로 태워버리신다. 우리 안에 있는 두 마음을 성령의 불로 태우고, 오직 하나님만 사랑하는 자로 만드시고자 하는 것이 하나님께서 지금도 역사를 운행하고 계신 유일한 목적이기 때문이다.

두 마음을 가지고 영원히 지옥에서 불탈 것인가, 아니면 성령의 불로 깨끗이 태워진 후 주님과 함께 영원히 천국에서 살 것인가?

"만일 마음을 다하고 뜻을 다하여 그를 찾으면 만나리라 … 그가 너를 버리지 아니하시며 너를 멸하지 아니하시며 네 조상들에게 맹세하신 언약을 잊지 아니하시리라" (신 4:29~31)

신명기
5장

'오늘 우리에게 주신' 명령

이 언약은 여호와께서 우리 조상들과 세우신 것이 아니요 오늘 여기 살아 있는 우리 곧 우리와 세우신 것이라(5:3)

모세는 모든 율법의 대표 격인 십계명을 다시 한번 반복하여 선포한다. 십계명은 하나님께서 타는 불 가운데서 출애굽한 이스라엘에게 '처음으로' 주신 법이며, 또한 모든 백성들에게 '친히' 선포하신 말씀이다. 왜냐하면 십계명은 마치 오늘날 헌법과 같이 모든 천국 백성이 마땅히 지켜야 할 삶의 기본 규범이기 때문이다.

십계명 이후로는 모든 법이 중보자 모세를 통해서 주어졌는데, 이는 두려운 하나님의 현현 앞에 백성들이 죽을 것 같은 두려움을 느꼈기 때문이다.

그렇다. 하나님은 두려운 분이다. 그러기에 죄인인 인간이 그분 앞에 섰을 때 두려움을 느끼는 것은 너무나 당연하며, 오히려 두려움을 느끼지 않는 지금의 세태가 문제이며 개탄스러울 뿐이다. 물론 구속자와 중보자 되신 예수 그리스도의 대속의 은혜로 성도들은 하나님과 화목하게 되었고, 그분 앞에 언제라도 나아가 교제할 수 있다. 그러나 오늘날도 우리는 하나님은 전지전능한 창조주이시고 인간은 한낱 티끌(흙)에 지나지 않음을 인식해야 하며, 이런 자세야말로 믿음생활의 기본 중 기본이다.

> "하나님을 경외하고(fear) 그의 명령들을 지킬지어다 이것이 모든 사람의 본분이니라" (전 12:13)

우리가 명심해야 할 것은, 십계명을 비롯한 모든 율법은 구약시대 이스라엘 백성들뿐만 아니라 '오늘을 사는 우리에게' 주신 말씀이라는 사실이다. 물론 계시의 점진성에 따라 어떻게 적용해야 하는가는 조금씩 변할 수 있겠으나, 근본정신은 결코 변함이 없이 동일하기 때문이다.

한편 우리는 모든 것을 인간의 기준으로 해석하려 한다. 그러나 명심해야 할 것은 이 모든 세계는 하나님 뜻에 따라 하나님에 의해 만들어졌다는 사실이며, 그러기에 율법까지도 하나님의 입장에서 해석되어야 한다는 것이다. 하나님께서는 천국 백성들을 훈련시키기 위해 이 세상을 만드시고 율법을 주셨기 때문이다.

'부모를 공경하라'는 제5계명을 보자. 성경은 하나님을 아버지로, 이스라엘을 아들(자식)로 표현하고 있다. 그 말은 곧 이 세상에서의 부모 자식 관계는 하나님과 그 백성 간의 관계를 설명하기 위해 주신 것임을 알 수 있다. 그러므로 성도들은 이 세상에서 사는 동안 하나님 말씀대로 온전히 부모를 공경함으로써 장차 천국에서 참 부모이신 하나님을 잘 공경할 수 있는 것이다.

한편 안식일을 지켜야 하는 이유로, 출애굽 역사(役事)가 추가되었음을 알 수 있다(신 5:15, 너는 기억하라 네가 애굽 땅에서 종이 되었더니 네 하나님 여호와가 강한 손과 편 팔로 거기서 너를 인도하여 내었나니).

안식은 단순히 일로부터의 휴식이 아니라 '완성', 영원한 안식을 의미한다. 안식일의 실체이신 예수께서 이 땅에 오심으로 말미암아 안식일 준수라는 이 계명의 의식적인 부분은 폐지되었다(골 2:16, 17). 그러나 우리는 일상적인 노동으로부터의 휴식이라는 의미를 넘어, 우리를 죄와 사망으로부터 출애굽시키신 하나님께서 우리를 영원한 안식(영생)으로 인도하실 것임을 믿고 그날을 소망하며, '오늘'이라는 이날에 하나님 말씀에 순종하는 안식의 삶을 살아야 한다.

"인자는 안식일의 주인이니라" (마 12:8)

신명기 6장

하나님을 사랑하라

너는 마음을 다하고 뜻을 다하고 힘을 다하여 네 하나님 여호와를 사랑하라(6:5)

천국은 분명히 인간이 상상할 수 없을 정도로 아름답고 행복한 곳임에 틀림이 없을 것이다. 전지전능하고 완전하신 하나님께서 사랑하는 자녀를 위해 지으신 곳이기 때문이다. 그러나 천국이 천국인 이유는, 그곳에 우리를 사랑하시는 그리고 우리가 사랑하는 하나님과 예수께서 계시기 때문이다. 그곳이 아무리 좋은 곳이라 할지라도 만약 미워하는 사람과 함께 살아야 한다면 그곳이 어찌 천국이겠는가? 그러기에 '주님과 함께 라면 초막이나 궁궐이나 그 어디나 하늘나라' (찬 438)라는 찬송이 있는 것이다.

그렇다면 천국 백성인 성도들이 이 세상에 사는 동안 해야 할 일은 무엇인가? 오직 한 가지, 하나님이 어떤 분인가를 알아 그분만을 사랑하는 자가 되는 것이다. 나머지 모든 환경은 하나님께서 이미 모두 준비해 놓으셨기 때문이다.

> "영생(천국에서의 삶)은 유일하신 하나님과 그가 보내신 자 예수 그리스도를 아는 것이니이다" (요 17:3)

그렇다면 우리는 어떻게 하나님과 예수님을 알아갈 수 있는가? 하나님께 대한 유일하고 완전한 계시인 성경(하나님 말씀)을 올바로 배워야 한다. 그러나 성경에 대한 단순한 지식을 아는 것보다 더 중요한 것은, 하나님께서 성경을 통해 우리에게 말씀하고자 하는 참 뜻(眞意)을 성령의 도우심으로 깨달아야 된다는 것이다.

이스라엘 백성들은 예나 지금이나 율법(구약)에 대해 특심이 있는 민족이며, 그러기에 그들은 성경에 기록된 대로 행했다. 그 결과 심지어 신 6:8 말씀에 따라 지금도 말씀을 담은 작은 상자(Tefillin)를 문고리와 손목에 달고 다니는 유태인들이 있을 정도다. 그런데 그들은 그 말씀이 의미하는 바를 깨닫지 못했으며, 그 결과 하나님의 본체이신 예수님을 죽이고 말았다. 이런 측면에서 볼 때, 성경의 참 의미를 모른 채 예수의 이름을 부르고 성경 말씀을 문자적으로 행한다면, 비록 교회를 다닌다 할지라도 그들은 예수님을 십자가에 못 박아 죽이고 있는 자들이다.

그렇다면 우리는 어떻게 해야만 하는가? 성경을 통해 하나님과 예수님을 알고, 그분을 사랑하는 단계까지 가야 한다. 왜냐하면 율법은 곧 하나님 사랑과 이웃 사랑인데, 하나님을 올바로 사랑하지 않는 사람에게서는 참다운 이웃 사랑이 절대로 나올 수 없기 때문이다.

그렇다면 어떤 사람이 예수 그리스도를 진정으로 사랑할 수 있게 되는가? 성경과 실제 삶을 통해 자신이 영원히 죽임당할 수밖에 없는 극악무도한 죄인이며, 그런데 예수님이 그런 나를 그 영원한 사망에서 건져주셨다는 사실을 아는 사람이다. 그렇게 하나님의 은혜와 예수님의 십자가 사랑을 알고 그 하나님을 사랑하게 된 자는 절대로 고의적으로 하나님을 배반할 수 없으며, 장차 천국에서 다음과 같은 삶을 살게 될 것이다.

> "네가 건축하지 아니한 크고 아름다운 성읍을 얻게 하시며 … 이는 우리가 우리 하나님 여호와를 경외하여 항상 복을 누리게 하기 위하심이며" (신 6:10, 24)

신명기 7장

다만 너희를 사랑하심으로

여호와께서 너희를 기뻐하시고 너희를 택하심은 너희가 다른 민족보다 수효가 많기 때문이 아니니라 너희는 오히려 모든 민족 중에 가장 적으니라 여호와께서 다만 너희를 사랑하심으로 …(7:7, 8)

하나님은 왜 이스라엘을 택하셨는가? 그 이유는 오직 하나, '다만 너희를 사랑하심으로'였다. 오늘날 우리를 택하신 이유도 마찬가지인데, 우리에게 어떤 자격이 있어서 택한 것이 아니다. 남들보다 능력이 뛰어나서도 착해서도 율법을 잘 지켜서도 아니며, 오직 하나님의 일방적인 은혜와 택하심이다.

> "하나님께서 세상의 천한 것들과 멸시받는 것들과 없는 것들을 택하사 있는 것들을 폐하려 하시나니, 이는 아무 육체도 하나님 앞에서 자랑하지 못하게 하려 하심이라" (고전 1:28, 29)

하나님의 택하심은 은혜를 경험하고 말씀에 충성된 자로 만드시는 것이 목적이기에, 어떤 면에서 택함 받은 우리는 남들보다 더 못난 자들이고 더 큰 죄인일 수밖에 없다. 더 많은 죄를 지으라는 뜻이 아니라, 내가 얼마나 큰 죄인인지를 깨달으라는 뜻이다. 자기가 얼마나 큰 죄에서 사함 받았는지를 아는 자는 그만큼 더 하나님을 사랑하게 되기 때문이다.

> "이러므로 내가 네게 말하노니 그의 많은 죄가 사하여졌도다 이는 그의 사랑함이 많음이라 사함을 받은 일이 적은 자는 적게 사랑하느니라" (눅 7:47)

그렇다면 택함 받은 백성인 우리가 이 세상에서 해야 할 일은 무엇인가? 하나님 말씀에 따라 우리 대적을 하나도 남기지 말고 진멸해야 한다(destroy totally). 누룩이 온 덩어리를 부풀리는 것처럼, 남겨진 작은 대적들이 결국 우리를 무너뜨리기 때문이다.

> "그때에 너는 그들을 진멸할 것이라 그들과 어떤 언약도 하지 말 것이요 그들을 불쌍히 여기지도 말 것이며" (신 7:2)

그러나 이스라엘 백성들은 이 명령에 충실치 못했으며, 그 결과 그들이 남겨둔 아모리 족속 중에서 골리앗이 나와 이스라엘 백성을 괴롭혔고, 끝내 단 지파는 이들에 의해 하나님이 주신 기업에서 쫓겨나게 되었다.

우리 또한 이스라엘 백성들과 다를 것이 없다. 우리의 가장 큰 대적은 '하나님 사랑'과 반대되는 '자기 사랑'인데, 이 대적(罪)은 우리가 죽기 전에는 없어지지 않는다. 그러기에 예수님께서 우리를 품어 안고 십자가에 달려 돌아가셨으며, 그분이 부활하실 때 우리도 함께 부활했다. 그러므로 우리는 이제 죄에 대해서는 죽은 자요, 하나님께 대해서는 산 자로 살아야 한다. 죄에 대해서는 반응하지 말고, 하나님 말씀에만 순종해야 한다는 뜻이다.

> "이와 같이 너희도 너희 자신을 죄에 대하여는 죽은 자요 그리스도 예수 안에서 하나님께 대하여는 살아있는 자로 여길지어다" (롬 6:11)

신명기 8장

너를 낮추시며 시험하사

네 하나님 여호와께서 이 사십 년 동안에 네게 광야 길을 걷게 하신 것을 기억하라 이는 너를 낮추시며 너를 시험하사 네 마음이 어떠한지 그 명령을 지키는지 지키지 않는지 알려 하심이라(8:2)

시험(test)의 목적은 괴롭히는 데 있는 것이 아니라 부족한 점을 찾고 또 그것을 보완해 완전하게 하기 위함이다. 하나님께서도 동일한 목적으로 이스라엘(성도들)을 시험하셨는데, 천국 백성으로 사는 데 부족함이 없는 자녀로 양육하시기 위해서다.

그렇다면 천국은 어떤 사람들이 사는 곳인가? 오직 하나님의 말씀에 전적으로 순종하는 자들만 사는 곳, 다시 말해서 자기를 완전히 부인한 자들만이 사는 곳이다. 그렇다면 어떤 시험과 훈련이 필요한가? 스스로 하나님과 같이 되어 하나님 말씀에 순종하지 않고 제 생각대로 행했을 때 어떤 쓰라린 결과가 나타나는지를 처절하게 경험하는 훈련이다. 천국에는 없는 어둠을 통해 빛을 경험하게 하시듯이, 이 세상에서 천국에는 없는 고통과 죽음을 통해 불순종의 무서운 결과를 미리 경험케 허락하시는 것이다(계 21:4).

이런 측면에서 볼 때, 예수를 믿으면 이 세상에서 모든 질병이 치유되고 내 뜻대로 만사형통한다는 말이나 설교는 거짓 중의 거짓이다. 물론 하나님은 전지전능한 분이기에 지금 당장이라도 모든 질병을 없애시고, 모든 고통의 총합인 죽음까지도 없애실 수 있다. 그러나 우리를 시험하고 훈련하기 위한 목적으로 허락하고 계신 것을 지금 당장 없애실 가능성은 전혀 없다. 하나님은 분명히 말씀하신다. 천국 백성인 성도들에게 이 세상에서의 인생을 허락하신 이유는, 우리를 높이고 호의호식하게 하기 위한 것이 아니라 '낮추고 주리게 하심으로 사람이 떡이 아니라 하나님 말씀으로 사는 것을 알게 하려 하심'이라는 것이다. 이런 측면에서 성경에는 유난히 아버지가 아들을 징계하듯 하나님께서 우리를 시험하고 징계하신다는 말씀이 많이 나온다.

"징계는 다 받는 것이거늘 너희에게 없으면 사생자요 친아들이 아니니라" (히 12:8)

"사랑하는 자들아 너희를 연단하려고 오는 불 시험을 이상한 일 당하는 것같이 이상히 여기지 말고 오히려 너희가 그리스도의 고난에 참여하는 것을 즐거워하라" (벧전 4:12, 13)

심지어 징계가 없다면 우리는 하나님의 아들이 아니라 가짜 곧 마귀의 자식이라고까지 말씀하신다. 찰나와 같이 짧은 이 세상에서 잘 먹고 잘살다가 가짜로 판명되어 영원히 지옥에서 고통당하겠는가, 아니면 잠시 고통이 따르지만 하나님의 친아들로서 천국에 살기를 원하는가? 물론 그에 대한 결정권은 하나님께 있지만, 우리는 우리에게 허락된 인생이라는 광야 생활을 통해 하나님 말씀에 순종하는 자로 지어져 가야 한다. 그러나 그 광야 길을 걷는 것은 힘이 들기에 하나님은 우리에게 보혜사 성령을 보내주시고, 함께 걸어갈 수 있는 그리스도의 몸 된 교회를 허락하셨다. 이런 면에서 무교회주의자들이나 가나안(교회를 안 나가는) 성도들은 무언가 잘못된 것임을 알아야 한다.

그렇다. 우리의 목적지는 광야(이 세상)가 아니라 가나안(하나님 나라)이다. 강권적인 은혜로 우리를 애굽에서 해방시킨 하나님께서 '마침내' 우리를 가나안 땅으로 인도하실 것임을 믿도록 하자.

"이는 다 너를 낮추시며 너를 시험하사 마침내 네게 복을 주려 하심이었느니라" (신 8:16)

신명기
9장

너는 목이 곧은 백성이라

내가 너희를 알던 날부터 너희가 항상 여호와를 거역하여 왔느니라(9:24)

이스라엘은 늘 하나님을 배반해 왔으나, 그럼에도 불구하고 하나님은 그들에게 가나안 땅을 선물로 주실 것임을 약속하시고 또 실제로 주셨다. 그러기에 우리는 이 모든 것을 '하나님의 은혜'라 말할 수밖에 없다.

모세는 가나안 땅을 주신 이유를 구체적으로 설명하는데, 먼저 이스라엘이 의로워서가 아니라 가나안 족속들이 악하기 때문이라 말한다(신 9:4, 5). 그렇다면 성경에서 말하는 악함과 의로움이란 무엇인가?

먼저 악(惡)이란 하나님을 알지 못하는 것을 말하는데, 인간은 하나님을 모르고 항상 '자신들의 입장에서' 생각하고 행동하기에 항상 악하다.

그렇다면 의로움이란 무엇인가? 의로움이란 관계가 요구하는 의무를 성실히 수행하는 것을 말한다. 하나님은 천지만물의 창조주와 주관자로서 그 의무(?)를 항상 신실하게 지키고 계시므로, 그분은 항상 의로우시다. 반면에 인간은 이스라엘의 예에서 볼 수 있는 것처럼 한 번도 의무와 약속을 지킨 적이 없으며, 그러기에 인간 중에는 한 사람의 의인도 없다(롬 3:10). 그런데도 가나안 땅을 주시는 이유는, 하나님은 의로우신 분으로서 이스라엘 조상들과 하신 약속을 지키시는 것이다(신 9:5).

모세는 악한 이스라엘 백성(성도들)의 모습을 '목이 곧은 백성'이라 말한다. 여기서 '곧다'는 뜻은 '올바르다'는 뜻이 아니라 뻣뻣하다(stiffed-necked)는 뜻으로, 스스로는 도저히 하나님께 순종할 수 없는 자들임을 말한다. 모세는 그 대표적인 예로 금송아지 사건과 가데스 바네아 반역 사건을 들고 있는데, 그 실패의 근본 원인은 항상 스스로 주인이 되어 생각하고 행동하는 인본주의 때문이다. 모든 사람은 다 자기 인생의 주인이 '자신'이라 생각하며, '자신들을 위하여'(신 9:12) 산다. 그러나 그리스도인은 하나님을 주님이라고 부르는 사람들이다. 결국 인생(광야 생활)이란, 삶을 통해 내 삶의 주인이 '나'가 아니라 '하나님'이심을 뼈저리게 경험하고 배우며, 그 결과 장차 하나님 나라에서는 철저히 주인이신 하나님 뜻대로만 살아가는 자로 지어져 가는 과정이다.

그러나 이스라엘 백성들은 결국 실패하였으며, 그들은 예수 그리스도를 예표하는 모세의 중보기도를 통해 용서를 받고, 여호수아(예수)의 인도로 마침내 가나안 땅을 정복하게 된다.

모세가 다시 한번 실패의 역사를 들려주는 이유는, 앞으로 잘하라는 뜻도 물론 있다. 그러나 그런 의미보다는, '너희는 지금까지 늘 여호와를 거역해왔고 앞으로도 또 실패할 것인데, 그렇더라도 절망하지 말고 여호와 하나님의 사랑을 믿고 그분을 의지하라'는 뜻이다. 왜냐하면 그분은 절대로 자기 백성을 버리지 않는 분이시기 때문이다. 할렐루야!

> '우리는 주님을 늘 배반하나 내 주 예수 여전히 날 부르사 그 참되신 사랑을 베푸시나니 내 형제여 주님을 곧 따르라'(찬 290장)

신명기 10장

진정한 할례

그러므로 너희는 마음에 할례를 행하고 다시는 목을 곧게 하지 말라(10:16)

십계명은 곧 율법을 의미하며 율법은 천국 백성의 삶의 원리이지만, 그것이 죄인들과 만날 때는 심판을 의미한다. 그러기에 첫 번째 십계명 돌판이 모세의 손에 들려 내려왔을 때, 시내산 아래서 금송아지를 만들었던 3,000명이 죽임을 당했다. 이처럼 죄인이 하나님의 거룩과 만나게 되면 곧 죽음이기에 두 번째 십계명은 중보자 모세가 다듬은 돌판 위에 쓰였으며(신 10:3), 법궤 안에 넣어져 속죄소로 덮였다. 모세는 예수 그리스도를 예표하는 인물인데, 오직 완전한 하나님이시며 완전한 인간이신 예수만이 거룩하신 하나님 앞에 중보자로 설 수 있기 때문이었다.

또한 십계명은 심판과 죽음을 의미하는바, 십계명 두 돌판을 담고 있는 법궤의 뚜껑 역할을 하는 속죄소 위에 어린양 예수의 피가 뿌려짐으로써 하나님께서는 법궤 안에 있는 십계명을 보지 않고 예수의 피를 보심으로 모든 성도들은 죽음을 면할 수 있게 되었다.

한편 모세는 반복해서 '여호와의 명령과 규례 곧 율법을 지키라, 그의 모든 도를 행하라' 명한다. 그러나 광야 생활 40년은 이스라엘은 그 율법을 절대로 지킬 수 없음을 증명했다. 그렇다면 어떻게 해야 하는가? 방법은 오직 한 가지, 마음에 할례를 행하는 것이다. 인간의 모든 죄악은 마음으로부터 시작되기 때문이다. 그러나 우리 스스로는 마음에 할례를 할 수 없기에, 하나님께서는 직접 하시겠다고 약속하셨다.

> "또 새 영을 너희 속에 두고 새 마음을 너희에게 주되 너희 육신에서 굳은 마음을 제거하고 부드러운 마음을 줄 것이며" (겔 36:26)

이 약속대로 예수께서 십자가에서 할례를 받으시고 성령을 보내주심으로 우리 마음에 할례를 해주셨으며, 그 결과 우리는 새로운 피조물이 되었다(고후 5:17).

그렇다. 율법은 우리가 지키려고 해서 지켜지는 것이 아니라, 예수 그리스도를 믿음으로 '율법을 다 지켰다. 의롭다' 여김을 받게 되는 것이다.

> "그러므로 사람이 의롭다 하심을 얻는 것은 율법의 행위에 있지 않고 믿음으로 되는 줄 우리가 인정하노라" (롬 3:28)

> "그러므로 이제 그리스도 예수 안에 있는 자에게는 결코 정죄함이 없나니 이는 그리스도 예수 안에 있는 생명의 성령의 법이 죄와 사망의 법에서 너를 해방하였음이라" (롬 8:1, 2)

그러므로 우리는 율법을 다 지킨 그리스도인으로서 죄와 당당하게 싸워야 한다. 성도들은 이미 이긴 싸움을 하고 있는 것이기 때문이다.

신명기 11장

젖과 꿀이 흐르는 땅

네 하나님 여호와께서 돌보아 주시는 땅이라 연초부터 연말까지 네 하나님 여호와의 눈이 항상 그 위에 있느니라(11:12)

들어서 아는 것과 직접 경험한 것과는 천양지차다. 하나님의 사랑도 마찬가지인데, 그 사랑을 직접 경험하면 더 이상 설명이 필요 없다. 그러기에 하나님은 이스라엘 백성을 한순간에 번쩍 들어 가나안으로 옮길 수 있었지만, 40년간을 광야에서 생활토록 하셨다. 그 길은 고난의 길이지만 동시에 하나님 사랑을 직접 체험하는 길이었기 때문이다.

그러나 모든 사람이 그 많은 일들을 다 경험할 필요는 없다. 인생은 짧고, 선조들의 경험은 곧 우리 경험이기도 하기 때문이다. 이런 이유로 하나님은 성도들에게 항상 말씀을 가까이하며 후손들에게 열심히 가르치라 말씀하신다. 왜냐하면 성경에 기록된 모든 일들은 오늘을 살고 있는 성도들을 위해 믿음의 선배들이 직접 듣고 경험한 것들을 기록한 것이기 때문이다. 그러므로 우리는 그들의 모든 경험을 '믿음을 통해' 내 경험으로 받아들여야 한다.

하나님은 말씀을 지켜 행하면 복이 될 것이요 지키지 않으면 저주를 받으리라 말씀하시며, 이를 그리심산과 에발산에서 선포하라 명하신다(신 11:29). 그리고 그들에게 젖과 꿀이 흐르는 땅을 약속하시는데, 그 땅은 비를 흡수하는 땅 곧 천수답(天水畓)이다. 애굽 땅은 사시사철 나일강에서 물을 댈 수 있는 비옥한 땅이지만, 가나안은 일 년 열두 달 하늘만 바라봐야 하는 땅인 것이다. 그러기에 세상적으로 보면 애굽 땅이 훨씬 더 좋은 땅이다.

그런데 하나님은 그 천수답을 '젖과 꿀이 흐르는 땅'이라 말씀하신다. 그 이유는, 그곳은 자녀들(성도들)에게 가장 좋은 것을 주길 원하시는 하나님의 눈이 일 년 내내 떠나지 않는 땅이기 때문이다. 그곳에서는 비가 오지 않아 흉년이 들어도 적당한 비가 내려 풍년이 들어도 모두 성도를 위한 것이다. 왜냐하면 그 모든 환경과 상황은 전지전능한 하나님께서 자녀들을 위해 허락하신 최고의 것이기 때문이다. 우리에게 허락하신 모든 환경이 '젖과 꿀이 흐르는 땅' 임을 믿고 주님께 감사하자. 할렐루야!

한편 하나님은 우리가 율법을 지킬 수 없음을 잘 아시면서 계속해서 율법을 지키라 명하신다. 왜 그러실까? 여기서 율법을 지키라는 뜻은 율법의 세목(細目)을 지키라는 것이 아니라 우리의 불가능함을 깨닫고, 하나님께서 보내신 자 곧 예수 그리스도를 믿으라는 말씀이다. 그리고 예수를 믿는 자들에게서는 반드시 하나님이 기뻐하시는 순종이 나오게 되어 있다.

> "너희가 그 은혜에 의하여 믿음으로 말미암아 구원을 받았으니 이것은 너희에게서 난 것이 아니요 하나님의 선물이라 행위에서 난 것이 아니니 이는 누구든지 자랑하지 못하게 함이라" (엡 2:8)

신명기 12장

오직 하나님께서 택하신 곳에서

내가 너희에게 명령하는 이 모든 말을 너희는 지켜 행하고 그것에 가감하지 말지니라(12:32)

세상에서는 공산주의, 사회주의, 민주주의 등 많은 정치 체제가 명멸했고, 지금도 어느 것이 옳은가 갑론을박하고 있다.

그렇다면 하나님 나라는 어떤 나라일까? 그곳은 만왕의 왕이신 하나님이 홀로 다스리는 '왕국'이다. 모든 사람은 전적인 타락 상태로 태어나기에 인간의 왕은 반드시 타락하게 되어 있다. 그러나 하나님은 선 그 자체이시며 완전하신 분이시기에, 그분이 왕으로 홀로 다스리시는 그 나라가 진짜 천국인 것이다.

한편 성도들은 완전한 왕이 다스리시는 나라가 필요하다는 사실을 경험하고 온전히 하나님 통치에 순복하는 사람이 되도록 이 땅에 보내졌다. 그런 의미에서 하나님은 가나안에 들어가면 '오직 하나님께서 택하신 한 곳에서' '오직 하나님 한 분에게만' 제사를 드리도록 반복해서 명령하신다. 이들이 그 땅에 들어가 자기들 마음대로 온갖 우상들을 섬길 것을 아셨기 때문이다.

그렇다. 신앙생활은 어떻게 하면 '하나님만 섬기느냐'의 싸움이다. 믿음이란 모름지기 믿음의 대상을 '전적으로' 의지하는 것이다. 그런데 우리는 자기에게 없거나 필요한 것만 그때그때 의지하는데, 그것이 바로 우상을 섬기는 것이다. 한마디로 지금 이 땅에는 하나님의 이름을 부르지만 하나님이라는 우상 즉 나를 위해 존재하는 하나님을 섬기는 사람들이 너무나 많다.

아니다! 성도들은 하나님이 우리를 위해 존재하시는 것이 아니라, 우리가 하나님을 위해 존재한다는 사실을 항상 기억해야 한다. 이 사실을 잊어버리면, 절대로 우상을 섬기는 삶에서 벗어날 수 없다.

"이 백성은 내가 나를 위하여 지었나니 나를 찬송하게 하려 함이니라" (사 43:21)

또한 참된 찬송은, 하나님을 노래하는 것이 아니라 하나님 말씀에 전적으로 순종하는 것이다. 그러기에 완전하신 하나님의 통치를 받게 되면, 우리 입술에서는 찬송이 터져 나올 수밖에 없다.

물론 오늘날의 성도들은 구약의 이스라엘 백성처럼 하나님이 택하신 한 곳에 가서 예배드릴 필요는 없다. 하나님께서 어느 한곳에만 임재하시는 것이 아니라, 성도들의 몸이 하나님이 거하시는 성전이 되었기 때문이다(고전 3:16). 오늘날 성도들은 영과 진리로 자유롭게 예배드리는 자들이 된 것이다(요 4:24).

그러나 우리는 개별적으로 구원받은 것이 아니라 그리스도의 몸으로 구원받았기에, 수시로 모여 한 몸임과 하나님 한 분을 왕으로 섬기는 자들임을 확인할 필요가 있다. 그러기에 개인주의가 팽배한 오늘날에도 우리는 더욱 모이기를 힘써야 하며, 모여서 주님을 찬양하고, 흩어져서 우리의 왕과 생명이신 예수님을 입술과 삶으로 전해야 한다.

"서로 돌아보아 사랑과 선행을 격려하며 모이기를 폐하는 어떤 사람들의 습관과 같이 하지 말고 오직 권하여 그날이 가까움을 볼수록 더욱 그리하자" (히 10:25)

신명기
13장

기적을 좋아하지 말라

그가 네게 말한 그 이적과 기사가 이루어지고 … 너희의 하나님 여호와를 사랑하는 여부를 알려 하사 너희를 시험하심이니라 … 그런 선지자나 꿈 꾸는 자는 죽이라 …(13:2~5)

인간은 눈에 보이는 이적(異跡)과 기사(奇事)를 좋아하며 따르기 쉽다. 그래서 지금도 수많은 이단들과 거짓 선지자들이 사기극을 벌이거나 실제로 기적을 일으킴으로 성도들을 유혹한다. 그러나 이적과 기사로는 사람을 바꿀 수 없으며, 절대로 구원을 이룰 수 없다. 이스라엘 백성들은 하나님께서 애굽에 내리는 열 가지 재앙을 두 눈으로 똑똑히 보았으며, 심지어 그 넓고 깊은 홍해 바다가 눈앞에서 쫙 갈라지는 기적도 보고 그 자리에서는 큰 권능의 하나님을 찬양했다. 그러나 그들은 사흘도 못 되어 마라에서 마실 물이 떨어지자 그 즉시 하나님을 원망하기 시작했다.

신약에서도 예수님은 당신이 하나님의 아들이심을 알리고 천국이 어떤 곳인가를 보여주시기 위해 수없이 많은 이적과 기사를 베푸셨으며, 심지어 죽은 나사로를 살리기까지 하셨다. 그러나 이를 본 유태인들은 잠시 예수를 믿는 듯 했지만, 결국 예수님을 십자가에 못 박아 죽였다. 이적과 기사가 자기에게 유익이 될 때는 따르는 척하지만, 자기에게 유익이 되지 않거나 남에게 유익이 될 때는 질투심이 생겨 그 기적을 일으킨 사람을 욕하고 죽이는 자리까지 가는 것이 인간이다.

그런데도 불구하고 수많은 거짓 선지자들과 이단들은 지금도 이적과 기사로 사람들을 미혹하고 있으며, 여전히 많은 사람들과 심지어 성도라는 사람들도 휩쓸려 다닌다. 그들은 예수를 믿는 것이 아니라, 자신의 유익을 위해 '믿는 척' 하는 자들이기 때문이다.

"거짓 그리스도들과 선지자들이 일어나 큰 표적과 기사를 보여 할 수만 있으

면 택하신 자들도 미혹하리라" (마 24:24)

그런데 모세는 하나님이 그런 일들을 허락하시는 이유를, '여호와를 사랑하는 여부를 알려 하사 너희를 시험하심'이라 말한다(신 13:3). 하나님께서는 알곡과 가라지를 가르는 방법으로, 또한 알곡으로 하여금 오직 하나님 말씀만 따르는 자로 단련하시기 위해 그런 시험을 허락하신다는 것이다. 말세의 끝이 가까워질수록 사탄은 더 크고 더 교묘한 이적과 기사로 믿는 성도들까지 넘어뜨리려 발악을 할 것이다.

"내가 보매 또 다른 짐승이 땅에서 올라오니 어린양같이 두 뿔이 있고 용처럼 말을 하더라 … 큰 이적을 행하되 심지어 사람들 앞에서 불이 하늘로부터 땅에 내려오게 하고"(계 13:11, 13)

눈앞에 펼쳐지는 이적과 기사를 좇다가 사탄과 함께 영원히 불못에 던져질 것인가, 아니면 보이지 않는 하나님 말씀을 믿고 순종함으로 영생에 들어갈 것인가?

"그러므로 믿음은 들음에서 나며 들음은 그리스도의 말씀으로 말미암았느니라" (롬 10:17)

신명기 14장

너는 여호와의 성민(聖民)이라

너는 네 하나님 여호와의 성민이라 여호와께서 지상 만민 중에서 너를 택하여 자기 기업의 백성으로 삼으셨느니라(14:2)

인간은 누구나 택함 받는 것을 자랑스럽게 생각한다. 그래서 좋은 학교나 좋은 회사에 들어간 것을 자랑스럽게 생각하며 자랑한다. 이럴진대 하물며 온 우주만물의 주인이신 하나님의 백성으로 택함 받은 성도들이야 더 말해서 무엇 하랴! 그래서 하나님은 이스라엘(성도들)에게 일상에서부터 선택된 백성으로서 구별된 삶을 살라 말씀하신다.

먼저 이방 풍속을 따라서는 안 된다. 이방인들은 세상에서 힘으로 생각하는 것들(돈, 명예, 건강, 자식 등)을 얻기 위해 온갖 우상을 만들어 섬기기 때문인데, 이는 생사화복의 주관자이신 하나님을 모욕하는 행위다.

두 번째로, 음식에 있어서도 '정한(clean) 것'만 먹어야 한다. 모든 만물은 완전한 하나님께서 보시기에도 '좋았다'. 그러나 '보시기에 좋았다'는 것은 눈으로 보기에 좋았다기보다 하나님의 목적에 부합했다는 뜻으로, 부정한 동물들도 정한 동물을 구별 짓기 위해 잘 만들어졌음을 의미한다. 부정한 동물에게 특별한 문제가 있어서 먹는 것을 금지하신 것이 아니라 성도들에게 거룩한 삶, 즉 이방인들과는 구별된 삶을 살도록 훈련시키기 위해 만드셨다는 뜻이다. 물론 오늘날 그 의미를 똑바로 아는 성도들은 부정한 동물들의 고기를 먹어도 된다.

세 번째로 십일조를 드려야 했다. 먼저 십일조는 1/10의 개념이 아니라 10/10을 대표한다. 모든 산물은 다 하나님께서 주신 것임을 인정하는 의미에서 십일조를 드리는 것이지, 단순히 세금을 내듯 의무로 하는 것이 아니다.

모든 인간은 죄인이며, 그래서 모두 죽어야만 한다. 그 결과 모든 애굽 사람을 대표하는 애굽의 장자들은 다 죽임을 당했다. 그러나 어린양의 죽음으로 말미암아 이스라엘의 장자들은 죽임을 면했고, 그 결과 모든 이스라엘의 첫 것(장자, 만물)들은 모두 하나님의 소유가 되었다. 그리고 이스라엘 장자들 대신 레위인을 택해 하나님만 섬기도록 하셨는데, 이를 통해 모든 이스라엘은 하나님을 섬기는 일을 위해 선택된 백성들임을 알 수 있다. 한마디로 십일조는 선택된 백성들이 하나님 경외함을 배우기 위해(신 14:23), 모든 것을 베풀어주신 하나님 은혜에 감사하며, 모든 가족들이 레위인과 사회적인 약자인 외국인, 과부, 고아들과 함께 나누기 위한 것임을 알 수 있다(신 14:26~29).

물론 십일조의 실체이신 예수 그리스도께서 하나님께 드려진 신약시대를 살고 있는 우리는 율법으로 규정된 십일조를 드릴 의무는 없다. 그러나 오늘날 하나님은 십일조가 아닌 우리의 전부, 우리 것의 전부를 요구하신다.

> "너희 몸을 하나님이 기뻐하시는 거룩한 산 제물로 드리라" (롬 12:1)

헌금은 세금이 아니다. 그러기에 우리는 우리 생명을 포함한 모든 것이 하나님의 선물임을 인정하며, 하나님을 경외하고 사랑하는 마음으로 모든 헌금을 드려야 한다. 그리고 그 헌금은 결국 우리 자신과 이웃을 위해 쓰이는 것임을 알아야 한다.

신명기
15장

참 사랑인가 투자인가?

… 너는 그를 놓아 자유하게 하기를 어렵게 여기지 말라 그리하면 네 하나님 여호와께서 네 범사에 네게 복을 주시리라(15:18)

율법에는 하나님께서 우리에게 복을 주시기 위한 조건이 있는데, 그 조건은 '하나님 말씀을 잘 지키면'이다.

그렇다면 과연 우리는 그 조건을 충족시킬 수 있는 것인가? 불가능하다. 욕심을 비울 수 있으면 가능하겠지만, 인간은 이 세상에 사는 동안 욕심을 비울 수 없기 때문이다. 욕심을 비우기가 얼마나 어려운지 율법을 잘 지킨다는 이스라엘 백성들조차 '돈을 빌려주고 이자를 받지 말라(레 25:36)'는 율법을 지키기 위해, 아예 꾸어줄 때부터 이자를 포함해 계약서를 썼다고 한다. 인간은 이렇게 간교하기에, 율법의 정신대로 지킬 수 있는 사람은 하나도 없는 것이다.

또 하나님은 면제(免除)년을 정해 모든 빚을 면제하도록 하시고(15:9), "그러면 너희 중에 가난한 자가 없으리라" 말씀하셨다. 그런데 인류 역사상 가난한 자가 없었던 시절은 없었으며, 예수님께서도 "가난한 자는 항상 너희와 함께 있으리라" 말씀하셨다(요 12:8). 왜 그럴까? 하나님께서 충분한 양식을 주시지 않으시기 때문인가? 아니다. 원인은 인간의 욕심 때문이다. 양식을 창고에서 썩히면서도 가난한 이웃을 돕지 않는 것이 죄인인 인간의 실상인 것이다.

예외적으로 단 한 번 일부 지역에서 가난한 사람이 없었을 때가 있었는데, 바로 오순절 성령께서 강림하셔서 모든 성도들이 성령 충만해 있을 때였다(행 4:32 이하). 그러나 이는 하나님께서 천국이 어떤 곳인가를 잠시 보여주시기 위한 것일 뿐이었으며, 이런 일은 그 이전에도 그 이후에도 다시는 없었다.
한편 칼 마르크스(Karl Marx)는 사도행전에서 힌트를 얻어 '공산주의'를 주

창했다. 그러나 그의 꿈은 70년 만에 깨어지고 말았는데, 그가 실패한 이유는 그의 이론이 나빠서라기보다 모든 인간이 죄인이라는 사실을 간과했기 때문이다. 공산주의자들은 '일할 수 있을 만큼 일하고 필요한 만큼 쓰자'고 주장했지만, 모든 사람들이 일은 안 하고 마음대로 쓰고자 하니 실패할 수밖에 없었던 것이다.

그렇다. 세상적인 복을 받기위해 억지로 율법을 지킨다면 그것은 순종이 아니라 더 많은 것을 얻기 위한 투자이며, 율법의 근본정신인 하나님 사랑과 이웃 사랑에서 나온 것이 아니다.

그렇다면 우리는 어떻게 참다운 이웃 사랑을 실천할 수 있는가?

먼저 성경 말씀을 통해 우리가 창세 전에 택함을 받은 하나님 나라의 백성들이며, 이미 신령한 복을 받은 자들임을 깨달아야 한다.

> "하나님 곧 우리 주 예수 그리스도의 아버지께서 그리스도 안에서 하늘에 속한 모든 신령한 복을 우리에게 주시되 곧 창세 전에 그리스도 안에서 우리를 택하사" (엡 1:3, 4)

이런 면에서 성도들은 천국 백성이 되기 위해 억지로 율법을 지키는 것이 아니라, 삶 속에서 율법 지킴이 자연적으로 이루어져야 한다. 왜냐하면 율법은 지켜야할 어떤 법이 아니라 천국 백성들의 삶의 규범이기 때문이다.

더 나아가 참다운 이웃 사랑은 단순히 이웃의 필요를 채워주는 것을 넘어 죄의 종, 사망의 종으로 살고 있는 이웃들에게 참 생명이신 예수 그리스도를 전하는 일임을 알아야 한다. 참 사랑이신 구세주 예수를 알지 못하면 우리 이웃들은 지옥에서 영원한 고통을 당하게 될 것이기 때문이다.

신명기
16장

평생 기억해야 할 유월절

… 이같이 행하여 네 평생에 항상 네가 애굽 땅에서 나온 날을 기억할 것이니라 (16:3)

이스라엘의 모든 남자는 매년 세 번, 유월절, 칠칠절, 초막절에 '하나님이 택하신 곳', 예루살렘 성전에 모여 절기를 지켜야 했다. 한편 남자는 가족의 대표이기에, 사실 남녀노소 관계없이 모든 이스라엘 백성들이 절기를 지킨 것이다. 비록 평상시에는 이스라엘 12 지파가 하나님께서 나누어 주신대로 가나안 땅 곳곳에 흩어져 살지만, 그들은 여호와 하나님을 아버지로 모시는 한 가족이었기에 정해진 절기에 모여 이 사실을 확인하고 서로 간에 친교와 사랑을 나눌 필요가 있었던 것이다. 그러기에 오늘날의 이스라엘 백성이며 예수 그리스도를 머리로 한 한 몸의 지체인 성도들도 항상 모이기를 힘써야 한다(히 10:25).

이 세 가지 절기 중 가장 중요한 절기는 유월절(pass-over)로서, 하나님께서는 유월절이 있는 달을 새해의 첫 달(아빕 월)로 제정하셨다. 그동안 애굽에서 바로(사탄)의 종으로 살다가 이제 유월절 어린양의 피로 해방되어 새로운 삶을 시작한 것을 기념하기 위해서이다.

오늘날 성도들도 마찬가지다. 구원자 예수께서 우리를 친히 찾아오시기 전에 우리는, 육체로는 살아 있었지만 영적으로는 죄로 인해 죽은 자였다. 그런데 어린양 예수께서 십자가에 달려 피 흘려주심으로 모든 죗값을 치러주셨기에 우리는 새 생명을 얻게 되었고, 하나님 나라 백성으로 새 출발을 하게 되었던 것이다.

"그(예수 그리스도)는 허물과 죄로 죽었던 너희를 살리셨도다" (엡2:1)

그러므로 구약의 이스라엘 백성들이 평생 유월절을 지킴으로 애굽에서 나온

날을 기억했던 것처럼(신 16:3), 우리도 이 사실을 항상 기억해야 한다.

그렇다. 우리는 세상(애굽)에서 사탄의 종노릇하며 70~80년을 살다가 영원히 지옥에 떨어져 고통당해야 할 죄인 중의 괴수들이었다. 그런데 이제 어린양 예수의 은혜로 말미암아 사탄의 종에서 해방되어 영생의 삶을 살게 되었다.

절기를 지킨다는 뜻은 단순히 의식을 거행한다는 뜻이 아니라 그 의미를 깊이 생각하며, 그런 삶을 살아가기로 다시 한번 결단하는 것이다. 그러므로 우리는 성경을 읽거나 기도하며, 또 예배를 드리면서 예수님의 십자가 은혜를(유월절), 그리스도의 영인 성령이 우리와 함께 계심을(칠칠절, 오순절), 그리고 장차 우리는 신랑 되신 예수님과 영원히 살게 될 것임을(초막절, 수장절) 다시 한번 기억해야 한다. 그리고 우리는 광야 같은 인생길에서 낙심하지 말고 서로 사랑하며, 서로 위로하고 격려하며, 함께 나아가야 한다.

> "이는 성도를 온전하게 하여 봉사의 일을 하게 하며 그리스도의 몸을 세우려 하심이라 우리가 다 하나님의 아들을 믿는 것과 아는 일에 하나가 되어 온전한 사람을 이루어 그리스도의 장성한 분량이 충만한 데까지 이르리니" (엡 4:12, 13)

신명기
17장

우상을 섬기지 말라

악을 행하여 그 언약을 어기고 가서 다른 신들을 섬겨 그것에게 절하며 … 너는 그 악을 행한 남자나 여자를 네 성문으로 끌어내고 그 남자나 여자를 돌로 쳐죽이되(17:2~5)

성경은 '우상을 섬기는 자는 반드시 돌로 쳐 죽이라' 말씀하신다. 실제 존재하지도 않는 신을 좀 섬기면 어때서, 하나님은 왜 이렇게 무서운 형벌을 내리시는 것일까? 우리는 여기서 율법의 정신을 바로 알아야 하는데, 율법의 목적은 죽이는 데 있는 것이 아니라 살리는 데 있다(롬 7:10). 즉 하나님은 인간에게 하나님이 아닌 다른 우상을 섬기는 것이 곧 죽음임을 가르치기 위해 이런 무시무시한 율법을 주신 것이다.

만약 어떤 사람이 마음속으로만 다른 우상을 섬겼다면 어떻게 되겠는가? 물론 당장 돌로 맞아 죽지는 않겠지만 그 사람은 결국 영원한 죽음에 떨어지게 된다. 이것이 예수님께서 '음욕을 품고 여자를 보는 자마다 이미 간음한 자요, 형제를 미련한 놈이라 하는 자는 지옥 불에 들어가게 되리라' 말씀하신 이유다(마 5장). 이런 비참한 최후를 피하기 위한 경계(警戒)로써, 하나님은 사형이라는 무서운 형벌을 내리시는 것이다.

그렇다면 사람들은 왜 우상을 만들어 섬기는 것일까? 그 이유는 '자신의 유익을 위해서'이다. 하나님께서는 우리에게 유익하고 꼭 필요한 것만 주시는데, 인간은 스스로 목표를 정해놓고 그것을 얻기 위해 우상을 섬긴다. 이런 면에서 볼 때 예수의 이름을 부른다 할지라도, 만약 그 목적이 예수님을 사랑하고 그분의 말씀에 순종하기 위해서가 아니라 자신의 유익을 위해서라면 그것은 우상을 섬기는 일이며, 그 사람은 영원한 지옥 불에 떨어지게 될 것이다. 왜냐하면 '믿음'이란 자기를 부인하고 예수를 전적으로 의지하는 것인데, 이런 경우 여전히 자신이 주인 자리에 앉아 '예수'라는 어떤 객체를 이용하는 것이기 때문이다.

"탐심(greed)은 우상숭배니라" (골 3:5)

한편 하나님은 이스라엘 백성들이 왕을 세울 수는 있지만, 왕은 전투용 말이나 아내와 금은을 많이 쌓지 말고, 항상 율법 책을 곁에 두고 읽으며 모든 율법을 지키라 명하셨다. 그런데 이스라엘의 대표적인 왕이었던 솔로몬은 이 모든 명령을 다 어겼다. 그 이유는 그가 보이지 않는 하나님을 의지하기보다는 눈에 보이는 세상의 힘(우상)을 의지했기 때문이다. 다윗의 아들이요 역사상 전무후무한 지혜를 소유했던 솔로몬이 이렇게 무너졌다면, 오늘을 사는 우리들이야 얼마나 더 쉽게 넘어지겠는가? 이를 피할 수 있는 방법은, 평생 말씀을 곁에 두고 읽으며 내 생각이 아니라 내 안에 계신 성령을 의지하는 것이다.

"육체의 소욕은 성령을 거스르고 성령은 육체를 거스르나니 이 둘이 서로 대적함으로 너희가 원하는 것을 하지 못하게 함이니라" (갈 5:17)

신명기
18장

모세와 같은 선지자

내가 그들의 형제 중에서 너와 같은 선지자 하나를 그들을 위하여 일으키고 내 말을 그 입에 두리니 내가 그에게 명령하는 것을 그가 무리에게 다 말하리라 (18:18)

하나님께서는 백성들의 요청에 따라 모세를 중보자로 세우셨다. 그리고 이제 모세의 죽음이 눈앞으로 다가온 시점에서 '그(모세)와 같은 선지자'를 세우시리라 약속하신다. 실제로 모세의 죽음 후에 하나님은 여러 선지자를 보내주셨다. 그러나 모세를 통해 보내주시겠다고 약속하신 선지자는 예수 그리스도를 의미하는 것이다. 왜냐하면 참 선지자는 예수 그리스도 한 분뿐이시며, 그분은 이 땅에 '말씀'으로 오신 분이시기 때문이다(요 1:1).

그렇다면 선지자는 무엇을 하는 사람인가? 자기 생각이나 뜻이 아니라 '하나님 말씀을 대언하는 사람'이다(신 18:17, 20). 그러기에 만약 하나님께서 명령하지 아니한 말을 할 때, 그 사람은 죽임을 당해야 마땅하다.

이런 측면에서 최근 자칭 선지자, 새 사도, 심지어 재림 예수라는 자들이 많이 등장하고 있는데, 그들은 모두 적그리스도요, 거짓 선지자들이다. 왜냐하면 구원을 위한 하나님의 계시는 성경 66권으로 이미 끝났기에 더 이상 하나님 말씀을 대언할 선지자가 필요 없으며, 그들은 예수 그리스도를 증거하지 않고 자신을 드러내는 자들이기 때문이다.

물론 오늘날 모든 성도들은 성령의 기름 부음을 받은 자들로서 선지자 역할을 해야 한다. 그러나 그 역할은 성경을 올바로 설명하고 삶으로 예수를 증거하는 일에 국한되는 것이지, 새로운 계시를 말하는 데 있지는 않다.

한편 과거 선지자나 제사장 역할을 감당했던 레위인들이 이스라엘 백성들이 하나님께 드린 헌물 중 일부를 받았듯이, 오늘날 성도들은 말씀을 전하는 일에 전념하는 사역자들의 생계를 책임져야 한다. 레위인들처럼 그들에게는 생계를 위한 기업이 주어지지 않으며, '항상 여호와의 이름으로 서서 섬기는 일'(신 18:5)만 하기 때문이다. 이스라엘의 몰락은 레위인들이 생계유지를 위해 자기 자리를 떠나 떠돌기 시작했을 때부터 시작되었다. 올바른 말씀이 선포되지 않을 때, 그 결국은 곧 멸망일 수밖에 없다.

> "이는 주께서도 복음을 전하는 자들이 복음으로 말미암아 살리라 명하셨느니라" (고전 9:14)

한국 교회는 사역자들의 '자비량'이라는 말에 너무 매여 있는 것 같은데, 이런 현상이 정상은 아니다. 사도 바울은 복음을 전하는 일에 방해가 되지 않도록 잠시 자비량(自備糧)으로 복음을 전했을 뿐이며, 대부분의 사역기간 동안 수많은 동역자들이 그를 도왔고 그 결과 바울은 복음을 전하는 일에 전념할 수 있었다는 사실을 우리는 알아야 한다.

> "너희는 택하신 족속이요 왕 같은 제사장들이요 거룩한 나라요 그의 소유된 백성이니" (벧전 2:9)

신명기
19장

그 성읍으로 도피하라

네 하나님 여호와께서 네게 기업으로 주시는 땅 전체를 세 구역으로 나누어 길을 닦고 모든 살인자를 그 성읍으로 도피하게 하라(19:3)

모든 인간은 죄 가운데 태어나며(시 51:5), 또 모두가 살인자이다.

> "너희는 너희 아비 마귀에게서 났으니 너희 아비의 욕심대로 너희도 행하고자 하느니라 그는 처음부터 살인한 자요" (요 8:44)

살인자는 죽임을 당해 마땅하다. 그런데 긍휼하신 하나님은 그런 살인자들 중에서 '자기 백성들'을 구원하길 기뻐하신다. 그러기에 똑같은 죄인임에도 불구하고 노아와 그 식구 8명을 구원의 방주(도피성)에 태워 살려주셨는데, 이는 그들에게 어떤 자격이 있어서가 아니라 오직 하나님의 일방적인 은혜 때문이었다.

하나님께서는 이스라엘 백성들에게도 똑같은 자비와 용서를 베풀기를 원하셨고, 이런 목적으로 도피성을 만들어 자신도 모르는 가운데 살인한 자를 살려주도록 하셨다. 도피성에는 누구나 들어가 공정한 재판을 받을 수 있었고, 쉽고 빠르게 그곳으로 갈 수 있도록 도피성으로 가는 길의 너비가 14M나 되었으며, 찾기 쉽도록 큰 표지판을 곳곳에 세웠다.

오늘날에도 모든 인간은 죄의 늪, 죽음의 바다에 빠져 있다. 우리 모두는 율법 아래 태어나는데(롬 3:19), 율법을 다 지킬 수 있는 사람은 하나도 없기에 모두 영원한 죽음에 떨어질 수밖에 없는 것이다. 그러기에 하나님은 끊임없이 그 죽음의 자리에서 나오라 소리를 치신다.

> "내 백성아 거기서(바벨론=세상) 나와 그의 죄에 참여하지 말고 그가 받을 재앙을 받지 말라" (계 18:4)

한편 자신이 죽을 자리에 있다는 사실을 아는 사람은 사력을 다해 살 길을 찾게 되는데, 그 길이 곧 예수 그리스도이시다. 예수님은 '내가 곧 길이요 진리요 생명'(요 14:6)이라 말씀하셨는데, 그분만이 생명을 얻을 수 있는 유일한 도피성이며 그 도피성으로 가는 유일한 길이기 때문이다.

그렇다. 주님은 오늘도 우리를 그 도피성으로, 영생의 길로 초청하고 계시다. 그러기에 우리는 그 음성을 듣고 즉시 그분께 나아가야 한다. 동시에 우리 스스로 십자가를 진 작은 예수가 되어, 우리 삶과 입술을 통해 예수 그리스도를 알지 못하는 자들에게 생명의 복음을 전함으로 그들을 주님께로 초청해야 한다.

> "하나님은 우리의 피난처시요 힘이시니 환난 중에 만날 큰 도움이시라"(시 46:1)

신명기 20장

여호와의 전쟁

너희 하나님 여호와는 너희와 함께 행하시며 너희를 위하여 너희 적군과 싸우시고 구원하실 것이라 할 것이며(20:4)

하나님은 이제 곧 시작될 가나안 전쟁에 임하는 자세에 대해 말씀하신다. 그들의 대적은 아낙(Anak) 자손처럼 장대하고 철 병거를 가진 반면, 이스라엘은 애굽의 노예로 살다가 나온 백성들로서 변변한 무기조차도 없었다. 그러니 당연히 대적이 두려울 수밖에 없었다.

그러나 하나님은 "두려워 말라" 말씀하신다. 왜냐하면 이들을 애굽에서 인도해 내신 여호와께서 지금 그들과 함께 하고 계시며(20:1), 이들을 가나안 땅으로 인도하기 위해 출애굽 시키셨기에 그 약속을 반드시 이루실 것이기 때문이다. 실제로 이스라엘 백성들은 지금까지 여호와께서 친히 싸우시는 전쟁을 여러 번 경험했다. 여호와 하나님께서 당시 세계 최강의 애굽 군대를 홍해 바다에 수장시키셨고, 요단 동편 족속들과의 싸움에서도 이스라엘은 하나님이 함께하심으로 한 명의 사상자도 없이 승리할 수 있었던 것이다.

오늘날 이스라엘 백성인 성도들이 싸우는 싸움도 마찬가지다. 공중권세 잡은 자(마귀)가 다스리는 이 세상에서 그리스도인들은 겨자씨보다 작은 자로 살아갈 수밖에 없다. 그러기에 마치 이스라엘이 철 병거를 가진 가나안 족속을 만난 것처럼 두려움이 엄습해올 수도 있다.

그러나 우리는 결코 두려워할 필요가 없다. 우리에게는 그 마귀를 다스리시는 하나님이 항상 함께하고 계시기 때문이다. 또한 하나님은 지금 마귀와 싸우고 계신 것이 아니라 우리를 하나님 백성으로 만들기 위해 마귀를 사용하고 계신 것이기 때문이다. 그리고 마귀가 아무리 날뛰어도 성도들의 구원과 영생은 이미 창세 전에 결정되어 있다. 그러니 무엇이 두렵겠는가!

그렇다면 왜 우리는 매순간 대적과 싸워야 하는가?
우리의 대적은 우리 안에 남아 있는 죄의 잔재이기 때문이다. 성도들은 이 죄의 잔재와의 싸움을 통해 그 죄가 얼마나 지독하고 괴로운지를 배우고, 오직 하나님께만 순종하는 자로 지어져 가는 것이다. 그 목적을 위해 우리의 일상(日常)이 주어진 것이다. 그러므로 우리 마음에 들지 않거나 우리를 괴롭게 하는 환경이나 상황은 우리의 영적 전투에 방해가 되는 것이 아니라 오히려 도움이 되는데, 그 속에서 우리는 하나님만 바라보고 의지하는 믿음의 사람으로 지어져 가기 때문이다.

한편 이 전쟁에서 승리하기 위해 우리는, 하나님의 전신갑주를 입어야 한다(엡 6:12 이하). 그런데 이 전신갑주는 우리가 스스로 입는 것이 아니라 이미 하나님께서 우리에게 입혀주셨다(창 3:21, 슥 3:4). 그러기에 우리는 그분을 믿고 싸우면 되고, 그러면 우리는 반드시 승리하게 되어 있다. 왜냐하면 우리는 이미 예수께서 십자가에서 승리하신 싸움을 싸우고 있는 것이기 때문이다. 할렐루야!

> "세상에서는 너희가 환난을 당하나 담대하라 내가(예수 그리스도) 세상을 이기었노라" (요 16:33)

신명기
21장

땅을 더럽히지 말라

너는 이와 같이 여호와께서 보시기에 정직한 일을 행하여 무죄한 자의 피 흘린 죄를 너희 중에서 제할지니라(21:9)

인간은 하나님의 형상으로 지음 받은 귀한 존재이며, 그 생명은 마땅히 존중되어야 한다. 그러므로 전쟁 등 피치 못할 상황을 제외하고 살인을 금해야 한다. 그러나 불행히도 인류가 이 땅에 나타나자마자 살인이 일어났으니 바로 가인이 동생 아벨을 죽인 사건이며, 지금도 온갖 이유로 살인이 자행되고 있는데, 이는 인간이 죄로 인해 타락한 결과이다.

> "… 유대인이나 헬라인이나 다 죄 아래 있다고 우리가 이미 선언하였느니라 기록된 바 의인은 없나니 하나도 없으며" (롬 3:9, 10)

그러나 하나님 나라 백성인 이스라엘만이라도 무죄한 피를 흘리지 말아야 했는데, 만일 고의적으로 살인했을 경우에는 그 살인자는 반드시 죽임을 당해야 했다(출 21:14, 사람이 그의 이웃을 고의로 죽였으면 너는 그를 내 제단에서라도 잡아내려 죽일지니라).

한편 살해자를 알 수 없는 살인이 발생했을 경우에는 암송아지 목을 꺾는 특별한 의식을 행했다. 이는 단순히 의식을 행한다기보다는 무고한 살인을 하지 않겠다는 다짐이라고 보아야 하며, 동시에 누군가가 반드시 죄의 대가를 치러야 죄 사함을 받을 수 있음을 말씀하시는 것이다(갈 1:4).

> "율법에 따라 거의 모든 물건이 피로써 정결하게 되나니 피 흘림이 없은즉 사함이 없느니라" (히 9:22)

그런데 불행하게도 오늘날 우리들 역시 마음속으로 또는 행동으로 수많은 사람들을 죽이고 있다(요일 3:15). 그러기에 누군가가 그 죄 값을 반드시 치러야 우리가 죄 사함을 받을 수 있는데, 그 죄 값을 치르신 분이 바로 예수 그리스도이시다. 죄 없으신 예수님께서 우리의 죄 때문에 그리고 우리를 살리시기 위해 율법에 따라 저주의 나무인 십자가에 달려 돌아가신 것이다(21:23).

그러므로 오늘도 우리는 그 십자가를 볼 때마다 내가 바로 살인자임을 자인(自認)하고, 그 앞에 나가 진심으로 회개해야 한다. 그리고 더 나아가 그 죄 사함의 은혜에 감사하며, 이제 내가 그 십자가를 질 것을 다짐해야 한다.

> "그리스도께서 우리를 위하여 저주를 받은 바 되사 율법의 저주에서 우리를 속량하셨으니 기록된 바 나무에 달린 자마다 저주 아래 있는 자라 하였음이라" (갈 3:13)

신명기 22장

거룩은 곧 구별된 삶

여자는 남자의 의복을 입지 말 것이요 남자는 여자의 의복을 입지 말 것이라 이같이 하는 자는 네 하나님 여호와께 가증한 자이니라(22:5)

인간은 하나님의 형상으로 지음받았으며, 그중에서 성도들은 장차 하늘나라에서 영원히 살 것인데, 이 세상은 성도들을 하나님 자녀로 훈련시키기 위해 만든 한시적인 곳이다. 온 우주만물 또한 이 목적을 위해 지어졌기에 모든 인간은 하나님의 창조 질서를 지키고 유지해야 한다. 한편 타락한 인간은 자신의 유익을 위해 이런 창조 질서를 무시한 채 제 마음대로 섞어 왔는데(동성애, 이종 교배 등), 최근에는 생명공학이라는 명목으로 이런 현상이 더 심해지고 있다.

그러나 하나님은 이런 행위를 가증한 일, 하나님이 가장 싫어하시는 일이라 선언하신다. 그러므로 성도들은 이런 세상 풍조와는 다른 구별된 삶을 살아야 한다.

> "너희는 이 세대를 본받지 말고 오직 마음을 새롭게 함으로 변화를 받아 하나님의 기뻐하시고 선하시고 온전하신 뜻이 무엇인지 분별하도록 하라"(롬 12:2)

한편 성도란 '거룩한 무리'라는 뜻으로 거룩이란 곧 '구별됨'을 말한다. 비록 잠시 이 세상에 살고 있지만 세상 사람들과는 다른 삶, 하늘나라 백성으로서의 삶을 살라는 뜻이다. 즉 세상 사람들은 자신의 이익을 위해 살며 심지어 남을 해치기까지 하지만, 성도들은 남을 해치지 않는 데서 더 나아가 남을 위해 자신을 희생하는 삶을 살아야 한다는 뜻이다. 그리고 실제로 그런 삶을 사신 분이 계신데, 그분은 바로 우리 믿음의 주(主)이신 예수 그리스도이시다. 우리 성도들의 또 다른 이름이 '그리스도인'일진대, 우리는 그리스도 예수가 먼저 가신 그 길을 따라가야 하는 것이다.

한마디로 하나님 나라의 특성은 구별이다. 빛과 어둠이 섞일 수 없으며, 그리스도와 벨리알이 조화될 수는 없는 것이다(고후 6:14,15). 그러기에 남녀의 구분이 명확해야 하는 것이며(의복, 역할 등), 포도원에 두 종자를 뿌려서도 안 되고, 심지어 양털과 베실로 섞어 짠 의복을 입어서도 안 되는 것이다(신 22:9, 10).

더 나아가 결혼의 순결을 지켜야 하는데 음란은 예나 지금이나 이방인(불신자)들의 표지이며, 육체적 간음은 곧 영적 간음을 뜻하기 때문이다(고전 6:18, 19).

> "너희 몸이 그리스도의 지체인 줄을 알지 못하느냐 내가 그리스도의 지체를 가지고 창녀의 지체를 만들겠느냐 결코 그럴 수 없느니라" (고전 6:15)

그렇다. 그리스도인들은 하나님이 택하신 거룩한 백성이며 예수 그리스도의 순결한 신부이다. 그러기에 외롭고 힘이 들더라도 이 세상의 풍조를 따라가지 말고 세상과 구별된 삶을 살아내야 한다.

> "나는 너희의 하나님이 되려고 너희를 애굽 땅(세상)에서 인도하여 낸 여호와라 내가 거룩하니 너희도 거룩할지어다" (레 11:45)

신명기
23장

여호와의 총회에 들어가는 자

고환이 상한 자나 음경이 잘린 자는 여호와의 총회에 들어오지 못하리라(23:1)

거룩함의 또 다른 의미는 온전함(완전함)이다. 그러기에 하나님께서는 아브라함에게 '내 앞에서 행하여 완전하라' 말씀하시고, 예수님께서도 제자들에게 '너희 아버지가 온전하심과 같이 너희도 온전하라' 명령하셨다(마 5:48). 이런 면에서 신체가 불완전한 자, 특히 생식기가 상한 자는 총회에 들어오는 것이 금지되었다. 생육하고 번성하라는 하나님의 명령(창 1:28)을 수행하기 위해서는 씨가 필요한데, 이들은 씨가 없을 뿐 아니라 씨가 있어도 뿌릴 수 없기 때문이다. 이를 영적으로 보면 씨(말씀, 믿음)가 없는 자 즉 믿음이 없는 자는 천국에 들어갈 수 없음을 의미한다.

그런데 씨(말씀)는 농부(하나님)가 밭(성도)에 뿌리는 것이지, 밭이 스스로 뿌릴 수는 없다. 이 말은 하나님의 백성은 이미 창세전에 정해져 있다는 뜻이다. 암몬 사람과 모압 사람들이 에돔 사람들보다 더 악해서도 아니고, 애굽 사람들이 이들보다 더 선해서도 아니라 하나님께서 일방적으로 택하셔서, '너는 총회에 들어올 수 있고, 너는 들어올 수 없다' 결정하셨다는 것이다.

흔히들 천국은 침노하여 빼앗는 것이라 말하며(마 11:12), 열심이 있어야 천국에 들어갈 수 있다고 주장한다. 과연 그럴까? 죄인인 인간은 두루 도는 불칼이 지키고 있는 생명나무에게조차 다가갈 수 없는데, 하물며 하나님께서 계신 천국을 침노할 수 있겠는가?

천만의 말씀이다. 물론 우리가 참된 그리스도인이라면 믿음에 근거한 열심이 당연히 나올 수밖에 없다. 그러나 천국이 창세전에 택함 받은 백성들에게 침노해 들어와 그들을 하나님 나라 백성으로 만든다는 것이 복음이다. 우리는 그리스도의 강권적인 은혜로 구원을 받는 것이지, 결코 우리의 행위로 받는 것이 아니다(눅 14:23).

> "주인이 종에게 이르되 길과 산울타리 가로 나가서 사람을 강권하여 데려다 가 내 집을 채우라" (눅 14:23)

이렇게 구원받은 성도들은 몸과 마음을 정결하게 해야 한다. 그래야 거룩한 성령께서 우리 안에 거하실 수 있기 때문이다. 이런 면에서 9절 이하에서 강조하고 있는 청결 요구는 단순히 이스라엘 진영의 청결이 아니라 성도들의 거룩을 요구하는 것이다.

그리고 이러한 청결은 성도의 경제생활에도 적용되는데 돈을 모으는 자체가 목적이 될 때, 인간은 반드시 타락하게 되어 있기 때문이다(신 23:18). 그러기에 성도들은 주님께서 주시는 것에 만족할 줄 알아야 하며, 하나님의 청지기로서 맡기신 것들을 내 뜻이 아닌 주님의 뜻대로 써야 한다. 그럴 때 주님께서 충성된 종이라 칭찬하실 것이다.

> "잘하였도다 착하고 충성된 종아 네가 작은 일에 충성되었으매 내가 많은 것으로 네게 맡기리니 네 주인의 즐거움에 참예할지어다" (마 25:21)

신명기
24장

애굽의 종에서 하나님의 자녀로

너는 애굽 땅에서 종 되었던 것을 기억하라 이러므로 내가 네게 이 일을 행하라 명령하노라(24:22)

이스라엘 백성들(성도들)은 애굽(세상)의 종노릇을 당연히 여기며 애굽의 왕 바로(마귀)가 시키는 대로 살아왔는데, 그것은 곧 죄 가운데 살아온 삶이었다. 그러나 출애굽한 순간 이들의 신분이 하나님의 종(하나님의 자녀)으로 바뀌었는데, 이는 삼위일체 하나님 간의 창세전 언약에 의거한 것이었다. 그러므로 출애굽한 성도들은 이제부터 애굽에서의 생활과는 정반대의 삶을 살아야 한다.

한편 애굽에서의 삶은 한마디로 인본주의적이며 이기주의적인 삶이었다. 다른 사람들과 세상 모든 것들이 다 나를 위해 존재하는 것으로 여기며, 그들을 내 경쟁 상대 및 착취의 대상으로 생각할 뿐이었던 것이다.

그러나 이제 우리는 그리스도인이 되었기에 신본(神本)주의 및 이타(利他)주의 정신으로 살아야 한다. '나'라는 존재는 하나님과 이웃을 위해 존재한다는 인식을 가지고 살아야 한다는 뜻인데, 이것이 곧 하나님 사랑과 이웃 사랑이다. 이런 맥락에서 하나님 말씀에 전적으로 순종하며 남을 긍휼히 여기는 삶(사랑)을 살아야 하는데, 특히 사회적 약자들(여성, 채무자, 피고용인, 무죄한 자 등)을 특별히 보호해야 한다.

그러나 이웃에 대한 가장 큰 사랑은 곧 생명 되신 예수 그리스도를 전하는 일이다. 왜냐하면 만약 그저 이들이 이 세상에서 잘 살아가도록 돕는 것으로만 끝난다면, 이들은 결국 영원한 고통(지옥)에 떨어지게 될 것이기 때문이다.

그런데 문제는 죄인인 인간들은 예수와 복음을 싫어하기에 예수를 전하는 사람들을 미워한다는 사실이다.

> "세상이 너희를 미워하면 너희보다 먼저 나를 미워한 줄을 알라 너희는 세상에 속한 자가 아니요 도리어 내가 너희를 세상에서 택하였기 때문에 세상이 너희를 미워하느니라" (요 15:18, 19)

그러므로 비록 세상이 우리를 미워하더라도 우리는 그들을 사랑해야 하며, 사랑이요 생명이신 예수 그리스도를 전하는 사랑의 삶을 살아야 한다. 왜냐하면 우리가 바로 예수님의 그 십자가 사랑으로 구원받은 자들이기 때문이다.

> "그는 허물과 죄로 죽었던 너희를 살리셨도다 … 긍휼이 풍성하신 하나님이 우리를 사랑하신 그 큰 사랑을 인하여 허물로 죽은 우리를 그리스도와 함께 살리셨고" (엡 2:1~5)

신명기
25장

이름을 잇게 하라

그 여인이 낳은 첫 아들이 그 죽은 형제의 이름을 잇게 하여 그 이름이 이스라엘 중에서 끊어지지 않게 할 것이니라(25:6)

모든 생물에게는 자손 번성에 대한 본능이 있다. 본능이란 하나님의 명령이며 하나님께서는 창세기부터 '생육하고 번성하라'(창 1:28) 명령하셨고, 자손이 많은 것을 가장 큰 복으로 여겼다.

오늘 본문에도 이런 목적으로 주어진 '계대(繼代) 결혼'이라는 규례가 나온다. 어떤 남자가 후손 없이 죽었다면, 그의 형제가 죽은 그 형제의 아내와 동침하여 자손을 낳아 대를 잇도록 해주라는 것이다. 대표적인 예가 보아스가 남편은 죽고 자식이 없던 룻과 결혼해서 다윗의 조부인 오벳을 낳은 일이다(룻 4:17).

반대로 유다의 둘째 아들 '오난'은 이 규례를 어겨 죽임을 당했다. 그의 형 엘이 자식 없이 먼저 죽임을 당했을 때, 오난은 마지못해 형수 다말과 동침했다. 그러나 그 씨가 자기 자녀가 되지 못할 것을 알고 몸 밖에 설정(泄精)을 했고, 이로 인해 하나님께 죽임을 당했던 것이다(창 38:10). 그러나 하나님은 이런 사탄의 방해에도 불구하고 다말이 시아버지 유다와 동침하여 아들 베레스를 낳게 하셨으며, 그의 후손으로 다윗과 구세주 예수를 보내셨던 것이다. 그리고 하나님은 당시 돌로 맞아 죽어야 했던 시아버지와의 동침 사건을 '옳다'(의롭다, righteous) 인정해 주셨다(창 38:26). 왜냐하면 다말은 '대를 이으라'는 하나님 명령에 순종한 것이었기 때문이다.

한편 이 제도를 영적으로 보면 사람이 이 세상에 와서 해야 할 가장 중요한 일은 생명 되신 예수 그리스도를 믿음으로 참된 생명(영생, 구원)을 얻는 것이며, 그렇게 생명을 얻은 그리스도인들은 또 다른 생명을 낳도록 힘써야 한다는 것이다.

그리고 영적인 자녀를 낳는 일에는 남자와 여자가 결혼해서 자녀를 낳는 일도 포함되어 있기에, 요즘 결혼을 하지 않거나 결혼은 하되 자녀를 낳지 않는 세태는 하나님의 뜻에 어긋나는 일이다.

물론 생명을 낳는 그 모든 일이 다 하나님께서 홀로 주관하시는 일이다. 그러나 우리가 그 생명을 살리는 일에 전심을 다할 때 하나님께서는 우리와 함께 하시며, 그에 필요한 모든 것을 공급해 주신다.

> "그러므로 너희는 가서 모든 민족을 제자로 삼아 아버지와 아들과 성령의 이름으로 세례를 베풀고 내가 너희에게 분부한 모든 것을 가르쳐 지키게 하라 볼지어다 내가 세상 끝 날까지 너희와 항상 함께 있으리라" (마 28:19, 20)

신명기
26장

하나님께 드리는 우리의 고백

… 내가 여호와께서 우리에게 주시겠다고 우리 조상들에게 맹세하신 땅에 이르렀나이다 할 것이요(26:3)

모세는 두 번째 설교를 마무리 지으면서 가나안 땅에 들어간 후 반드시 토지 소산의 만물을 여호와께 드릴 것과 그때 드릴 고백을 명령하고 있다. 그동안에는 은혜로 '만나'를 주셨지만 이제 그들 손으로 농사를 짓게 되기 때문이다. 그리고 그들은 그 풍성한 수확을 주신 분이 바알이 아니라 여호와 하나님이심을 반드시 인정하고 고백해야만 했다.

먼저 고백해야 할 것은, 하나님은 그들 조상에게 하신 약속을 이루신 분이라는 사실이다. 하나님은 식언(食言)치 않으시며, 약속을 반드시 이루시는 신실하신 분이다. 그러므로 우리 구원에 대한 약속 또한 장차 반드시 이루어질 것이다.

두 번째로 하나님은 항상 우리와 동행하고 계심을 고백해야 했다. 이스라엘 백성은 광야 40년 동안 수많은 고난을 당했으며, 그때마다 하나님을 원망했다. 그러나 하나님은 끝내 그들을 가나안 땅으로 인도하셨다.

오늘날 고난이 닥칠 때 우리도 이들처럼 하나님의 부재를 의심할 때가 많다. 그러나 하나님은 한 시도 우리를 떠나신 적이 없으며, 강한 손과 편 팔과 큰 위엄과 이적과 기사로 지금도 우리를 인도하고 계시다(신 26:8). 다만 우리를 믿음의 자녀로 키우기 위해 때로 고난도 허락하실 뿐이다.

세 번째로 주신 것에 대한 감사를 고백해야 했다.
한편 우리는 주신 것에만 감사하기 쉽다. 그러나 하나님은 어제나 오늘이나 내일이나 동일하신 분이시기에, 이전에 베풀어주신 은혜에 대해서만 아니라 장차 약속을 이루실 것에 대해서도 감사할 수 있어야 한다. 만물을 주셨다는 것은 앞으로도 계속해서 수확을 주시겠다는 약속이기 때문이다.

하나님께서는 이스라엘 백성들에게 모든 규례와 법도를 마음을 다하고 뜻을 다하여 지켜 행하라 명령하셨고, 이스라엘은 그 말씀에 전적으로 따를 것을 약속했다. 그리고 이에 따라 하나님은 그들을 하나님의 백성과 보배로운 소유로 삼으시겠다고 약속하셨다(신 26:16~19). 그런데 그들은 과연 그 약속을 지켰는가? 그들은 전혀 지키지 못했다. 그러나 그럼에도 불구하고 우리를 형제라 부르시기를 부끄럽게 여기지 않으신 예수님께서 그 모든 약속을 지키시고 우리에게 전가(轉嫁)시켜 주셨다.

그렇다. 성도들이 애굽(세상)의 종 된 자리에서 해방되고 하나님의 자녀가 된 것은 전적인 하나님의 은혜다. 그리고 우리를 출애굽시키신 하나님은 반드시 우리를 가나안(새 하늘과 새 땅)으로 인도하실 것이다. 그러므로 우리는 영원토록 그분을 찬양해야 한다.

> "그러므로 우리는 예수로 말미암아 항상 찬송의 제사를 하나님께 드리자 이는 그 이름을 증언하는 입술의 열매니라" (히 13:15)

신명기
27장

이 명령을 다 지킬지니라

모세와 이스라엘 장로들이 백성에게 명령하여 이르되 내가 오늘 너희에게 명령하는 이 명령을 너희는 다 지킬지니라(27:1)

신명기는 모세의 유언이다. 그만큼 중요한 내용인데, 핵심은 여호와 하나님의 모든 말씀을 잊지 않도록 잘 기록하고, 그 말씀을 잘 지키라는 것이다. 왜냐하면 하나님은 천지만물을 지으시고 주관하시는 분으로서 그분과 관계가 있는 사람은 살아있는 사람이며 관계가 없는 사람은 죽은 사람이기 때문이고, 하나님과의 관계 유무는 그분의 말씀을 지키느냐의 여부로 결정되기 때문이다.

예수님은 여러 곳에서 예수님만이 생명이심을 선언하셨다(요 11:25, 14:6). 이는 곧 말씀 그 자체이신 예수님을 믿고 그분의 말씀에 순종하는 자는 생명을 가진 자이며, 그분을 믿지 않는 자는 살아있지만 이미 죽은 자(생명이 없는 자)라는 뜻이다.

그러기에 모세는 '말씀을 마음에 새기고 손목에 매고 미간에 붙이고 문설주와 바깥문에 붙이라' 명령했으며(신 6:6~9), 다시 한번 '석회를 바른 돌 위에 그 말씀을 분명하고 정확하게 기록하라' 명령한다(신 27:8). 왜냐하면 그들의 생사화복이 곧 말씀을 똑바로 알고 지키느냐의 여부에 달려있기 때문이다.

더 나아가 황량한 바위산인 에발산에 올라가 하나님 말씀을 어겼을 때 받게 될 저주를 선포하고 '아멘'으로 맹세케 한다. 만약 말씀을 지키지 않았을 때는 이 모든 저주를 달게 받겠다는 선언이었는데, 하나님은 이들이 저주가 아닌 축복을 받기를 원하셨기 때문에 지금 이들에게 불순종에 대한 경고를 하고 계신 것이다.

한편 저주를 받게 되는 구체적인 조항들을 명시하고 있는데(우상숭배, 부모

홀대, 이웃을 속임, 성적인 죄, 살인 등), 하나님과의 수직적 관계뿐 아니라 사회생활 속에서의 수평적인 인간관계와 의무 및 책임을 다루고 있다. 올바른 이웃 사랑은 하나님과의 올바른 관계를 가진 사람에게서만 나올 수 있기 때문이다.

오늘날의 이스라엘 백성인 그리스도인에게 필요한 것도 말씀에 대한 깊은 연구와 이해 그리고 실천이다. 말씀을 연구하고 묵상하는 것은 목회자의 몫이 아니라 모든 그리스도인의 의무이며, 참된 생명이 말씀에 달려있기 때문이다. 그리고 갓난아기가 어미의 젖을 열심히 찾듯이, 진짜 하나님의 자녀는 말씀을 정금보다 더 사모하며, 꿀보다 더 달게 여기게 되어있다(시 19:10).

> "모든 성경은 하나님의 감동으로 된 것으로 교훈과 책망과 바르게 함과 의로 교육하기에 유익하니 이는 사람으로 온전하게 하며 모든 선한 일을 행할 능력을 갖추게 하려 함이라" (딤후 3:16, 17)

신명기
28장

복과 저주

네가 네 하나님 여호와의 말씀을 청종하면 이 모든 복이 네게 임하며 네게 이르리니(28:2) / … 그의 모든 명령과 규례를 지켜 행하지 아니하면 이 모든 저주가 네게 임하며 네게 이를 것이니(28:15)

성도들은 신 28:1~14 말씀을 좋아하는데, "네가 들어와도 복을 받고 나가도 복을 받을 것이니라" (신 28:6)는 구절처럼 우리가 그렇게 받고 싶어 하는 세상적인 복이 쭉 나열되어 있기 때문이다. 문제는 '다 지켜 행하면' 이라는 조건이 붙어 있다는 것이다. 그것도 몇 개를 지키면 되는 것이 아니라 '모든 명령을 다 지켜 행하면' 이다. 그런데 과연 613개나 되는 이 모든 율법을 매 순간 모두 지킬 수 있는 사람이 있을까? 없다. 다 지킨 사람을 의인이라 하는데, 성경은 '의인은 없나니 하나도 없다' 고 선포하고 있다(롬 3:10). 더 나아가 신약에 와서 예수님은 마음속으로 지은 죄까지도 죄라 말씀하시는데(마 5장), 모든 죄의 값은 사망이다.

한편 15~68절에는 명령과 규례를 지키지 않았을 때 임할 저주가 기록되어 있는데, 그 숫자가 복에 대한 약속보다 4배나 더 많으며, 이스라엘 역사는 이 저주가 실제로 임했다는 사실을 보여주고 있다(북이스라엘과 남유대의 멸망과 유랑생활, 로마에 의한 이스라엘의 멸망과 흩어짐). 하나님께서 성민으로 택한 이스라엘 민족이 실패했다면, 과연 어느 민족이 이 모든 명령을 다 지켜 행할 수 있겠는가? 그러기에 모든 인간은 율법의 저주 아래 태어난다 말씀하시는 것이며(롬 3:19), 가만히 내버려두면 누구나 다 자동적으로 저주받은 삶을 살다가 지옥에 떨어지게 되는 것이다.

한편 자신이 죽음의 바다에 빠져있다는 사실을 아는 사람은 반드시 살기 위해 몸부림치게 되어 있는데, 우리를 구원할 수 있는 유일한 방주(方舟)는 예수 그리스도뿐이다.

"내가 곧 길이요 진리요 생명이니" (요 14:6)

"다른 이로써는 구원을 받을 수 없나니 천하 사람 중에 구원을 받을 만한 다른 이름을 우리에게 주신 일이 없음이라" (행 4:12)

그러기에 우리는 율법은 지키라고 주신 것이 아니라 우리 힘으로는 도저히 지킬 수 없음을 깨닫게 하고, 모든 율법의 완성이신 예수께 인도하는 초등 교사의 역할로 주어진 것임을 알아야 한다. 그리스도 예수를 믿는 자는 그분 안에서 모든 율법을 다 지킨 의인으로 간주되며, 성령이 함께하시기에 율법을 지키는 행위가 자연스럽게 흘러나오게 되는 것이다.

그렇다. 죄인인 우리 모두는 복보다는 저주를 받아야 마땅한 사람들이다. 그런데도 오늘날 우리 성도들은 복을 받아 살아 있으며, 더 나아가 영생을 약속받았다. 그 이유는 예수님께서 우리가 받을 모든 저주를 그분의 삶과 십자가에서 모두 받으셨기 때문이다.

"그가 찔림은 우리의 허물 때문이요 그가 상함은 우리의 죄악 때문이라 … 우리는 다 양 같아서 그릇 행하여 각기 제 길로 갔거늘 여호와께서는 우리 모두의 죄악을 그에게 담당시켰도다" (사 53:5, 6)

그러므로 오늘도 이 말씀을 붙잡고, 믿음의 주요 또 온전하게 하시는 예수님을 바라보며, 그분의 십자가 앞에 나아가도록 하자(히 12:2).

신명기
29장

구원, 감추어진 일

감추어진 일은 우리 하나님 여호와께 속하였거니와 나타난 일은 영원히 우리와 우리 자손에게 속하였나니 이는 우리에게 이 율법의 모든 말씀을 행하게 하심이니라(29:29)

하나님께서는 이스라엘의 조상들(아브라함, 이삭, 야곱)과 언약을 맺고 그 언약에 따라 출애굽시키셨고, 시내산(호렙산)에서 그들과 다시 언약을 맺으셨다. 그 목적은 바로 '그들을 자기 백성 삼으시고 그들의 하나님이 되시기 위함'이었다(신 29:13). 그러나 시내산에서부터 지금 와 있는 모압 평지까지 광야 생활 40년은, 이스라엘 백성들의 실패와 불순종을 여실히 보여줬을 뿐이었다.

그렇다면 그들은 지난날의 실패를 교훈 삼아 가나안 땅에 들어간 후에는 하나님의 모든 명령과 규례를 다 지켜 행할 것인가? 결코 그렇지 않았다. 28장에서 이미 선언된 바 있는데, 모세는 오늘 다시 한번 그들의 불가능함을 예언하고 있다.

> "이 저주의 말을 듣고도 심중에 스스로 복을 빌어 이르기를 내가 내 마음이 완악하여 젖은 것과 마른 것이 멸망할지라도 내게는 평안이 있으리라 할까 함이라" (신 29:19)

말씀에 불순종하는 자들이 곁에서 멸망당하는 것을 뻔히 보면서도, '나는 결코 망하지 않고 평안하리라' 스스로를 속이며, 계속 죄악의 길을 간다는 것이다. 이것이 바로 예레미야 시절의 거짓 선지자 하나냐 무리들의 생각이었으며, 오늘날 '긍정의 힘'(조엘 오스틴)으로 대표되는 인본주의자들의 모습이 아닌가?

지금까지 '나타난 일' 곧 이스라엘의 역사는, 모든 인간의 불순종과 실패를

웅변적으로 적나라하게 보여주고 확증해 주고 있다. 한편 이런 인간의 패역과 죄악에도 불구하고 하나님께 속한 감추어진 일(묵시, 하나님의 계획)은 우리 성도들의 구원을 위해 지금도 한 치의 오차도 없이 진행되고 있다. 전지전능하신 하나님은 인간이 실패할 것을 미리 아시고 이를 덮으실 십자가를 준비하셨으며, 2000년 전에 골고다 언덕에서 실행하셨던 것이다.

그렇다. 이스라엘의 계속되는 불순종과 패역에도 불구하고 하나님은 그들을 가나안 땅으로 인도해 주셨으며, 또 자신들의 죄악으로 멸망당해 포로로 끌려갔던 바벨론 땅에서 일방적인 은혜로 예루살렘으로 귀환시켜 주셨다.

그렇다면 오늘 우리 성도들이 해야 할 일은 무엇인가? 내 스스로의 힘으로는 도저히 이 모든 율법을 지킬 수 없음을 인정하고, 주님의 은혜 아래로 들어가는 수밖에 없다. 주님은 그렇게 주님께 나아오는 자들을 '율법을 다 지켰다' '의롭다' 인정해 주시고, 반드시 하나님 나라로 인도해 주신다.

> "나를 보내신 이의 뜻은 내게 주신 자 중에 하나도 잃어버리지 아니하고 마지막 날에 다시 살리는 이것이니라" (요 6:39)

신명기 30장

모든 것은 여호와께서

오직 그 말씀이 네게 매우 가까워서 네 입에 있으며 네 마음에 있은즉 네가 이를 행할 수 있느니라(30:14)

모세는 이스라엘 백성들에게 '너희가 분명히 하나님 말씀을 어겨서 여러 나라로 쫓겨 갈 텐데, 그때 내 말이 기억이 나거든 부디 마음을 돌이켜 말씀에 순종하라' 명령한다. 앞으로 일어날 일을 미리 알고 당부의 말을 하는 것이다.

그렇다. 하나님께서 우리에게 인생을 허락하신 목적은, 탕자의 비유처럼 아버지의 집(하나님 나라)을 떠나 살아봄으로써 하나님 아버지를 떠난 삶이 얼마나 지옥 같은 삶인가를 경험하고, 스스로 아버지 집으로 돌아오게 하시기 위함이다. 그러므로 인생을 통해 우리는 우리가 얼마나 패역한 자들인가를 경험하고 오직 하나님만을 믿고 의지하는 자들로 지어져 가야 하며, 그렇게 하나님 말씀(뜻)에 전적으로 순종하는 성도들이 모여 사는 곳이 곧 천국이다. 그러기에 우리는 사탄이 다스리는 이 세상에서도 참된 믿음 생활을 하는 가운데 문득문득 천국을 맛볼 수 있으며, 그 결과 고난 가운데서도 천국을 소망하며 인내할 수 있는 것이다.

그러나 그렇게 천국을 맛보는 것조차 우리 의지나 힘으로는 할 수 없으며, 오직 하나님의 은혜로만 가능하다. 그러기에 모세는 '네 하나님 여호와께서 네 마음과 네 자손의 마음에 할례를 베푸시리라' 약속하고 있다(신 30:6). 참된 할례는 사람이 손으로 양피(陽皮)에 하는 것이 아니라, 하나님께서 직접 우리 마음에 하시는 것임을 말하고 있는 것이다.

그렇다. 우리가 하나님을 믿고 또 그분을 사랑하는 것조차 모두 하나님의 은혜다. 그러기에 우리는 하나님 앞에서 아무 것도 자랑할 것이 없으며, 당연히 상(賞) 받을 일도 없다. 우리 스스로 한 것이 하나도 없는데, 무슨 상을 요구하겠는가!

한편 하나님 앞에서 '저는 죄인이며, 그래서 주님이 지옥에 보내셔도 할 말이 없습니다' 인정하는 자들에게서만, 그 무서운 죄를 덮어주신 하나님의 은혜와 사랑에 감사해서 말씀에 순종하는 삶이 나올 수 있으며, 그것이 곧 율법 지킴이다.

우리가 그리스도인이 맞는다면 우리는 이미 마음에 할례를 받은 자들이며, 마음속에는 말씀이 새겨져 있다(신 30:14). 그러므로 우리는 몸 밖에 있는 어떤 법을 지키는 것이 아니라 우리 마음에 새겨진 그 생명의 성령의 법에 따라 살아갈 뿐이다. 그러기에 혹 실패하더라도 결코 정죄받지 않는데, 그 이유는 우리에게 내려질 모든 정죄를 예수님이 십자가에서 이미 다 받으셨기 때문이다. 그러므로 이 십자가의 은혜를 깨달은 성도들에게서는, 하나님을 사랑하고 그분의 명령을 지키는 행함이 자연스럽게 나오게 되어 있다.

> "곧 내가 오늘 네게 명령하여 네 하나님을 사랑하고 그 모든 길을 행하며 그의 명령과 규례와 법도를 지키라 하는 것이라" (신 30:16)

신명기 31장

오직 은혜

… 그들이 먹어 배부르고 살찌면 돌이켜 다른 신들을 섬기며 나를 멸시하여 내 언약을 어기리니(31:20)

우리는 '하나님께서 복을 주시면, 하나님을 잘 섬기겠다'고 장담한다. 과연 그럴까? 이스라엘의 역사는 그렇지 않음을 여실히 보여주고 있다. 그러기에 하나님은 풍요의 땅 가나안 진입을 바로 앞둔 이 시점에, 모세에게 '그들이 분명히 나를 배반할 것'이라는 노래를 지어 부르게 함으로 '증거를 삼으라' 말씀하신다(신 31:19).

그렇다. 우리 힘과 의지로는 도저히 율법을 지킬 수 없다. 그러기에 율법을 상징하는 모세는 이스라엘 백성을 가나안 땅으로 인도해 들어갈 수 없으며, 은혜를 상징하는 여호수아(예수)가 하나님 명령으로 등장하며, 여호수아의 인도하에 이스라엘(성도들)은 가나안 땅(천국)에 들어가게 된다. 즉 모세로 대표되는 율법은 여호수아(예수)로 대표되는 은혜가 왜 필요한지를 설명하는 초등 교사의 역할을 하고 무대에서 사라지는 것이다.

> "이같이 율법이 우리를 그리스도께로 인도하는 초등 교사가 되어 우리로 하여금 믿음으로 말미암아 의롭다 함을 얻게 하려 함이라" (갈 3:24)

한편 모세는 여호수아에게 '강하고 담대하라 두려워하지 말라' 명하며, 그 이유로 '하나님께서 너희와 함께하심'이라 말한다.

> "너희는 강하고 담대하라 두려워하지 말라 그들 앞에서 떨지 말라 이는 네 하나님 여호와 그가 너와 함께 가시며 결코 너를 떠나지 아니하시며 버리지 아니하실 것임이라 하고" (신 31:6)

그렇다. 우리가 강하고 담대할 수 있는 이유는 하나님께서 함께하고 계시기 때문이지, 결코 우리 힘이 세기 때문이 아니다.

이런 면에서 성도가 이 땅에서 해야 할 일은, 나의 강함을 드러내는 것이 아니라 하나님의 강하심을 드러내는 자로 사는 것이다. 만약 우리의 강함이 드러나면 사람들은 우리를 바라보게 될 뿐이지, 절대로 우리 뒤에서 일하시는 하나님을 보지 않으며, 그렇게 되면 그 사람은 구원을 얻을 수 없다. 그러기에 바울은 '내가 약한 그때에 강함이라' 고백하며, 자신의 연약함을 자랑했다(고후 12:9, 10).

구원은 결코 우리의 힘이나 능력이 아니라 오직 은혜로 받은 것임을 인정하고, 오늘도 구원의 하나님을 찬양하자!

> "여호와는 살아 계시니 나의 반석을 찬송하며 내 구원의 하나님을 높일지로다" (시 18:46)

신명기 32장

최후의 승리를 위해

어리석고 지혜 없는 백성아 여호와께 이같이 보답하느냐 그는 네 아버지시요 너를 지으신 이가 아니시냐 그가 너를 만드시고 너를 세우셨도다(32:6)

자식이 자신을 낳고 키워주신 부모를 모른 체 외면한다면 얼마나 기가 막히겠는가? 그런데 실제로 그런 일이 일어났으니 바로 이스라엘 백성들이 그랬고, 오늘날 소위 교회를 다닌다는 자들의 행태가 또한 그렇다.

그러나 자식이 아무리 패역하다 한들, 어찌 부모가 그 자식을 버릴 수 있겠는가!

> "에브라임이여 내가 어찌 너를 놓겠느냐 이스라엘이여 내가 어찌 너를 버리겠느냐 … 내 마음이 내 속에서 돌이키어 나의 긍휼이 온전히 불붙듯 하도다" (호 11:8)

그러기에 모세는 그 아버지의 마음을 다음과 같이 노래로 남긴다.

> "그런데 여수룬(이스라엘)이 기름지매 발로 찼도다 네가 살지고 비대하고 윤택하매 자기를 지으신 하나님을 버리고 자기를 구원하신 반석을 업신여겼도다" (신 32:15)

그러나 아무리 그렇게 한들 육신을 입고 있는 우리들은 실패할 수밖에 없다. 이스라엘 실패의 모습이 어쩌면 오늘날 우리들의 모습, 한국 교회의 모습과 이리도 똑같단 말인가! 힘들고 괴로울 때는 하나님을 찾기도 하지만, 배부르고 등이 따뜻하여 살 만하면 하나님을 떠나는 것이다. 이런 모습은 어느 나라나 민족 구분할 것 없이 똑같은데, 모든 인간은 다 멸망의 자식들로 태어나기 때문이다.

이렇게 죄인들은 결국 자신들의 죄로 말미암아 고통당할 수밖에 없다. 그러나 그것은 꼭 필요한 과정인데, 탕자가 아버지 집을 떠나 환난을 당한 후에 비로소 아버지의 사랑을 알게 되었듯이 말이다.

지금 우리는 광야라 불리는 고난의 인생길을 지나고 있다. 그러나 그 고난은 하나님이 상황을 모르시거나 그 상황에서 구해낼 능력이 없으셔서가 아니라, 우리 안에 있는 죄성을 드러내고 제거하는 과정이다. 우리가 매순간 맞닥뜨리는 모든 상황 속에서 하나님은 우리를 만나시고 호위하시고 눈동자같이 지키고 계시며(신 32:10), 독수리가 그 새끼를 날개 위에 업듯이 업으시고 마침내 가나안(천국)까지 인도하실 것이다. 지금은 우리 대적 마귀가 승리하고 있는 것 같지만, 그들은 지금 훈련 조교로 하나님께 쓰임받고 있을 뿐, 하나님의 때에 불못에 떨어지게 될 것이다(신 32:43).

그러므로 우리는 구원의 열매를 맺기 위해 매순간 비처럼 이슬처럼 내리는 말씀대로 살아내려 노력해야 한다. 그렇지만 우리는 이스라엘 백성들처럼 결국 실패하게 될 것이다. 아니 실패해야 하며, 실패할 수밖에 없다. 그래야 예수 그리스도의 은혜의 필요성을 절절히 깨닫고 그분께 나아와 그분을 붙잡고 그분을 믿게 될 것이기 때문이다. 그리고 그렇게 예수만을 믿게 하는 것이 하나님께서 우리를 이 세상에 보내신 유일한 이유이며 목적이다.

'너희는 반드시 실패할 거야. 그때 여호와를 기억하고 그에게 돌아오거라' 이것이 모세의 유언이다.

> "악인은 그의 길을, 불의한 자는 그의 생각을 버리고 여호와께로 돌아오라 그리하면 그가 긍휼히 여기시리라 우리 하나님께로 돌아오라 그가 너그럽게 용서하시리라" (사 55:7)

신명기
33장

모세의 기도

이스라엘이여 너는 행복한 사람이로다 여호와의 구원을 너 같이 얻은 백성이 누구냐 그는 너를 돕는 방패시요 네 영광의 칼이시로다 네 대적이 네게 복종하리니 네가 그들의 높은 곳을 밟으리로다(33:29)

야곱이 죽음을 앞두고 자신의 12 아들들을 축복했던 것처럼, 임종을 앞둔 모세도 이스라엘 12 지파를 축복한다. 그러나 복을 주시는 분은 오직 하나님 한 분뿐이시기에, 모세는 그저 그 하나님께 기도하고 있을 뿐이다.

전반적인 내용은 야곱의 축복과 대동소이하지만 르우벤, 시므온과 레위에 대한 부분이 다르다. 그 이유는 야곱은 이 아들들의 행위를 인간적인 실패와 연약함 그리고 죄의 관점에서 보고, 슬프고 비천하게 유언을 했다. 이에 반해 모세는 하나님과 이스라엘간의 언약의 관점에서 보고, 비록 이들이 죄를 범했지만 하나님의 신실하심과 선하심 그리고 친절하심의 바탕에서 이들을 축복했던 것이다. 이 얼마나 큰 축복이란 말인가!

그렇다. 오늘날 성도들 역시 기회가 주어진다면 이들 르우벤, 시므온과 레위보다도 더 극악한 죄를 지을 수 있는 죄인 중에 괴수들이다. 오늘도 미움, 시기, 질투 등으로 인해 마음속으로 얼마나 많은 사람을 죽이고 있는가? 그런 우리가 어떻게 오늘 모세가 이스라엘에게 한 축복보다 더 엄청난 복을 받게 된 것일까? 그 이유는 오직 하나, 우리 구원자 되시는 예수 그리스도께서 우리에게 내려질 모든 저주와 심판을 십자가에서 다 받으셨기 때문이다.

> "그가 찔림은 우리의 허물 때문이요 그가 상함은 우리의 죄악 때문이라 그가 징계를 받음으로 우리는 평화를 누리고 그가 채찍에 맞음으로 우리는 나음을 받았도다" (사 53:5)

우리 주 예수께서는 숨을 거두시기 직전에 '다 이루었다' 선포하셨다. 우리에게 내려진 율법의 모든 요구를 그분이 다 충족시키셨다는 것이다.
한편 그럼에도 불구하고 우리에게는 주님이 다시 오실 때까지 직접 싸워야 하는 대적 마귀와의 전쟁이 아직 남아 있다. 그러나 그 전쟁의 승리는 이미 결정되어 있다. 왜냐하면 하나님이 우리의 처소가 되시며, 친히 우리 앞에서 대적을 쫓으시기 때문이다(신 33:27).

우리는 예수님의 십자가 은혜로 이미 죄와 사망으로부터의 자유를 얻었다. 그렇다면 우리는 이 자유를 무엇을 위해 써야 할 것인가? 아직도 죄와 사망의 포로로 있는 자들에게 예수 그리스도의 이름을 전하며, 이미 신령한 복을 받은 자로서 만복의 근원이신 주님을 찬송해야 하지 않겠는가?

> "형제들아 너희가 자유를 위하여 부르심을 입었으나 그러나 그 자유로 육체의 기회를 삼지 말고 오직 사랑으로 서로 종노릇하라" (갈 5:13)

신명기
34장

모세의 퇴장

이에 여호와의 종 모세가 여호와의 말씀대로 모압 땅에서 죽어(34:5)

드디어 이스라엘을 40년간 이끌었던 모세가 '여호와의 말씀대로' 죽었다. 이로 보건대 모든 인간은 하나님께서 정하신 대로 태어났다가 정하신 때에 죽는다는 것을 알 수 있다.

> "이는 만물이 주에게서 나오고 주로 말미암고 주에게로 돌아감이라 그에게 영광이 세세에 있을지어다 아멘" (롬 11:36)

아무리 오래 살려고 애를 써도 숨을 거둘 때가 이미 정해져 있다는 것이다. 그러기에 우리는 오래 살기를 구할 것이 아니라 살아있는 동안 '하나님 뜻대로' 살기를 힘써야 한다.

한편 성경에 기록된 등장인물들은, 성도들에게 무언가를 가르치시기 위해 하나님께서 택하신 배우들이다. 그런 의미에서 '모세와 같은 지도자가 되자'는 표현은 잘못된 것이다. 하나님께서 들어 쓰셨을 뿐 모세가 스스로 한 것은 아무것도 없으며, 또 있어서도 안 된다. 만약 모세 스스로 한 것이 있다면, 그는 하나님의 사람이 아니다.

그는 강건해야 80세를 살던 시대 사람이다(시 90:10 모세의 시편). 그런데 그는 80세에 하나님께 부름을 받았다. 그때부터 그의 인생 40년은 주인이신 하나님께서 주신 힘과 능력으로 산 삶이었다. 한마디로 그는 죽은 자와 방불한 껍데기 같을 때 부름을 받았기에, 하나님의 뜻을 담은 질그릇, 하나님 뜻대로 사용되는 도구였던 것이다.

오늘날 우리도 마찬가지다. 우리는 만물을 주관하고 계신 하나님은 보지 못하고, 그분께 쓰임 받는 사람을 보고 그를 높이며 본받으려 한다. 그러나 인간 중에는 아무리 훌륭하고 능력이 있어 보여도, 완벽한 사람은 없다. 그러기에 성경에 나오는 인물들, 노아, 아브라함, 야곱 심지어 다윗까지도 온갖 허물투성이인 것이다.

그렇다. 우리는 사람이 아니라 오직 하나님만 바라봐야 한다. 아무리 위대한 사람이라도 자의건 타의건 간에 하나님의 자리에 올라가는 것은 곧 스스로 우상이 되는 것이요, 그런 사람은 하나님의 무서운 진노의 대상이다.

> "나는 여호와이니 이는 내 이름이라 나는 내 영광을 다른 자에게, 내 찬송을 우상에게 주지 아니하리라" (사 42:8)

그러기에 하나님은 모세가 묻힌 곳을 감추셨다(34:6). 만약 그의 무덤이나 시신이 발견된다면 사람들은 틀림없이 그 시신 또는 무덤을 우상으로 섬겼을 것이기 때문이다.

오늘날도 모든 성도들은 자신의 이름을 남기는 자들이 아니라 이 땅에서의 삶을 통해 하나님과 예수 그리스도가 누구신지와 그 은혜를 배우며, 동시에 하나님이 어떤 분인지를 세상에 보여주는 역할을 할 뿐이다. 혹시 지금 스스로 높아져 있거나 자신을 높이려 하고 있지는 않은가? 그 자리가 저주의 자리임을 깨닫고, 속히 회개하고 낮아지기 바란다. 하나님은 교만한 자를 낮추시고 겸손한 자를 높이신다(벧전 5:5).

세례 요한은 다음과 같은 위대한 고백을 했다.
"그는(예수 그리스도) 흥하여야 하겠고 나는 쇠하여야 하리라" (요 3:30)

모세는 죽었지만(퇴장) 하나님은 오늘도 살아서 역사하신다. 위 세례 요한의 고백처럼 우리 모두, 예수 그리스도를 높이고 나는 낮아지는 십자가의 삶을 살 수 있기를 간절히 기도하자.

그리스도로 보는

모세 오경

1판 1쇄 발행 2021년 2월 3일
1판 2쇄 발행 2022년 1월 3일

지은이 김평래
펴낸이 김재선

펴낸곳 예 솔
출판등록 제2002-000080호(2002.3.21)
주 소 서울시 마포구 양화로6길 9-24 동우빌딩 4층
전 화 02)3142-1663(판매부), 335-1662(편집부)
팩 스 02)335-1643
홈페이지 www.yesolpress.com
ISBN 978-89-5916-873-6 03230

이 책은 저작권법에 따라 보호받는 저작물이므로 무단 전재와 무단 복제를 금합니다.
책값은 뒤표지에 표시되어 있습니다.